U0612696

全国革命老区县发展史丛书·广东卷

连州市革命老区发展史

连州市革命老区发展史编委会　编

SPM 南方出版传媒、广东人民出版社
·广州·

图书在版编目（CIP）数据

连州市革命老区发展史／连州市革命老区发展史编委会编．—广州：广东人民出版社，2021.6
（全国革命老区县发展史丛书·广东卷）
ISBN 978-7-218-14649-2

Ⅰ．①连…　Ⅱ．①连…　Ⅲ．①连州—地方史　Ⅳ．①K296.54

中国版本图书馆 CIP 数据核字（2020）第 237271 号

LIANZHOU SHI GEMING LAOQU FAZHANSHI
连州市革命老区发展史
连州市革命老区发展史编委会　编

出 版 人：肖风华

责任编辑：吴丽平
责任校对：胡艺超
装帧设计：张力平等
责任技编：吴彦斌　周星奎

出版发行：广东人民出版社
地　　址：广州市海珠区新港西路 204 号 2 号楼（邮政编码：510300）
电　　话：（020）85716809（总编室）
传　　真：（020）85716872
网　　址：http://www.gdpph.com
印　　刷：广州市浩诚印刷有限公司
开　　本：715mm×995mm　1/16
印　　张：22.875　**插　　页：**12　**字　　数：**287 千
版　　次：2021 年 6 月第 1 版
印　　次：2021 年 6 月第 1 次印刷
定　　价：78.00 元

如发现印装质量问题，影响阅读，请与出版社（020-85716808）联系调换。
售书热线：（020）85716826

广东省编纂《革命老区县发展史》丛书 指导小组

组　长：陈开枝（广东省老区建设促进会会长）

副组长：林华景（广东省老区建设促进会常务副会长）

宋宗约（广东省农业农村厅二级巡视员、广东省老区建设促进会副会长）

刘文炎（广东省老区建设促进会副会长）

郑木胜（广东省老区建设促进会副会长）

姚泽源（广东省老区建设促进会副会长兼秘书长）

谭世勋（广东省老区建设促进会副会长）

廖纪坤（广东省农业农村厅总经济师）

办公室

主　任：姚泽源（兼）

副主任：韦　浩（广东省农业农村厅扶贫协作与老区建设处处长）

柯绍华（广东省老区建设促进会副秘书长）

伍依丽（广东省老区建设促进会副秘书长）

清远市编纂《革命老区县发展史》丛书指导小组

总序

在举国欢庆新中国成立70周年前夕，中国老区建设促进会王健会长请我为《全国革命老区县发展史》丛书作序，作为一名在老区战斗过并得到老区人民生死相助的老兵，回首往事，心潮澎湃，感慨万千，深感义不容辞，欣然应允。

中国革命老区，是以毛泽东为代表的中国共产党人在领导人民推翻帝国主义、封建主义和官僚资本主义三座大山，争取民族独立和人民解放伟大斗争中建立的革命根据地，在这片红色的土地上，诞生了无数可歌可泣的革命英雄儿女，为后人树起了一座不朽的丰碑，她是新中国的摇篮，是党和军队的根。

在艰苦卓绝的战争年代，老区人民把自己的命运与中华民族的命运紧紧地联系在一起，与中国共产党和人民军队的命运紧紧地联系在一起，他们生死相依，患难与共。我曾亲历过战争年代，并得到过老区红哥红嫂的救助，切身感受到发生在身边的一幕幕撼天动地的革命故事，在那极其艰难的条件下，老区人民倾其所有、破家支前，不怕艰难困苦，不怕流血牺牲。“最后一碗米送去做军粮，最后一尺布送去做军装，最后一件老棉袄盖在担架上，最后一个亲骨肉送去上战场”，这是当时伟大的老区人民为建立新中国做出巨大牺牲的真实写照，它将永远镌刻在中国共产党、中国人民解放军、中华人民共和国的历史丰碑上。他们的光辉业绩永载史册，他们的革命精神必将影响一代又一代的革命新人，造就一代又一代的民族脊梁。

在社会主义革命和建设时期，革命老区和老区人民响应党的号召，面对落后的面貌、脆弱的经济、恶劣的生态环境，他们本色不变，精神不丢，自力更生，艰苦奋斗，干一行爱一行。始终坚持“革命理想高于天”，自觉做共产主义远大理想的坚定信仰者和忠实实践者，勇于向恶劣的自然环境和贫穷落后宣战，他们在各条战线上为国建功立业，用平凡的双手创造了一个又一个不平凡的奇迹，彰显了老区人的崇高精神和人格力量。

在改革开放的伟大进程中，老区人民解放思想，勇于创新，发奋图强，攻坚克难，老区的经济社会建设取得了辉煌成就。特别是在改变中国的面貌、中华民族的面貌、中国人民的面貌、中国共产党的面貌的伟大实践中发挥了至关重要的作用。老区人民既是改革开放的参与者，也是改革开放的推动者。

艰苦练意志，危难见精神。老区人民在近百年的革命战争、社会主义建设和改革开放的伟大实践中，孕育形成了伟大的老区精神：爱党信党、坚定不移的理想信念；舍生忘死、无私奉献的博大胸怀；不屈不挠、敢于胜利的英雄气概；自强不息、艰苦奋斗的顽强斗志；求真务实、开拓创新的科学态度；鱼水情深、生死相依的光荣传统。这是党和人民宝贵的精神财富、丰厚的政治资源，是凝心聚力、振奋民族精神的重要法宝，也是社会主义核心价值观的重要内容。

中国老区建设促进会怀着强烈的政治责任感和历史使命感，组织全国各地老促会人员克服困难，尽心竭力编纂《全国革命老区县发展史》丛书，记录老区的光辉历史和辉煌成就，传承红色基因，弘扬老区精神，是功在当代、利及千秋的一件大事。手捧这部丛书的部分书稿，读着书中的故事，倍感亲切，深感这部丛书具有资政、育人、存史的社会功能，有着重要的时代和历史价值。它是不忘初心、牢记使命的源头活水，是赞颂共产党、讴歌老区人民的一部精品力作，是弘扬老区精神、传承红色记忆的丰厚载体，是一项继承优秀传统文化、弘扬革命文化、发展社会主义先进文化，坚定“四个自信”的宏大文化工程。它必将成为一种文化品牌，为各界人士了解老区宣传老区支持老区提供一部有价值的研究史料。希望读者朋友们能从中了解并牢记这些为党和民族的利益不断奉献的老区人民，从中得到教益，汲取人生奋斗的精神动力。

新时代赋予新使命，新起点开启新征程。让我们更加紧密地团结在以习近平同志为核心的党中央周围，坚持以习近平新时代中国特色社会主义思想为指导，增强“四个意识”，坚定“四个自信”，做到“两个维护”，弘扬老区精神，铭记苦难辉煌。为实现“两个一百年”奋斗目标，实现中华民族伟大复兴的中国梦作出新的更大的贡献！

迟浩田

2019 年 4 月 11 日

2017 年 6 月，中国老区建设促进会组织全国各地老促会启动编纂《全国革命老区县发展史》丛书，按照“建立中国共产党、成立中华人民共和国、推进改革开放和中国特色社会主义事业”三大里程碑的历史脉络，系统书写革命老区百年历史，深入挖掘革命老区红色文化资源，这对于充实丰富中国革命史籍宝库、在新时代传承红色基因、弘扬革命精神、强固根本，对于激励人们在新的历史条件下夺取中国特色社会主义伟大胜利，实现中华民族伟大复兴的中国梦具有重要意义。

丛书编纂以习近平新时代中国特色社会主义思想为指导，以《中国共产党历史》《中国共产党的九十年》等重要文献为基本依据，以党的领导为核心，以老区人民为主体，以老区发展为主线，体现历史进程特征，突出时代发展特色，坚持辩证唯物主义和历史唯物主义相统一、历史真实性与内容可读性相统一的原则，书写革命老区从站起来、富起来到强起来的光辉革命史、不懈奋斗史、辉煌成就史，把老区人民的伟大贡献、伟大创造、伟大成就、伟大精神充分展示出来，形成一部具有厚重历史特征和鲜明时代特色的精品力作。这是一部培根铸魂、守正创新，既为历史立言，又为时代服务，字里行间流淌着红色血脉、催生着革命激情的传世之作。丛书的编纂出版将成为讴歌党讴歌人民讴歌时代、传播红色文化、为革命老区和老区人民树碑立传的重要载体。

丛书按照编年体与纪事本末体相结合、以编年体为主的编写体例确定框架结构；运用时经事纬、点面结合的方式记述史实；坚持人事结合、以事带人的原则处理人与事的关系；采取夹叙夹议、叙论结合以叙为主的方法展开内容。做到了史料与史论、历史与现实、政治与学术统一，文献性、学术性、知识性相兼容。

为编纂好《全国革命老区县发展史》丛书，打造红色文化品牌，中国老区建设促进会认真组织积极协调，提出政治立场鲜明、史料真实准确、思想论述深刻、历史维度厚重、时代特色突出、编写体例规范、篇目布局合理、审读把关严格、出版制作精良的编纂出版总要求，力求达到革命史籍精品的精神高度、思想深度、知识广度、语言力度，增强丛书的权威性和社会影响力。各省（区、市）、市（州、盟）、县（市、区、旗）老促会的同志，以强烈的使命感、责任感和紧迫感，勇于担当，积极作为，认真实施，组织由老促会成员、专家学者等参加的十余万人编纂队伍。编纂工作主体责任在县，省、市组织协调、有力指导、审读把关。各方面人员以高度负责的精神和科学严谨的态度，满腔热情地投入工作，为丛书编纂出版做出了重要贡献。丛书编纂工作还得到了党和国家有关部委、地方各级党委政府及有关部门的大力支持和积极参与，社会各界也给予了热情帮助。中共中央政治局原委员、中央军委原副主席、原国务委员兼国防部长迟浩田上将，对老区人民怀有深厚感情，对革命老区建设发展十分关注，欣然为《全国革命老区县发展史》丛书作总序。

丛书由总册和1599部分册（每个革命老区县编纂1部分册）组成，共1600册。鉴于丛书所记述的史实内容多、时间跨度长和编纂时间紧，不妥之处，敬请批评指正。

中国老区建设促进会

1924年5月，冯达飞从西江讲武堂被选送到黄埔军校时与同学合影。前排左二为冯达飞（摘录于连州市委党史研究室：《红色征途》，2018年11月）

冯达飞于1925年就读的莫斯科苏联空军第二飞行学校（摘录于《红色征途》）

冯达飞、詹宝华等当年深造的黄埔陆军军官学校（摘录于《红色征途》）

1938年2月，延安中国人民抗日军政大学高级干部合影。左起：刘忠，“抗大”第三大队大队长，开国中将；杨至成，“抗大”校务部部长，开国上将；杨兰史，“抗大”政治教育科科长，在校病故；冯达飞，“抗大”第二大队大队长；胡耀邦，“抗大”政治部副主任，新中国成立后曾任中共中央总书记；罗瑞卿，“抗大”副校长，开国大将；莫文骅，曾任“抗大”政治部主任，开国中将；刘亚楼，“抗大”教育长，开国上将；王平（女），“抗大”学生会主席，后任福建省副省长（摘录于《红色征途》）

红七军驻扎连州的军部遗址——城隍街城隍庙（摘录于《红色征途》）

当年红七军战士的宿营地——连州升俊街（今中山南路）两旁骑楼走廊（摘录于《红色征途》）

连县与湖南宜章交界的凤头岭。红七军在此粉碎了“湘南铲共义勇队”的阻击（摘录于《红色征途》）

红七军在连县时使用的刺刀和望远镜（摘录于《红色征途》）

1931年1月离别东陂时，冯达飞赠给好友谭荣胜的手电筒。1957年建军30周年时，被韶关军分区征集，现存广州起义纪念馆（摘录于《红色征途》）

湘粤边赤色游击队在天光山使用的钩镰枪。该村瑶民唐永喜捐献（摘录于《红色征途》）

红三十四师在小东口休整时，遗留在丑尾冲的军刀。该村瑶民冯运庭捐献（摘录于《红色征途》）

红军在天光山老虎冲遗留在唐亚秀家的饭煲和饭勺（摘录于《红色征途》）

冯达飞故居正门

冯达飞故居大厅

[摘录于中共广东省委党史研究室、清远市史志办公室编：《广东省革命遗址通览》（清远市）第7册，广东人民出版社2014年版]

詹宝华故居［摘录于《广东省革命遗址通览》（清远市）第7册］

大路边革命烈士纪念碑（成培堪摄）

连州革命烈士纪念碑［摘录于《广东省革命遗址通览》（清远市）第7册］

梁家水革命烈士纪念碑［摘录于《广东省革命遗址通览》（清远市）第7册］

大岭革命烈士纪念碑［摘录于《广东省革命遗址通览》（清远市）第7册］

星子地区烈士陵园［摘录于《广东省革命遗址通览》（清远市）第7册］

连蓝江边革命烈士陵园［摘录于《广东省革命遗址通览》（清远市）第7册］

朝天革命烈士纪念碑［摘录于《广东省革命遗址通览》（清远市）第7册］

寺前坪革命烈士纪念碑［摘录于《广东省革命遗址通览》（清远市）第7册］

连江支队宣布番号纪念亭［摘录于《广东省革命遗址通览》（清远市）第7册］

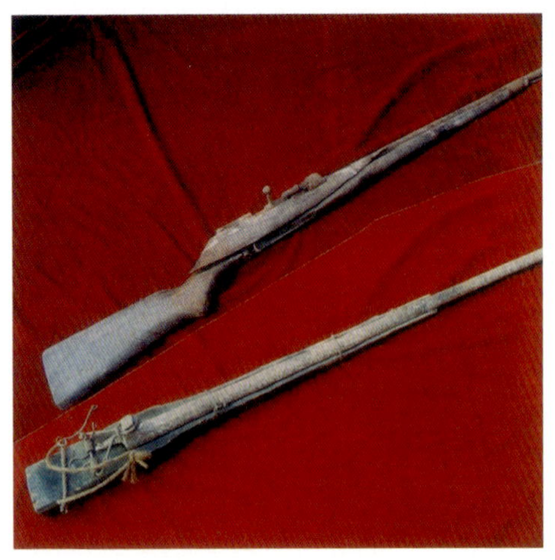

连县武装起义的步枪和粉枪（摘录于《红色征途》）

星子武工队队长马旅使用的自制竹口盅（摘录于《红色征途》）

1990年6月，连县各界人民举行盛大的红色根据地建立56周年暨老建会、老促会成立大会。全县有红色根据地老区村19个，游击根据地老区村590个，老区乡镇13个（摘录于《红色征途》）

2017年5月9日上午，省老促会，清远市委、市政府，清远军分区，广州新四军研究会等有关单位代表和连州市四套班子有关领导参加向冯达飞烈士铜像敬献花篮仪式（摘录于《红色征途》）

冯达飞将军生前战友后代代表在冯达飞将军纪念馆前合影。后排左2为江苏省新四军研究会三师分会副会长蒋继宁；后排左4为空军原副司令员、开国中将常乾坤之子常砢大校；后排左5为原装甲兵政委、开国中将莫文骅之子莫安临；后排左6为原中共中央监察委员会副书记、开国大将张云逸之孙张晓龙；后排右1为广州新四军研究会宣讲团常务副会长耿海薪博士；后排右3为原军委空军宣传部部长朱鸿将军之子朱宏佑（摘录于《红色征途》）

2017年5月9日，广州新四军研究会执行会长、原广州军区副政委王同琢中将（右）在冯达飞将军纪念活动上向中共连州市委副书记李伯伦（中）捐赠手书（摘录于《红色征途》）

2017年11月12日，在航空博物馆举行冯达飞烈士英名上墙纪念仪式相关活动。参加活动的有空军领导，各地新四军纪念馆、研究会代表，连州市和东陂镇领导代表，市委宣传部、党史办领导和冯烈士后人等（摘录于《红色征途》）

2017年11月12日，即空军节后的第二天，北京新四军研究会等单位，在航空博物馆举行冯达飞烈士英名上墙纪念仪式（摘录于《红色征途》）

2017年11月11日，北京新四军研究会等单位在航空博物馆举行冯达飞烈士英名上墙纪念仪式和追思会。在追思会上，空军原副司令员、开国中将常乾坤之子常砢称，1926年，父亲常乾坤就与冯达飞烈士一起在苏联学飞行，而且在同一个党支部（摘录于《红色征途》）

1994年6月18日，连州举行建市挂牌仪式（摘录于连州市地方志编纂委员会编：《连州市志》，2011年8月）

2009年12月5日，第五届连州国际摄影年展开幕式（潘贤强摄）

连州菜心（潘贤强摄）

连州东陂腊味（潘贤强摄）

丰阳畔水花海（邱贵星摄）

连州市丰阳镇畔水村（革命老区村）于2017年被清远市评为生态村（邱贵星摄）

龙坪桃花（潘贤强摄）

连州鹰嘴桃（梁建辉摄）

连州红橙（梁建辉摄）

连州潭岭水晶梨 （潘贤强摄）

东陂地下河（国家5A级旅游景区）（连州市旅游局提供）

湟川三峡（国家4A级旅游景区）（连州市旅游局提供）

潭岭天湖景区（徐贤坚摄）

天龙峡（连州市摄影协会提供）

大东山温泉瀑布（连州市摄影协会提供）

龙宫滩秀色（连州市旅游局提供）

2015年端午节连州市西岸镇龙舟竞赛现场 （潘贤强摄）

连州市大路边镇顺头岭（秦汉古道后段），这条街的客栈至今有部分房屋保存完好（黄志超摄）

连州市民族产业园（潘贤强摄）

建滔集团连州产区生产车间（潘贤强摄）

连州文化广场（李世荣摄）

连州慧光宝塔（潘贤强摄）

远眺连州城区全景图（潘贤强摄）

目录

contents

前言

革命老区是中国革命的摇篮。在革命战争年代，老区人民养育了中国共产党及其领导的军队，提供了坚持长期斗争所需要的人力和物力，为壮大革命力量，付出了巨大的牺牲和贡献，取得了最后胜利。今天的新中国是无数革命先烈前仆后继用鲜血和生命换来的，老区是新中国社会主义大厦的牢固基石，它的革命传统和历史经验，是非常宝贵的精神财富。老区的光辉业绩将彪炳史册，永放光芒。

根据中国老区建设促进会《关于编纂全国1599个革命老区县发展史的安排意见》和广东省老区建设促进会、广东省老区建设办公室相关文件精神，连州市委、市政府对编纂《老区县革命发展史》连州卷高度重视，召集有关单位、人员会议，成立机构，聘请编纂人员，着手编写工作。

连州地处粤西北五岭腹地，历来是中原楚湘进入岭南的要道重镇。连州地域广阔，历史悠久，人才辈出，具有光荣的革命历史，是中国共产党组织建立早、活动时间长、范围广的革命老区县，有二战时期老区村 19 个，解放战争时期游击根据地村 590 个，人民群众用生命和鲜血书写了光荣的革命历史。

早在大革命时期，连县进步青年受五四运动的影响，有冯达飞、詹宝华等一批青年接受了民主思想和新文化，为马克思主义在连县的传播开辟了道路。

1928—1930年，湘南暴动失败后，部分湘籍共产党员就转移来连县隐蔽。1929年5月在大塘庵成立中共湘粤工作委员会，领导宜章、临武、连县、阳山等县的地下党工作。在连县成立了中共连州特别支部，何汉任特支书记。在连县活动的湘籍党员高峰时达40多人。

1931年1月中旬，中国工农红军第七军3500余人（百色起义部队），在邓小平、李明瑞、张云逸率领下从连山的鹰扬关进入连山、连县。红军在连阳打击敌人，宣传革命，活动十余天后，于同月29日离开连县进入湘南。从1932年到1934年夏，湘南的李萼、李兆甲、彭良、李林率领的游击队曾经进入连县、阳山等县活动。1934年初，湘赣军区独立红四团李宗保部队进入粤湘边与李林等游击队一起抗击敌人，建立根据地。1934年底至1935年初，先后有中国工农红军一方面军的第一、第五、第六军团的一部分红军长征路过或转战粤湘边一带。1935年3月，红军24师71团1200余人进入粤湘边进行游击战争，在连县瑶安乡天光山建立农会，组织民兵，攻击敌人，治疗伤员。

1938年11月连县成立中共连阳特别支部，1939年9月成立连（县）连（山）阳（山）乳（源）四属工委，1940年3月成立中共连阳中心县委会。

抗战时期，中共北江特委及各县党组织坚决执行上级指示，坚持抓党的建设，放手发动群众，壮大抗日武装力量，在艰苦的敌后游击战争中经受了考验，党的组织日益壮大。

解放战争时期，党中央发出《迎接中国革命的新高潮》的指示，广东的解放战争进入了发展阶段。1947年4月，由梁嘉任书记、钱兴任副书记的中共粤桂湘边工作委员会成立。7月，边区工委决定成立中共连江地方委员会（又称小北江地委），周明任书记，管辖清远、英西、阳山、连县、连南、连山、乳源等县。

1947 年 7 月的粤桂湘边区工委会议，决定组成北挺第一大队（代号飞雷队），挺进连阳，扩展新区，建立粤湘边根据地。飞雷队 150 人，由边区工委委员周明任政治委员，冯光任大队长。从此，如火如荼的游击战争在粤北地区展开，1948 年 1 月 15 日的连县东陂起义和翌日的星子大路边武装起义，鼓舞了当地的人民群众，震惊了国民党反动派，大灭了反动派的嚣张气焰。1949 年 11 月初，解放连阳的战役已经开始。11 月 5 日，野战军四二八团与连江支队十团会合，在大路边与敌人激战，敌人溃逃。12 月 6 日，梁家水战斗打响，共毙伤敌人 200 余人，俘敌 440 余人，缴获大批枪支弹药。1949 年农历十月十八日，连县全境解放。

新中国成立后，在中国共产党和人民政府的领导下，连州人民传承和发扬爱党爱国、甘于奉献、艰苦奋斗、开拓进取的老区精神，经过几十年的努力，连州这片红色热土发生了翻天覆地的变化，城市建设、道路交通建设、新农村建设等取得可喜成绩，供电、通讯、教育、医疗得到迅速发展。从前的偏远落后的革命老区呈现出一片新气象。

编纂《连州市革命老区发展史》，是为了阐述和反映连州市老区人民在党的领导下，历经几十年艰苦奋斗、发展壮大的历史，肯定老区人民的伟大贡献，总结老区建设发展的经验，展示老区建设的伟大成就，这对于发扬革命传统，传承红色基因，弘扬老区精神，不忘初心，牢记使命，与时俱进，教育后代，都有着重大的现实意义和历史意义。

《连州市革命老区发展史》编委会

2020 年 7 月

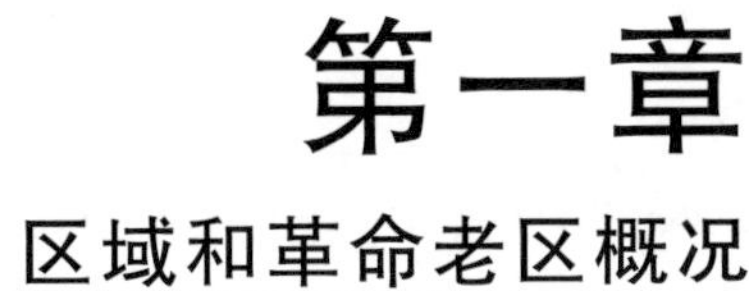

1

第一章

区域和革命老区概况

第一节 基本情况

连州市位于广东省西北部，小北江上游，东南毗邻阳山县，西南接连南瑶族自治县，西北与湖南省蓝山县、江华瑶族自治县相连，北与湖南省临武县交界，东北与湖南省宜章县接壤。地理坐标北纬 24°37′至 25°12′，东经 112°07′至 112°47′。市境东西广 68 公里，南北袤 65 公里，边界线总长 610 公里，全市总面积 2663 平方公里，占广东省面积的 1. 26%。

2018 年末，连州市户籍人口为 546483 人，比上年末增加 990 人，人口密度为 205 人/平方公里。在总人口中，男性人口有 283186 人，女性人口有 263297 人，性别比为 107. 55：100。从户籍性质分类看，全市总人口中，城镇人口为 152806 人，占全市总人口 28. 0%。乡村人口 393677 人，占全市总人口的 72. 0%。60 岁以上人口为 97120 人，占全市总人口的 17. 8%；0 ~ 17 岁人口为 121740 人，占全市总人口的 22. 3%。2018 年，省内迁入 1621 人，省外迁入 776 人，迁往省内 4250 人，迁往省外 1262 人。①

2018 年全市常住人口为 38. 47 万人，人口出生率为 14. 21‰，死亡率为 5. 52‰，人口自然增长率为 8. 69‰。其中城镇人口 17. 90 万人，农村人口 20. 57 万人，城镇化水平为 46. 53%。

2018 年，连州市有民族 29 个，汉族占总人口的 98. 7%，瑶

---

① 以上数字来源于公安局户籍人口统计报表。

族、壮族、畲族、回族、满族等 28 个少数民族有 7650 余人。少数民族以瑶族为主，有 5600 余人，主要分布在瑶安瑶族乡和三水瑶族乡，其余各少数民族均以零星迁入为主。

连州市瑶安瑶族乡总人口 13022 人，其中瑶族 3920 人，占该乡总人口的 30. 1%，瑶族居住地主要分布在新九、田心、瑶安、九龙 4 个瑶族村。三水瑶族乡总人口 4252 人，其中瑶族人数 1673 人，占该乡总人口的 39. 3%，瑶族居住地主要分布在左里和云雾两个村。

连州市的语言多种多样，据有关部门统计，连州市使用的语言多达 26 种。至 2018 年末，使用的语言有：粤语方言、四会话、惠州话、南海白话、潮州话、河源话、龙川话、谢屋话、客家话、连州地方土话、星子话、连州话、保安话、丰阳话、西岸话、松柏话、城村话、梧州话、烟厂话、西南官话、湖南宜章话、邵阳话、临武话、少数民族语（主要是瑶话）。

第二节 建制沿革

连州市历史悠久，源远流长。西汉初年置桂阳县，因县治之西北有桂阳山而得名，含今连州市、连南瑶族自治县、连山县，属吴芮长沙国，县治在今连州。

南朝宋永初时（420—422 年）置小桂郡，治在桂阳县（今连州）。泰始六年（470 年）在今连州市西北析置冈溪县，并置宋安郡，附郭在桂阳，领桂阳（只含今连山、连南境）、含洭、阳山、冈溪 4 县。泰豫元年（472 年），废宋安郡，改始兴郡为广兴郡。

隋开皇十年（590 年），废郡置州，治在桂阳（今连州）。领桂阳、广泽 2 县。大业元年（605 年），州废，于桂阳县置熙平郡，治在桂阳（今连州），领桂阳（含今连州市及连南县境，下同）、连山、阳山、宣乐、游安、熙平、武化、桂岭、开建等 9 县。

唐武德四年（621 年），改熙平郡，复置连州，治在今连州，属江南道。贞观年间（627—649 年）连州属江南西道。天宝元年（742 年），改连州为连山郡，治在今连州，属岭南道。乾元元年（758 年），改连山郡，复名连州，治仍在今连州，属湖南道，辖桂阳、连山、阳山 3 县。大历三年（768 年），连州属广州。晚唐光化三年（900 年）至五代，归于五代十国楚。到 951 年（南汉乾和九年），改属南汉。

宋开宝四年（971 年）起，连州属广东南路。元至元十七年

（1280 年）升为连州路，治在今连州，属湖南道。

明洪武二年（1369 年），废连州入连山县，改属韶州府。洪武十三年复置连州，治在连州，属广州府。

清初沿用明制，连州仍属广州府。雍正七年（1729 年），连州升为直隶州，直属广东布政司，辖境及州治不变。咸丰四年（1854 年），连州农民起义军配合太平军，攻陷三江镇，进驻连州城，改连州为熙平州，奉行太平天国年号半年。次年，恢复为连州直隶州。

1912 年废州，连州改称连县，属岭南道。1920 年废道，连县属广东省管辖。

1949 年 12 月 8 日，连县解放。

1950 年，全县设 4 个区、1 个镇，下辖 52 个乡和 3 个街道办事处。

1951 年 6—7 月，连县第一区的界滩和第四区爱民辖下的五保划归阳山县管辖；连山县共和乡划归连县管辖。全县改设为 5 个区、1 个区级镇，下辖 109 个乡（其中含 2 个乡级镇）和 3 个乡级办事处。

1952 年 4 月，连县政区划分为 6 个区、1 个镇，下辖 104 个乡（其中含 2 个乡级镇）、3 个办事处。

1953 年春夏间，原连县第四区管辖的和东、城和、城西 3 个乡以及协民乡的新塘、岩口 2 个村划归连南县。各区人民政府改称区公所，第六区与连州镇合并为城关区，全县划分为 7 个区，下辖 102 个乡、3 个办事处。

1954 年，恢复连州镇，定为区级镇。城关区按序排称第七区。全县政区调整为 7 个区、1 个镇，下辖 102 个乡（其中 2 个乡级镇、3 个乡级瑶族自治区）和 3 个乡级街道办事处。

1955 年 2 月 21 日，连县改换以区政府驻地为名。一区改称保安区，二区改称星子区，三区改称东陂区，四区改称九陂区，五区改称西岸区，六区改称大路边区，七区改称附城区。

1956 年 7 月，连县进行行政区划调整，除保留连州镇外，其余 7 个区建制全部撤销。

1958 年春，全县设 1 个镇、16 个乡：连州镇，城北乡、元潭乡、石角乡、西岸乡、清水乡、丰阳乡、瑶安乡、星子乡、清江乡、麻步乡、龙坪乡、西江乡、大路边乡、东陂乡、保安乡、九陂乡。10 月起，连县设立人民公社。全县共有 1 个镇、5 个人民公社：连州镇，巾峰、星子、龙坪、东陂、九陂人民公社。

1958 年 11 月，建立连阳各族自治县，设 14 个人民公社：连州、巾峰、星子、龙坪、东陂、九陂、三江、寨岗、永和、福堂、阳山、七拱、青莲、岭背。

1960 年 10 月，建立连阳各族自治县，设 15 个人民公社：连州、星子、大路边、龙坪、东陂、西岸、保安、九陂、三江、寨岗、永和、福堂、小三江、太保、水运。

1961 年 5 月，设 42 个人民公社：连州、附城、石角、九陂、龙潭、西岸、保安、清水、东陂、丰阳、瑶安、朱岗、潭岭、大路边、山塘、清江、星子、麻步、朝天、龙坪、西江、三江、寨岗、金坑、南岗、大崀、九寨、白芒、太保、禾洞、军寮、大掌、香坪、福堂、永丰、小三江、加田、上帅、永和、吉田、上草、水运。

以上 1958 年 11 月至 1961 年 10 月为大县时期，县城均在连州镇。

1961 年 10 月，撤销连州各族自治县，恢复原连县建制。

1963 年春，朱岗公社并入丰阳公社，石角公社并入附城公社，潭岭公社并入星子公社。

1965 年 7 月，恢复潭岭公社。

1973 年 7 月，潭岭公社并入大路边公社。

1977 年 5 月，建立高山人民公社。其时，全县共有 20 个人民公社。

1981 年，全县有 20 个人民公社（镇），205 个大队，1590 个自然村。

1983 年，撤销人民公社，全县设立 19 个区，保留 1 个区级镇，建立 169 个乡（含 2 个乡级镇）。

1986 年 9 月，撤销区建制，区改为乡、镇，原区下辖的乡改为管理区，全县有 20 个镇乡，其中 1 个瑶族乡。12 月，建立朱岗乡和三水瑶族乡，全县有 22 个镇乡（其中含 2 个瑶族乡），共 207 个管理区。

1993 年 2 月，山塘、清江、潭岭、麻步、朝天、西江、高山、龙潭、九陂、附城、朱岗 11 个乡改为镇。2 个民族乡保留，全县有 20 个镇、2 个瑶族乡。

1994 年 4 月 22 日，民政部批复设立连州市（县级市），由清远市代管。

1998 年冬，207 个农村管理区改为村民委员会。

2002 年开始进行乡镇撤并。至 2003 年末，连州市共有 10 个镇、2 个瑶族乡，207 个村委会，10 个社区居民委员会，1602 个村民小组。

截至 2018 年，连州市辖连州、西岸、东陂、丰阳、保安、大路边、星子、龙坪、西江、九陂 10 个镇和瑶安、三水 2 个瑶族乡，共 12 个镇乡；设立 163 个行政村和 10 个社区。

第三节 自然环境

连州市境内地质构造复杂，主要由花岗岩、石灰岩和砂页岩构成。境内基底原为华夏古陆，上面覆盖着前泥盆纪的砂页岩，由泥盆纪到三叠纪为灰页岩与砂页岩间返的地层。此地质时期中，地质构造运动使连州在深海与浅海之间变化数次，到三叠纪后，海水退出。因此，在第三纪地质中只有砂页岩，第四纪地质则为河流冲积物。此后，在侏罗纪到白垩纪时期发生燕山运动，花岗岩便在此时侵入，使其他岩层发生接触变质和热液变质作用。连州地境处于大地复杂构造的边沿，褶皱比较厉害，断裂较多。境内西、北、东三面为花岗岩分布区，清水至朱岗、星子至大路边为红色沙泥岩分布区，中部则为石灰岩分布区，南部多为较老的泥盆地。

连州地处南岭之中的萌渚岭南麓，境内崇山峻岭，丘陵冈峦星罗棋布。主要山脉有绵延丰阳、瑶安一带的簸箕山脉，主峰天堂岭，海拔 1712 米，为市内最高峰，位于瑶安与湖南省蓝山县交界处；横跨东部潭岭、朝天、西江一带之大东山脉，主峰岩坑山，海拔 1604 米，为连州次高峰，位于朝天与阳山交界处；其余山岭多在海拔 1000 米以下。山地占全市总面积的 72.2%，丘陵占 15.9%。连州市地形，因东面有大东山脉，由东北向西南；北部有簸箕山脉，形成西、北、东三面山地，中部稍低，均为丘陵地带。星子、大路边、龙坪、保安等乡镇大部分地区为小盆地；清水、丰阳南部、东陂北部为丘陵盆地；西岸、清水、丰阳南部、东陂北部为丘陵盆地；西岸、东陂两乡镇河流为河谷盆地；保安、附城及九陂等乡镇部分地区为丘陵盆地。

连州市主要的河流有星子河，发源于大东山脉，发源地近处建有一个大型的潭岭水库。保安河、东陂河发源于北部簸箕山脉，还有连南瑶族自治县的三江河，流经连州镇高车墩附近汇入连江。

连州市的气候。连州市属中亚热带季风气候区，一年四季受季风影响。冬半年（10 月至次年 3 月）盛行东北季风；夏半年（4 月至 9 月）盛行夏季风，主要是西南风。在东亚季风环流背景制约下，连州市冬季长吹偏北风，气候干冷；夏季长吹偏南风，由于暖湿气流盛行，气候高温多雨。另外，由于地形（南岭山脉）的影响，具有明显的“春暖迟、秋寒早”的山区气候特征。直接影响连州市气候和天气变化的大中尺度天气系统：冬春季主要是极地大陆高压及其前沿的冷锋，夏秋季主要是副热带高压和热带气旋（台风）等。

雨量：受地形影响，降水地域分布差别明显；年内和年际变化大，由西北向东南递减，西北部多雨区，年平均降雨量在 1600 毫米以上，其中瑶安乡的田心、三水乡的云雾洞年降雨量多达 1700～1900 毫米。大部分地区平均降雨量大于 1500 毫米。

日照热辐射：境内年日照多，年平均日照 1613. 70 小时。

蒸发量：境内多年平均蒸发量 1419 毫米。

风力：夏季盛行东南风，冬季多吹东北风。风速年平均值为 1. 20 米/秒。

第四节 资源优势

土地资源。连州市的土地资源丰富，全市有耕地40017.2公顷，其中水田24229.6公顷，水浇地107.45公顷，旱地15680.15公顷。园地4897.21公顷，其中果园3842.58公顷，茶园6.52公顷，其他园地1048.11公顷；林地181762.58公顷，其中有林地138324.99公顷，灌木林地22006.32公顷；草地19317.68公顷，其中人工牧草地7.5公顷，其他草地19310.18公顷。

矿产资源。连州市矿产资源丰富，探明的矿物种类主要有煤、铁、锰、铜、钼、铅、锌、锑、锡、钽、磷、砷、硅灰石、白云石、大理石、花岗石、滑石、石墨、石膏等23种。其中煤炭蕴藏量达8000万吨，主要分布在九陂、龙坪、保安等地；锰矿储量达400万吨，为广东较大的锰矿产地之一，主要分布在西岸、星子、大路边等镇；硅灰石储量达365万吨，是广东省主要产地；大理石（碳酸钙）储量达14.9亿吨，且品位和纯度均为全国最高，是独有的特色资源，硅灰石、大理石（碳酸钙）主要分布在西江、龙坪、星子、大路边镇。

水资源。连州市河流属北江（珠江支流）连江水系。市内主要河流有星子河、东陂河、三江河、九陂河，4条河流汇合称为连江。其中星子河流域和东陂河流域面积占全市总面积的92%。截至2016年末，全市共有山塘水库387座，其中大型水库1座、中型水库1座、小（一）型水库11座、小（二）型水库39座、小于10万立方米的山塘水库785座（其中重点山塘184座），共有总库容2.53亿立方米，灌溉6346.67公顷农田。

生物资源。连州市山地面积广阔，土壤肥沃，气候温和，雨量充沛，为中国典型的亚热带常绿阔叶林区，适于多种生物资源繁衍生息，既有历史保留下来的生物资源，又有新的种群，既有南下的生物资源，又有北上的种类，因而生物资源非常丰富，是广东省较大的再生能源基地和生物基因库之一。

植物种类。据调查连州市有蕨类植物48科383种；裸子植物10科61种；被子植物中，双子叶植物156科2800多种，单子叶植物30科708种，共计3956种（含栽培种），其中药用植物1500多种，材用植物1000多种；牧草植物1200多种；花卉、观赏植物500多种；芳香、油料植物400多种；野果、淀粉植物200多种等。分布于连州市属国家重点保护的珍稀濒危植物有：国家一级保护植物有南方红豆杉、伯乐树、报春苣苔等3种；国家二级保护植物有福建柏、长柄双花木、伞花木、白豆杉、观光木、银杏、香果树、广东松、半枫荷、红椿、华南栲、喜树等30多种。

野生动物资源。据调查，连州市有野生动物500多种，其中兽类有100多种，鸟类200多种，爬行类90多种，鱼类30多种。属国家重点保护的动物有30多种，其中国家一级保护动物有华南虎、黄腹角雉、云豹、金钱豹、蟒蛇、金雕、白颈长尾雉等10多种。国家二级保护动物有红面猴、穿山甲、大小灵猫、白鹇、苏门羚、水鹿、狗熊、毛冠鹿、虎皮蛙、金猫和猛禽类等30多种。

主要森林植被类型。常绿阔叶林：根据森林的组成成分、结构特征及生境特点，连州市的常绿阔叶林可分为低山（丘陵）常绿阔叶林和中山常绿阔叶林。丘陵常绿阔叶林，分布于清水、瑶安、丰阳一带海拔200~999米的低山丘陵沟谷或北向山坡上，土壤为红壤。中山常绿阔叶林，分布于潭岭（大东山自然保护区）、朝天大东山一带海拔1000米以上的山地上，土壤为黄壤。落叶阔叶林：主要分布于石灰岩地区及海拔1000米以上局部山地。常见类型有麻栎林、黄连木、枫香林。海拔1200米以上分布长柄毛榉、光皮桦林。山地常绿落叶阔叶混交林：连州市的低山及中山山地上，因海拔升高，气温降低，而常出现主要由壳斗科、桦木科、榛木科、金缕梅科和安息香料科的落叶树种与壳斗科、樟科、山茶科、木兰科、杜鹃花科的常绿树种组成的山地常绿落叶阔叶混交林类型。针叶林：低山丘陵地区主要分布为天然或人工种植的马尾松、湿地松、杉木林。潭岭（大东山自然保护区）海拔1000米以上分布有马尾松、黄山松、广东五针松、长苞铁杉等天然针叶林。经济林：连州市的经济林主要有油茶林、毛竹林、梨果、柑橘等。油茶林主要分布于山塘、清水、清江、九陂等地。毛竹林主要分布于瑶安、三水、丰阳、朱岗等地。杂果园：连州市主要树种有梨、柑、橙、橘、桃、李、梅、枇杷、枣、黄皮、柿、栗等20多种，其中除柑、橙、柚、梨、枣等连片栽培面积较大外，其余种类都是在农家屋前后零星种植。灌木草丛：主要灌木草丛有常绿阔叶灌木草丛、石灰岩藤本灌木草丛和山顶灌木草丛。常绿阔叶灌木草丛：主要分布于丘陵地区，灌木的优势种类为乌饭树、布荆、柃木、桃金娘等。石灰岩藤本灌木草丛：是由石灰岩丘陵常绿落叶阔叶混交林破坏后形成的，主要由灌木、藤状灌木及草本植物交织构成，结构密实而杂乱，很多种类具有喜钙、硬叶、多刺、肉质的耐旱特征。常见的优势种类有布荆、金丝桃、红背山麻秆、竹叶椒、全缘火棘、沿阶草等。山顶灌木草丛：分布北部、东部的天堂岭、潭岭（大东山自然保护区）、天光山、方山、石坑山等地海拔1300米以上的山坡或山头顶部。草丛：主要草丛有山地草丛、丘陵岗地草丛和紫色页岩丘陵草丛。山地草丛：分布于海拔1000米以上的山顶、山脊，主要种类有野古草、芒、地耳草、蕨、华南龙胆、一枝黄花等。丘陵岗地草丛：分布于海拔500米以下丘陵岗地草坡，多为放牧、撂荒而成，主要种类有野古草、毛鸭嘴草、金茅、鹧鸪草、蜈蚣草等。紫色页岩丘陵草丛：优势种类主要为龙须草、白茅、臭根草、牡蒿、夏枯草等。

旅游资源。连州市旅游资源丰富，三大类旅游资源各具特色，分布在各地景区的点达25处之多，是粤西北清远地区旅游资源大县之一。

自然类旅游资源：连州地下河、湟川三峡—龙潭文化生态旅游度假区、潭岭天湖、连州天龙峡、大东山温泉度假区、瑶安天光山百里摄影长廊、大东山自然保护区、茅坪原始生态风景区、杨梅洞、车田温泉、上田温泉等11处。其中，地文景观类包括连州地下河、瑶安天光山百里摄影长廊、杨梅洞等；水域风光类包括湟川三峡—龙潭文化生态旅游度假区、潭岭天湖、连州天龙峡、大东山温泉度假区、茅坪原始生态风景区、车田温泉、上田温泉等。

人文类旅游资源：道教第四十九福地保安福山、慧光塔、燕喜文化园、南天门古驿道、连州博物馆、冯达飞故居、东陂石板街、惠爱医院旧址、刘禹锡纪念馆、丰阳古村、石兰寨、卿罡古村、黄村、元璧古寨、挂榜瑶寨15处。其中，地文景观类包括道教第四十九福地保安福山；古迹与建筑类包括慧光塔、燕喜文化园、南天门古驿道、东陂石板街、惠爱医院旧址、丰阳古村、石兰寨、卿罡古村、黄村、元璧古寨、挂榜瑶寨等；居住地与社区类包括连州博物馆、冯达飞故居、刘禹锡纪念馆。

民俗风情类旅游资源：耍歌堂、抬大神、唱春牛、舞龙、舞狮、舞马鹿、瑶族长鼓舞等。

第五节 革命老区连州

1949 年 12 月，连县全境解放。1950 年 1 月，经中共广东省北江地委批准，成立中共连县委，北江地委蔡雄任书记，萧少麟任副书记，成崇正、黄孟沾、萧怀义任委员。中共连县委作为全县革命和建设事业的领导核心，肩负着在全县全面贯彻执行党中央确定的路线、方针、政策，实现党的工作重心向巩固新生人民民主政权、进行和平建设转移的重任。从此，揭开了党领导连县人民继续完成新民主主义革命和进行社会主义建设的新篇章。

1990 年 4 月 29 日，清远市政府《关于补划革命老区村庄的批复》评定连县第二次国内革命战争时期红色根据地村庄 19 个；1992 年 4 月开始评划解放战争时期革命老区村庄，1993 年 4 月 29 日，清远市政府《关于评划确认解放战争游击根据地的批复》，连县 590 个自然村被评为解放战争时期游击根据地村庄。

一、第二次国内革命战争时期红色根据地村庄

瑶安乡：老虎冲、梅树冲、天光山、板寮村、蚊仔冲、田洞心、桐木冲。

三水乡：云雾洞、挂榜山、右里村、英桃坪、红心村、小东口、茶坪村、大坦村、左里村、烟竹坪、陈家岭。

清江镇：周家岱。

二、解放战争时期游击根据地村庄

连州镇：保坪村。

大路边镇：坑仔口、香炉山、王头岭、野猪窝、老虎头、金坪山、京阳溷、暗堆、陈家磅、半冲、大路边、长岗头、江陂洞、大塘、厚冲、十八间、黄家堆、黄禾塘、黄西田、用功坪、坪头岭、长冲村、潘家、黄坪、三村、辛家、易家、新鸭婆磊、老鸭婆磊、寒水、枫冲、蕉冲、牛仔冲、大冲头、老粮冲、白路口、东村江、妙冲、前村江、百土脚、白牛桥、十字铺、苟基冲、马坳、石其磅、沙便洞、三里江、旱冲、大白水、小白水、塘背、富冲、钟屋、小水、寿塘、潭下、东客塘大村、黄屋、李屋、插磊脚。

清江镇：国沅山村、吊梨水村、岩前塝村、河背村、大埚村、塘家村、大塝村、山水村、杨义冲村、长家村、沓洞村、东田村、水冲村、石更头村、新村、新屋村、烟竹冲村、上柏场村、毛岭磅村、天磅岭村、深塘村、石洞村、苦竹冲村、飘杷岭村、陈家水村、木桥底村、高轻村、下洞村、塘冲村、恩头村、泉塘村、坳头村、李家洞村、荃塘村、咸塘村、塘梨村、腊上村、寨背磊村、大岭脚村、桥田村、大放村、长尾塘村、下大角坪村、艮沙岭村、上大角坪村、新屋村、力山村、塘坪村、盘海村、姜田老村、姜田新村、寺前坪村、大溷上村、敬联村、水浸溷洞村、大溷下村、旱冲村、连塘村、盘家流村、泉水汪村、香炉田村、大广子村。

山塘镇：小里水村、榜水村、黄家村、上寒头村、上印村、滴水溷村、田子冲村、黄泥溷村、大坳大村、细村、源塘村、鸭公塘村、汛塘村、观头洞大村、细村、荒塘坪村、李仔树脚村、磊角岭村、毛田坪村、塘下上村、塘下下村、塘仔冲村、瓦油坪村、石街头村、坳头村、打古泉村、童子岭村、麦田坪村、新联村、带头村。

潭岭镇：黄沙塘村、岱山村、连一村、连二村、大片岭村、洞尾村、大移坑村、葡萄坳村、老凉亭村、文珍洞村、来神塘村、新塘村、老塘村、上寨村、堆头村、茶园村、田家洞村、川桥水村、洞头光村、连坪村、何家坪村。

星子镇：沈家村、上洞村、杨梅村、鱼本村、兰田村、马水村、车田村、黄泥田村、冷水坑村、上田村、百工塘村、下东盆村、三步磊村、三家店村、黄家坳村。

东陂镇：前江村、前江铺村、柏木山村、草塘村、红万村、新移村、竹子下村、大岭脚村、新寨村、雅料堂村、潘屋村、香花圩、仙岩背村、新屋村、石仔坪村、仙岩脚村、腊塘村、仁家冲村、石山脚村、门楼脚村、长江尾村、杨仔岭村、松山脚村、横水崀村、城村、黄冲村、新村（属城村村委会）、田庄村、龙下村、新村（属卫明村委会）、过水塘村、月角村、新铺村、自背冲村、田心村、石仔坪村、胡并田村、返罗石村、新陂塝村、冲头村、马鞍山村、犁头咀村、油铺村、陈洞村、桃树坪村。

丰阳镇：大富头村、寨仔村、大冲禾村、大冲坑村、白梓楞村、夏湟村、丰阳村、大坪头村、井眼洞村、由移田村、青连塘村、上石咀村、下石咀村、马头嵊村、大江脚村、梁家水村、龙形洞村、岩塘村、大岭脚村、飞水洞村、黄连带村、八工洞村、大油塘村、马安岭村、湖江头村、大水边村、横江山村、岭脚村、里茶山村、夏东村、沙铺村、大板塘村、小板塘村、西风寨村、黎屋冲村、石桥莨村、柯木湾村。

朱岗镇：大风洞村、大罗坪村、牛塘村、九华村、八工洞村、大塝村、架枧岭村、上半坑村、下半坑村、翻身湾村、陂岭村、坪头园村、华村、麻茨冲村、上陂水村、新立寨村、畔田洞村、佳美湾村、石营村、瓦瑶岗村、连鱼塘村、火甲岭村、元山岭村、江西冲村、黄土坪村、塘家坊村、塘坳村、羊角坑村、龙婆寨村、高村、旗美村、松树塝村、水尾塘村、畔水村、南村、小水坪村、半迳村、墩头村。

瑶安乡：盘洞村、东冲村、红狮村、黄连江村、罗滩村、塘冲村、江红村、新庄村、陈家山村、大元冲村、新立村、清水村、石坪岭村、黄家庄村、瑶岭村、反背冲村、高洋岭村、金清村、豹狗庙村、黄泥田村、龙崩冲村、大陂头村、乌龙坑村、九公洞村、大田湾村、小滚水村。

三水乡：正冲村、石带冲村、丑冲尾村、冷大坑村、沙坪村、牛洞村、杉木莨村、水决坪村、沙洞村、大庙龙村、高寨村、水王冲村。

清水镇：源头村、新田村、塘卜坳村、白云山村、九子冲村、天刀岭村、天子岭村、朱江坪村、善庆村、下溷村、地政村、荷木莨村、八排莨村、羊角冲村、瓦雪坪村、高坎冲村、米筛溷村、荣村。

朝天镇：李屋村、新丰村、石山背村、曹屋村、蒲芦村、梅花迳村、新陂村、良屋村、大路边村、袁屋村、沙坪村、石古堆村、廖屋村、卢屋村、罗屋村、新联村、邱屋村、陈屋村、湖塘村、再下村、牛塘村、麻洞村、畔洞村、神岗村、河背村、谷田坪村、上兰靛村、清江塘村、下兰靛村、石桥上村、石桥下村、画眉迳村、松山脚村、小水洞村、新田坪村、小安村、连塘村、新屋村、高朗村、桐木冲村、神前村、凤凰村、横冲村、坳下村、上带村、莆冲村、新桥村、大围村、罗迳村、水路田村、水井头村、红桥头村、新村、坪头村。

西江镇：西江圩、企岗村、新村、东江村、邓屋村、莲花村、围面村、田心村、西江塘村、大田村、大坪村、新甫村、塘坑村、白石村、江塝村、冲头村、企山村、豆地莨村、圳水坑村、老屋地村、浪石村、旱田坪村、彭冲村、蔗塘村、马头岗村、大岭脚村、牛角湾村、外塘村、格坳村、下兰靛村、新旧董屋村、李屋村、罗屋村、山塘围村、大岭村、龙塘村、南坪村、谷车村、四见村、中厂村、六子洞村、大坑村、琶田村、飞双村、上柳村、下柳村、决洞村。

高山镇：上畔塘村、下畔塘村、土地朗村、下元福村、看坪村、横山村、大竹山村、旧村、老围村、新围村、灶君岩村、新山村、大麦埪村、茶田围村、元岗村、邓屋村、龙尾村、大洞村、铁砖村、铁炉坑村、狮子口村、狮子脚村、田冲村、大塄村、大元头村、羊子山村、茶地心村、蔡屋村、新屋村。

龙潭镇：深井村、蝴蝶坪村、大山地村、饶屋村、三浪坪村、田顿村、大坪肚村、大坪口村、金鸡洞村、莲花江村、上塘村、上寮村、大屋村、半岭村、老虎冲村、宝山村、大塘村、企石村、珠玉塘村、新田村、桂岩村、梅洞村、三禾洞村、渔水村、散家村、马屋村、百富村、南岸村、马山村、田尾村。

九陂镇：田心村、营盘村、大庙脚村、大干塘村、沙坪村、朝阳寨村、车田村、杨屋村、清水塘村、江下圳村、三家村、王兰屋村、簸箕窝村、肥田洞村、大蛙村、将军山村、飞鹅岭村、牛岗坟村、凤塘村、上梯村、水足坳村、白石门村、石街头村、大凤冲村、桐油坪村、青树岭村、甫岭村、水井坪村、胡屋寨村、三联村、谢屋村、双塘村、大石坪村、饭甑冲村、大窝村、石龙村。

龙坪镇：徐屋村、龙屋村、水迳村、松树埂村、饭汤岩村、田夫头村、陈禾坪村、老屋冲村、付屋村、钟屋村、塘笃村、野猪窝村、吴屋村、陈屋村、七冲村、钟家村、豆地坪村。

麻步镇：种田村、兰田村、田冲村、松树塄村、墩头村、钱屋村、黄泥汉村、石仔坳村。

保安镇：水口村、子沟村、刘屋村。

第二章

大革命时期和土地革命战争时期

第一节 大革命时期

一、连县人民的觉醒

（一）五四运动对连县的影响

1919 年 5 月 4 日，北京爆发的五四爱国运动正式揭开了中国现代史的序幕，促进了马克思主义思想在全国各地的传播。地处粤桂湘边的连县也受到了影响，出现了进步的民间组织和革命思想的萌芽。

1919 年 5 月底，北京五四运动的消息传到连县。连县县立中学堂的学生立即举行集会，会后学生自治会主席冯洵（冯达飞）带领同学们走上连州街头示威游行，他们手执纸旗，高呼“外争国权、内惩国贼”“废除卖国二十一条”等口号。连县民望小学、燕喜高级小学和连县师范讲习所的学生也闻讯响应，参加游行，队伍越来越大，他们边发传单，边高呼“抵制日货、打倒列强”，还到洋货店查封日货。在学生们的感染下，全城群情激昂，纷纷投入到反帝爱国的浪潮中。①

在五四运动的影响下，以民主与科学为中心内容的新文化运动在连县兴起，学生们主张革新，反对“闭门读书，不问世事”

① 参见中共党史人物研究会编：《中共党史人物传》第 28 卷，陕西人民出版社 1985 年版，第 202 页。

的教学方法，要求自己管理自己，踊跃参加学生自治会，学生思想活跃。县立中学堂学生领袖冯洵、詹宝华等提出“为社会奋斗，为人民求幸福”的学习宗旨，他们走出校园，深入农村，宣传反对旧礼教，主张婚姻自由，给社会带来一股新风。在连县三江圩（三江，新中国成立前属连县管辖，新中国成立国后划为连南瑶族自治县）一批热血知识青年刘伯鲁、周荣耀、周秋林、韦衍广、巫镜泉和钟次樵等带领下，组织成立了革命团体青年同志会，并在三江街文昌宫举行成立大会，邀请近郊农民和瑶族同胞参加，会后同志会宣传队还到三江街、城西寨脚、东和、沙子岗等地宣传孙中山的民主革命思想。① 与此同时，一批在广东大学读书的连县籍进步学生成仕选、关以忠、何传赠等与北江地区在穗求学的同学一起，于 1924 年成立南（雄）韶（州）连（县）旅省同学会，以广州四牌楼云台里的南韶连会馆为机关驻地，同学会执行委员是南雄的曾昭秀，委员兼联络员有连县的成仕选、关以忠，佛冈的朱念民，英德的张景优、张炳鎏等 12 人。每逢星期天或节假日，旅省同学都来聚会，议论时政，联系乡谊，探讨救国救民的真理。他们还经常联络各社团深入工厂、街道，宣传真理，发动群众，还编印出版进步刊物《北江潮》，组织学生回乡宣传革命思想。② 同学会成员、连县籍中山大学学生邓炎汉、萧怀德，也牵头出版《湟涛》，在连县留省学生中宣传民主思想。其后，在省立第一中学读书的成崇正接受了马列主义，参加了共产主义青年团，与进步的同学投入了反对国民党右派的斗争。不久，成崇正回到连县继续参与进步活动。

---

① 参见连南县党史办编：《连南革命斗争历史资料》第 8 期。

② 参见中共韶关市委党史研究室编：《中共韶关党史大事记》，广东人民出版社 1992 年版，第 3 页。

五四运动以后，新文化运动在连县的兴起，为马克思主义在连县的传播，开辟了道路。

（二）农工运动的兴起

1925 年 5 月，广东省农民协会成立，随后农民运动在全省蓬勃兴起。同年 8 月，连县由老同盟会员莫辉熊出面支持，首先在三江圩筹办农民协会。三江圩进步知识青年韦衍广，联合了萧佳、魏宣球、周荣耀、王建昌、谢禾、吴玉福和莫家励等十余名青年，成立了连县三江乡农民协会宣传队，在圩日走上三江街，晚上点着马灯到附近农村宣传革命思想。每次宣传都由进步学生莫家励一手举着小红旗，一手摇铜铃，吸引聚集观众。从三江圩到附近的梅村、城西、东塘、新村、寨脚再到沙子岗等村，都可听到宣传队的呼声。为了提高农民觉悟，韦衍广、萧佳和莫家励等还借用三江南海会馆举办农民夜校，他们自任教师给农民上课，接龙桥、塘基头、城脚街一带的农民踊跃到夜校学习。宣传队宣传和在夜校学习的内容，主要是揭露社会不公。

1926 年 1 月，广东省农民协会北江办事处成立，负责领导连县、阳山、连山、曲江、乐昌、仕化、乳源、翁源、英德、南雄、始兴等 11 县的农民运动，主任丘鉴志，书记韦启瑞。连县三江等地农民深受鼓舞，不久，三江农民便在三江圩担水巷罗强水角店楼上设立连县三江乡农民协会办事处。同年 3 月 15 日，在三江街文昌宫正式成立了连县三江乡农民协会，以韦衍广为农民协会委员长，后由英辉熊继任委员长，当天在三江圩原清朝协统衙门的箭道召开庆祝农民协会成立大会，三江圩及附近农村每户有代表参加大会，还有三排等地瑶族代表参加。农协领导人韦衍广和莫辉熊分别主持大会和作演讲，会场群情沸腾，气氛热烈。当晚由农民协会组织宣传队在文昌宫演出农民受剥削的活报剧，受到大家的欢迎。[①] 1926 年 2 月，在广东省农民协会扩大会议上，通过了《北江办事处报告议决案》，其中提到“注意铁路沿线农村及连县、南雄、乐昌等县农会的发展，使农民运动由此直达湖南”。同年 5 月，广东省第二次农民代表大会通过的《北江办事处会务报告决议案》又指出：“边陲之乐昌、连县、南雄、始兴等县农民，急宜从速严密组织起来，以便伸张国民革命势力于中原”。随即省农协北江办事处派员到连县来调查农运工作。在省农协北江办事处领导下，水口、石角等乡也相继成立了农民协会。各乡农会贴出布告，内容是稳定粮价，不准抬高谷价；取消苛捐杂税，不准加租加押，不准退佃；等等。农会还根据农民的要求，清算公尝和庙产；进行“二五减租”（即将原来租谷减除二成半）；禁烟禁赌；等等。经过这些斗争，既解除了农民的痛苦，又壮大了农会的声威。

1926 年 6 月，北伐军一路由连县入湘，师部驻燕喜小学，北伐军在连州街头宣传“打倒列强，除掉军阀，国民革命成功齐欢歌”，使大众看到了希望，受到了鼓舞。

1927 年 5 月，湘南发生“马日事变”，革命分子受到镇压，幸存的共产党员骨干分散转移，有的潜入了连县。如原中共湖南省委特派员何汉（嘉禾人），嘉禾县农协会组织部长、共产党员彭粹和嘉禾县党员毛中心、毛升珍等人在“马日事变”后潜到广东参加广州起义，起义失败后转移到连县。何汉在连州街玉利昌麻行当店员，彭粹在星子、马占等地行医，毛中心、毛升珍在黎埠、寨岗打铁，后到连州卖苧麻、讲八字。此外，从宁远、祁阳、衡阳疏散到连州的共产党员罗义昌、王隆庆、何齐吾、邓国光等，

---

① 《连县三江乡农民协会召集瑶民代表演讲三民主义》，载《中国农民》第 4 期，1926 年。

分别在连州以当店员、搬运或打工掩护身份。他们秘密串连连州泥水、铁木、码头工人和盐业、百货店工人，成立了鲁班会，经过组织发动，于1928年初召集了数百工人，连日在清泉会馆、楚南会馆集会，决议暴动，反抗国民党当局操纵的黄色工会，反对资本家种种压迫剥削工人的行为，以致有工人被警察拘捕。于是，罗义昌等人又发动了鲁班会数百工人重新集会，走上连州街头示威游行，向各店铺募捐。示威工人手执旗帜和标语，呼喊口号，群情激昂，冲击国民党连县党部及县工会，提出打倒反动工会的口号，拘殴反动工会的执委，最后包围市区署，要求释放被捕工人，给国民党当局较大的打击。这是连县最早由共产党人领导的一次工人运动。[①] 随后又发生了由共产党人领导的潭源锡矿工人武装暴动和朝天石墨矿工人暴动。这些工人运动，促进了连县工人阶级的团结，显示了连县工人阶级的力量。

二、连县先进青年早期的革命活动

经过五四运动和工农运动的洗礼，连县人民开始觉醒了，特别是一些知识青年，日益痛心于封建军阀统治下的黑暗混乱，他们为寻求改造连县、改造社会之道，纷纷到外地求学。

冯达飞，1924年春考入黄埔军校第一期，同年夏天加入中国共产党。1927年春，冯达飞参加了广州起义。起义失败后，遵照党的指示回到连县，在东陂故乡向同学好友谭荣胜、关佐景、陈树勋等人讲述五四运动的伟大意义，从当时的社会政治形势讲述到俄国十月革命后，社会如何进步，人民如何幸福，引导青年们认识到中国的出路。冯达飞又受邀到西溪小学介绍广州、上海的见闻，传播新思想、新文化。

---

① 参见1928年8月《广东民政公报》创刊号。

詹宝华，1925 年在黄埔军校第四期学习，其间受周恩来、恽代英等无产阶级革命家的教育和栽培，当年加入了中国共产党。1926 年秋曾回故乡连州街探亲，向同学及妹妹宝芬和宝琼、堂弟宝珍等人讲述国难当头，青年理当许身报国，拯救社会的道理。

邓如淼，从学生时代起便醉心于探求真理，追求进步。

1927 年，他在广州仲恺农工学校求学时，受到共产党员刘达宏（新丰人）、刘芳亚（广西人）等人的教育与熏陶，经常秘密阅读《创造社》《太阳社》《向导》以及鲁迅、郭沫若、茅盾等人撰著或主办的进步书刊，探求革命真理。1927 年4 月12 日，蒋介石发动反革命政变，中国革命形势急剧逆转，激起邓如淼忧国忧民的正气，他与同窗好友罗耘夫带着《全民革命》一书，毅然返回连县。在连县师范学校任教时，他在进步师生中组织社团，动员大家武装头脑，加入救国救民的行列。他们在连州城开设民众图书馆，到城郊举办民众夜校，以《群众》《解放日报》《群众读本》为教材，宣传革命思想。同时在积极分子中组织中国劳农学会、中华民族教育促进会，把大批进步青年聚集起来，引导他们走向革命，先后输送了黄云波、邓国英等人到革命圣地延安，介绍了成崇正、邓炎汉、陈先信等先进青年加入中国共产党，并在水口、星子等村创建地下党支部。

第二节 中共湘粤边工委及中共连州特支的成立

一、大革命失败后连县的形势

1927 年 4 月，国民党蒋介石在上海制造了四一二反革命政变后，国民党广东反动当局在广州发动了四一五反革命政变，对共产党人和工农革命群众进行大肆屠杀，轰轰烈烈的大革命失败了。国民党当局在广东实行“清党”，进行大逮捕、大屠杀，中共北江特委屡遭破坏，革命走向低潮。在这险恶的环境下，广州、北江地区的共产党员和革命分子纷纷疏散到敌人力量相对薄弱的地方。从 1929 年开始，转移来连县的党员有王浩明、徐可生、伦锡恩和刘秉楷等，他们采取应变方法，以党员身份不屈不挠继续坚持斗争。如大革命时期的两广区共青团委书记王浩明，在大革命失败后，从香港辗转来到连县，进入连州中学以教书为掩护，在教师和学生中传播革命思想，与连州进步青年龙贤关等人，利用龙贤关开办的动员书店大量采购、出售进步书刊，编印进步报纸，供青年学生阅读，逐渐团结、培养、引导了谢太镜、沈家齐等一批进步学生走上革命道路。共产党员、广东高等师范学校学生徐可生在大革命失败后与组织失去联系，1932 年左右，他以党员个人身份来到连县教书，先后在连州中学、民望学校积极发展学生团体，领导学生运动。他通过民望学校进步职员黄漫江和进步教师伦锡恩，在学校组织读书会，在师生中秘密传阅进步书刊，开展共产主义启蒙教育。徐可生后来接上了组织关系，回到广州从事革命工作，但仍继续关注连县的学生运动。民望学校读书会的骨干钱青、李左藤等人陆续到菜园坝、东陂、前江等村，开办农民夜校，团结培养了邱士惠、邱子安、欧阳宗正等一批农村学生投入革命。学生运动逐渐引起国民党的注意。1934 年，民望学校校长梁继伟勾结连县县长曾修珍，以“奸党”罪名把进步老师、地下党员伦锡恩扣押。徐可生得知消息后，立即从广州赶到连县，布置营救工作。他一方面发动进步学生分头到保安、三江、星子、东陂和连州街教会中，发动教友去县政府请愿，要求释放伦老师。另一方面，叫狱中的伦锡恩写信给中华基督教广东协会会长、协和神学院院长龚约翰，并派进步学生钱青陪同伦锡恩的爱人到香港，向龚约翰反映情况，由龚约翰打电报给连县政府，亲自担保，要求释放伦老师。在各方面的压力下，连县政府被迫释放了进步教师伦锡恩，斗争取得了胜利。故此，在大革命失败后，连县的革命运动特别是学生运动，一直没有停息。土地革命战争时期连县的革命运动，更多的是来自湘南方面的影响。

地处粤湘边界的连县，与湖南的宜章、临武、蓝山和江华诸县山水相连，风情相近。从明清以来，便有湘籍人士到连州谋生，以致连州、星子圩均有湖南街，建有湘楚会馆。在革命斗争中，连县人民历来与湖南人民守望相助，患难相扶。大革命时期，北伐军和粤北农军一部从连县北上途中，宜章、临武、桂阳等地人民热烈响应，参军参战，组织农会。马日事变后，一批湘籍革命人士潜入连县。特别是 1928 年 1 月，朱德、陈毅率领的南昌起义军从海陆丰转战到湘南，在宜章县城举行了闻名的湘南起义，建立工农政府。由于敌强我弱，不久，起义部队转移到井冈山。中共湘南特委和各县党组织相继被破坏。5 月以后，湘南各县留下坚持斗争或遇阻未能上井冈山的共产党员和农军骨干难以在当地立足，纷纷向湘南边的连县、乐昌、乳源、阳山等地转移。到连县星子地区落脚的主要有：原湘南暴动时的农军第一师师长尹子兴（永兴人），他挑着包装香烛的黄纸随人流来到星子圩；宜章的地下党员彭良、余经邦、黄祯刚等在星子圩做小买卖；原湘南农军少先队长谢光庭（宜章人）在大路边行医，宜章的共产党员李兆甲、李兆葵先后潜入朝天、潭源做矿工；原临武县农民协会领导人王章在荒塘坪开药铺，等等。流落连州的共产党员主要居于城隍街、楚清街、万兴街和永安街一带。他们是：原湘南农军第七师政治部主任徐行（桂林人）在东兴书院教书；原汝城一区农民协会执委范卓在连州卖甜酒；江华的李秀（邓中夏妻李英之弟）在永兴街开杂货铺；衡阳女党员胡小玉在万兴街开伙铺；郴州的何星夫妇在城隍街织布；宜章的李克刚在城隍街讲八字；道县的邓亚九在连州码头担盐；郴州的邓高廷在巾峰山烧石灰等。此外，湘籍党员和革命人士在连县湘粤边、阳山、连南边缘的落脚处，还有马占、汛塘、凤头岭、潭源洞、三江、寨岗、黎埠、西江等地，他们大都通过打散工、做铁木、泥水、弹棉花、补锅头、讲八字、挖矿、行医、烧砖瓦、做小生意等方式作掩护，维持生计，联络同志。

二、中共湘粤边工委及中共连州特支的建立

1928 年 10 月，中共广东省委派党员钟振华（湖南耒阳人，原南昌起义军人）到乐昌坪石，了解疏散于湘粤边界的湘南革命者的情况，传达省委指示精神，隐蔽在连县、乐昌边缘的尹子韶、黄平、谷子元等人终于与党组织取得了联系。

1929 年 3 月，蒋桂战争爆发，敌人在湘粤边的力量相对空虚，出现了有利于革命的形势。同年 5 月，为了统一领导开展工作，活动在连县、宜章、临武、阳山边界的地下党员代表，在临

武靠星子边界大塘庵（永福寺）召开党员代表会议。出席会议的有尹子韶、黄平、彭良、李秀、李恒春等30余人。会上由尹子韶作政治报告，传达了中共广东省委的指示精神，总结了湘南暴动以来的工作，批判了“左”倾盲动主义的错误，鼓励大家振奋精神，坚持斗争。会议决定成立“中共湘粤边工作委员会”（属连宜临中心县委性质），负责领导连县、宜章、临武、阳山边缘地区党的工作和革命斗争。经选举，尹子韶任边工委书记，彭良、黄平、谷子元、欧阳健、李秀、黄祯刚、李恒春等为委员。边工委确定了“广泛联络疏散同志，开展土地革命宣传，筹备武装起义，发展武装斗争”的方针。边工委隶属于广东省委领导。①

1929年9月间，中共湘粤边工委第二次会议在连州城隍街孟氏宗祠秘密召开。根据上级关于分地区建立秘密据点，更具体指导工作的指示，会议决定把连县及连阳边的地下党划为连州特区，成立直属边工委领导的中共连州特别支部。经选举产生：特支书记何汉，组织委员徐行，宣传委员李秀，工运委员范卓，民运委员徐书玉，青运委员李克刚，妇运委员段齐卿。特支的斗争方针是：配合中央苏区反“围剿”，积蓄力量，筹备武装，伺机再起，牵制敌人。② 特支机关设在连州，由于斗争形势严峻，特支机关经常转移，初时设在永兴街李秀家，不久，搬到伙铺街王利昌客栈，1932年迁到升俊街长宁人开的“复兴昌”，1933年移到楚清街的“楚南会馆”“清泉会馆”。

1930年春，中共广东省委特派员柯飘零（原东江苏区干部）

---

① 参见中共湖南省委党史委员会编：《湖南党史大事年表》，湖南人民出版社1986年版，第78页。

② 参见中共韶关市委党史研究室编：《中共韶关党史大事记》，广东人民出版社1992年版，第46页。

由地下交通员廖仁运带领来到坪石和梅花，向中共湘南工委、中共湘粤边工委传达国际国内形势和党组织当前的任务：宣传组织群众，开展土地革命和游击战争，配合苏区红军反“围剿”等。随后，湘南工委宣传部部长兼湘粤边工委委员谷子元由交通员带领，经坪石、星子到达连州巡视工作。他住在李秀家，听取特支工作汇报并传达了广东省委的指示精神，研究了特支在潭源、朝天据点发动兵变的可能性。会后，谷子元又去朝天、星子巡视工作半个月，然后绕道西岸、石马进入江华。直到1931年初，红七军经过连县和乐昌以后，为了扩大回旋余地，配合苏区反“围剿”，湘粤边工委和湘南工委代表30余人，在乳源太平杨家“敏求堂”召开联席会议，决定成立大范围的“中共湘粤边工作委员会”。边工委机关由大塘庵迁至乐昌泗公坑木炭窑。湘粤边工委管辖范围大致沿骑田岭南北两侧各县，东起乐昌九峰、黄圃司，西至连州、江华。但原连宜临地区的湘粤边工委仍存在，由欧阳健任书记。直至红军长征经过湘粤边以后，从1935年起，由于敌人的疯狂“围剿”，湘粤边工委的连阳党员更隐蔽地开展工作。于是，湘粤边工委和连州特支自然消失。

三、中共地下组织在连县的革命活动

中共湘粤边工委和连州特支建立以后，由于当时环境险恶，长期与湘南特委失去联系，而北江特委又屡遭破坏，虽然归属中共广东省委领导，但省委也鞭长莫及。就在极其艰难困苦的情况下，工委和特支仍然坚持领导活动于湘粤边界的党组织、党员和革命分子，开展一系列的革命斗争。

建立地下联络站，开通“红色交通线”。各地同志在自己的立足点积极开展工作，利用伙铺、药店、学校等职业场所为掩护，逐步建立党的秘密联络站。当时主要的联络站有荒塘坪王章开的

药铺馥园医药社、两广圩罗祖根开的小卖部、西江圩欧阳健教书的小学校、宜章鹧鸪坪李恒春开的伙铺、临武镇南谢炳荣做工的砖瓦窑等等。党员们利用这些联络站加紧掩护，扎根串连、联络、接应失散的同志，刺探敌情，逐步扩大组织。为了便于联络，地下党以这些联络点为点，开辟了一些由湘南至连县、阳山边缘的秘密交通线。其中一条是由湘南工委所在地乐昌梅花，经坪石至黄沙的埼石，绕道临武土桥，进入连县的荒塘坪，下至星子圩，到达连州特支所在地，全长200多华里（1华里=0.5公里）。这条红色交通线沟通了湘南工委、湘粤边工委与连州特支的联系，如1930年春，中共湘粤边工委委员谷子元就是沿着这条交通线到达连州，向特支成员传达中共广东省委的指示精神的。随着武装斗争的开展，后来又开辟了另一条红色交通线，由郴州十字铺到宜章的鹧鸪坪，再到临武镇南铺、土桥，翻过茅结岭进入连县荒塘坪，下到星子，转上潭源洞，翻越大东山到达阳山秤架牛子营游击区；或到朝天、西江圩，全长250华里。这条交通线的交通员初时由李幸（衡阳人）担任，后来是范锦。他们装扮成修理匠，肩挑担子，手摇铜铃，走乡串村沿途潜入，修理雨伞、补胶鞋，遇有情况即在联络站门前，通过摇铃用暗号告知对方。重大情况则写成纸条卷入伞内或鞋中，交给联络站。就这样一站转一站，把情报传递下去。如1934年李兆甲被捕后，立即由交通员沿途通知有关人员迅速撤离。

荒塘坪“馥园医药社”旧址，当年湘粤边工委的秘密联络站（摘录于《红色征途》）

发展了党的基层组织。中共连州特支成立后，经过一段时间的串连、联络和甄别，逐步建立了党的基层组织，也发展了一些连州当地工人入党，如连州码头工人李敢、刘正善等，到1930年冬，已成立了9个地下党支部。由于斗争环境恶劣，为安全起见，这些湘籍党员很少与连州当地人接触，而且流动性很大，经常变换隐蔽地点。9个党支部的成员是：楚清街支部，书记徐行（兼），党员有何汉、李克刚、段齐卿等5人；城隍街支部，书记何星，党员有李梅英（女）、黄祯刚、陈俊余等5人；万兴街支部，书记廖义云，党员有范卓、胡小玉（女）等3人；盐码头支部，书记李秀，党员有邓亚九、李敢、刘正善等4人；巾峰山石灰窑支部，书记徐书玉，党员有邓高廷、杨高林、廖成华等5人；星子潭源锡矿支部，书记李兆甲，党员有李兆葵、李萼、陈韬、何鼎新等5人；荒塘坪支部，书记罗祖根，党员有邓礼通、王章等3人；朝天桥支部，书记谢光庭，党员有刘石仔等3人；西江圩支部，书记欧阳健，党员有张德清、彭双蓉（女）等4人。在连县境内的党员，高峰时达到60余名。

支援、配合红军。在湘粤边的瑶汉山区开辟红色根据地。1931年1月，邓小平、李明瑞、张云逸率领的红七军从广西转战到连州时，地下党连州特支与红七军接上了头，在提供情报、协助筹粮款方面，给红军以支援。邓小平在当年写给党中央的《七军工作报告》中写道："沿途在连州把湘南失败逃亡的同志组织了一个支部（即特支）。"隐蔽在三江圩的原井冈山红二十九团战士彭严，从三江来到连州，找到当年红二十九团党代表、红七军参谋长龚楚，向其汇报自离开井冈山以后的情况，还协助红军安置伤病员在基督教的惠爱医院治疗。1934年至1935年，湘赣红四团和赣南军区红二十四师先后在连县天光山、黄洞山创建根据地时，得到了湘粤边工委和连州特支的支援和帮助。湘粤边工委书记欧阳健和委员彭良等人上到天光山，宣传发动瑶汉群众协助红军盖茅棚、挖战壕；派人购置子弹、采运粮草；建立农民协会和苏维埃，扩充队伍，为建立红色基地作出了贡献。民国23年（1934年）4月24日湖南《大公报》称：“李匪宗保（编者按：指红四团团长）于铣（16）日午后四时，突出天光山梅树冲，采运粮食……共匪彭良、欧阳健在该匪部宣传赤化。李匪宗保与该匪联络，企图接济子弹，扩充实力”云云。地下党还承担了红军留在天光山的伤病员的安置、护理工作。红四团离开天光山转战湘南后，团政委周汉杰因病留下，由地下党护送到连州，由特支安排进行隐蔽治疗，直到痊愈后才由地下党交通员护送返湘赣。

开展“工运”“兵运”工作，发展游击武装。根据“配合苏区反‘围剿’，加强工运、兵运，发展武装斗争，牵制敌人”的方针，特支工运委员范卓一方面通过码头工人邓亚九在县城连州掀起工人运动；一方面派李兆甲、彭良、何鼎新、李必超等党员骨干，先后潜入大东山周围的潭源锡矿、朝天上兰靛砒矿和煤矿，

潭源锡矿旧址。1929年，湘粤边工委地下党员李兆甲、李萼等12人在该矿做工，随后参加了朝天革命兵变（摘录于《红色征途》）

以及西江圩等地，同当地工人、农民广交朋友，宣传革命道理，开展工运、兵运工作。

发动锡矿兵变。20 世纪二三十年代阳山县朝天桥（新中国成立后属连县管辖）和毗邻的连县潭源洞驻有国民党连阳“护商大队”，队长李锦泉集官匪于一身，他经常在潭源锡矿和连阳边的煤、砒、石墨矿场收税。地下党员李兆甲与李锦泉经常接触，并拉上关系，还在护商大队当上了文书。李锦泉是大粗，他要扩充实力和影响，苦于没有人写布告和公文，没有号兵，李兆甲便给他“介绍人才”。1929 年秋，边工委决定派李萼、黄平、胡三德、陈韬和何鼎新等 12 人，先后到锡矿做工，然后由李兆甲推荐给李锦泉，打入护商大队当兵，经过一段时间的考察，每人领到枪支子弹。1930 年春，打入护商大队的这批党员在朝天桥发动革命兵变。在一个深夜，他们拖出 12 支长枪、2 支短枪潜出朝天，经星子连夜跑到宜章栗源堡胡三德家。不久，这批人马由李萼带领，组成湘粤边赤色游击队，战斗在宜章、临武、连县、阳山、乐昌边缘山区。曾夜袭宜章大黄家村，杀掉作恶多端、民愤极大的“剿共”委员黄泗良，群众拍手称快。

打盐卡。过去，湘盐靠广东供给，在星子通往临武的湘楚古道上，每天盐客穿梭不断。临武县政府在临、连交界的荒塘坪圩设圩立盐卡，向担盐客征收盐税，临武国民党情报员邝代英也在此坐镇，监视湘楚革命人士，对地下党构成很大威胁。潭源锡矿兵变以后，中共湘粤边工委决定打盐卡，拔钉子。事先由几个地下党员身携短枪，在星子顺头岭伙铺混入担盐客中，陆续聚集了 120 人。出发时，党员布置大家分两队过盐卡，前队 50 多人，由党员邓礼通带队，后队由党员陈美带队跟进，挑夫们一路蜂拥奔向临武。当挑夫队伍来到荒塘坪盐卡时，“卡古仔”（盐警）要求交税钱，走在前面的邓礼通说连州缺盐，大家等盐亏空了伙食，

大路边镇荒塘坪村，中共湘粤边工委和连州特支的主要活动地点（摘录于《红色征途》）

无钱交税。盐警强要以盐代税，前来抢盐，愤怒的挑夫们抽出扁担打将起来，几个盐警被众多挑夫打得落花流水，两个盐警受了重伤，被缴了枪，情报员也逃跑了。事后，湖南当局怕事件闹大断了盐路，对此事不了了之，情报站也撤走了。

西江开炉造枪。1931 年春，红七军绕道西江离开连州时，红七军领导在朝天接见了在此活动的地下党员李兆甲等人，向他们赠送枪支 20 多支，使革命者受到莫大鼓舞。接着，在西江圩以教书为掩护的地下党员欧阳健，利用社会关系，与国民党西江乡自卫队副队长张佩元（湖南人）交上朋友，并由张介绍打入乡公所当文书。欧阳健加紧对张佩元进行策反工作，把张争取过来投身革命。他们又对活动在当地的绿林陈光保做统战工作，把他们争取改造加入革命组织，并且扩充了几条长枪。随着队伍的扩大，枪支不够，他们就在张队长的协助下，以“打野猪”“防土匪”为名，由党员彭良从外地买来一些钢管，在西江圩曾参加过湘南暴动的湖南人谭庆华开的打铁铺，筑了一座高炉，打造土枪。同时，在豆地崀、石桥、上兰靛等村的湘人打铁铺，也开炉打造枪支零件。共打造土步枪 10 多支，另有长矛、大刀等利器一批，供游击队使用。

建立大东山游击根据地。1930 年开始，地下党员彭良、李兆甲、欧阳健等人经过长期的工作，串连发动了聚居于西江、朝天地区的湘籍革命人士，以及当地农民和矿工 100 余人，拉队奔赴牛子营秤架山，成立了以李萼为队长的“护党救国军”（后称湘粤边赤色游击队），在这片地跨粤湘两省，阳山、连县、宜章、乐昌、乳源五县边缘的三角地区，开辟了游击根据地。当时尽管湘粤革命形势处于低潮，但牛子营却闹得热火朝天，革命队伍十分活跃。在中共湘粤边工委领导下，他们对原活动在大东山的绿林邓石喜、常狗狗部，通过统战和改造工作，将其 100 多人枪收编加入部队，加上当地起义的农民、工人，共 400 多人，拥有长枪 180 多支、短枪 80 多支，以及其他武器。浩浩荡荡的队伍集中在牛子营秤架山，连续 20 多天进行军事训练，并在农村提出“打土豪，分田地，实行土地革命”的口号，把群众组织起来闹革命。这支党领导的游击队满怀革命豪情，伺机打击湘粤边反动势力，先后袭击了黄沙堡、笆篱堡等乡保的反动政权，使敌人闻风丧胆，十分震惊，视这股革命力量如洪水猛兽，恨不得除之而后快。从 1932 年秋开始，国民党湘南当局纠集了郴县、永兴、宜章等 9 县团防区与粤属连县、阳山、乐昌、乳源等县反革命武装，对大东山游击根据地实行“会剿”。但这支革命武装以灵活机动的战术，避实就虚，出其不意地袭击了宜章赤石区的“挨户团”，弄得国民党自卫队疲于奔命，惶惶不可终日。① 1934 年 3、4 月

① 参见《湘粤边工委谷子元、杨子达的指示信》（1930 年 10 月 26 日），《广东西北区绥靖月刊》第七期，1933 年 10 月。

间，正当李兆甲等人在朝天上兰靛矿山发动工人举行武装暴动时，被叛徒告密，遭到阳山县警卫队的诱捕，致使革命遭受挫折。从此以后，由彭良、欧阳健、李萼率领的赤色游击队即转战天光山、黄洞山，配合湘赣红四团李宗保部，开辟红色根据地，踏上新的征途。

第三节 工农红军在连县的革命活动

一、红七军转战连县

1929年，共产党领导举行百色起义，成立了工农红军第七军，随后在右江开辟革命根据地，扩大武装斗争。1930年11月，传来中央的指示："广西苏区的发展，只有向着湘南、北江发展，才能与中央苏区直接的联系起来。"于是，红七军前委决定在小北江建立立足点，向湘赣边靠拢。当年底，红七军由桂入湘，从道县转江华，翻过湘桂粤三省交界的老苗山，来到贺县的桂岭，在这里休整了4天。根据战斗减员情况，部队缩编为第五十五、第五十八两个团，干部降级使用，龚楚任第五十五团团长、李明瑞兼任第五十八团团长，原任第五十八团团长的连县籍干部冯达飞改任教导队队长。1931年1月中旬，红七军兵分两路，3300余人翻过湘桂边的大锡界到达江华码市，另有200多人由桂岭跨过粤桂交界的鹰扬关，经过连山上草、禾洞到码市会合大部队。1月19日（农历十二月初一），

红七军进驻东陂时的临时军部旧址：冯达飞故居（摘录于《红色征途》）

由李明瑞总指挥、邓小平政委、张云逸军长率领的红七军3600余人进入连县石马乡，当天下午抵达东陂圩。东陂是冯达飞的老家，由于国民党当局事先造谣，污蔑红军“杀人放火”，老百姓多已“逃难”，经冯达飞通过故旧好友的宣传，群众很快回家接待红军。1月20日，部队进入了星子圩宿营，当晚通过商会筹得大洋1000多元，大米3000多斤，生猪10多头。原欲由此进入湘界宜章转乐昌，后“得报说离此30里之黄沙堡已有湘军千余人到来……该处有一山坳（凤头岭）甚险，有千余兵力守住，难通过，部队折返连州城”。[①] 于1月21日（农历十二月初三）下午，前锋进入连州外城。

红七军进驻连州的临时军部旧址：城隍街城隍庙一角（摘录于《红色征途》）

连州是小北江较为繁华的市镇，物产丰富，部队决定在此休整，补充给养。当晚，城隍街城隍庙的红七军指挥部内，军前敌委员会开会，会上有人主张伺机消灭敌人，补充自己，在小北江建立立足点。最后大家总结了东征以来的经验教训，以事实清算了李立三“左”倾盲动主义的错误，决定轻装出发去江西会合朱毛红军。

当红军踏入广东境内，国民党连县县长叶日嵩便急令警卫大队队副莫辉勋紧急布防，闩闭内城三道城门。红军一进到外城，警卫队便开枪打伤红军多人，使红军的筹饷和群众工作无法进行。

① 邓小平：《七军工作报告》，载《党的文献》1989年第3期。

23日，总部下令向内城敌人进攻，战士们从南门头青石街、新兴街至东较场一带发起进攻，在火力掩护下，战士们沿着梯子攀登南城。正当双方酣战之际，南门楼上县长之子叶济雄急令卫兵点燃蘸上煤油的棉被，掷向城外毗邻的板棚，妄图阻止红军登城。顿时，火光冲天，浓烟滚滚，城外新兴街、青石街、圩场街至荣梓巷一带成了火海。红军指挥部命令红军并动员市民，投入灭火和抢救人民群众生命财产的战斗。在战士们带动下，救火群众越来越多，商会开来了数台水柜，各店铺扛来水枪，居民挑来水桶，大家挑水、泵水、喷水，冲入火场抢救煤油、棉纱、布匹百货，搬运物资。经过军民一昼夜的奋战，24日黎明时分，大火终被扑灭。从21日至23日一连几天，河西、星子、东陂各乡来援的国民党后备队蹒跚来到。东陂后备队数百人刚到翠仙桥，即被驻北山寺的红军打得四散溃逃。此时，军部得报粤军邓辉团由阳山来援，乃做消灭该团的布置。1月25日早，红军撤出连州，敌人打开城门追来，红军一个反击把敌人追回兴贤门，俘敌30人，缴枪20余支，经教育后给俘敌每人发银毫2元并遣散他们回家。部队由流沙转红七军进驻地：星子关帝庙后殿。入外塘、蔗塘和西江圩，“在山地住三日，一面做群众工作，一面休整兵力。但结果敌邓辉团不经此路，而是由星子出发经开口岭到连州，以致失掉了一大好机会。因为在力量来说消灭该团是有把握

红军救火图。红军带领市民勇敢救火，受到市民的赞扬（黄兆星绘）（摘录于《红色征途》）

的"[1]。部队经朝天入星子驻扎一晚。30 日离开星子继续北上，"到黄沙堡果有湘军千余把守"（宜章程韶川"铲共义勇队"），前锋一个冲锋，击溃敌军，红军即到岩泉宿营，经梅花激战后，强渡乐昌河，进入湘赣苏区。

红七军进驻地：星子关帝庙后殿（摘录于《红色征途》）

二、红七军在连县的活动

开展宣传。部队进入连县后，沿途在石马、东陂、星子各乡写标语、发传单。到连州后，宣传队员沿街张贴《中国红军第七军司令部政治部布告》；散发传单刷写标语："工农兵联合起来，建立苏维埃政府！""打倒国民党军阀！"总指挥李明瑞和政委邓小平分别在城隍庙和学宫前广场召开民众大会，讲演"本军之目的在于推翻国民党统治，肃清贪官污吏，解除民众痛苦……"群众听了，敌人谣言不攻自破。

---

① 邓小平：《七军工作报告》，载《党的文献》1989 年第 3 期。

军纪严明。红军入星子时，群众已走散，洋花街永成油榨铺无人看管，红军一面派兵看管店铺，防止盗窃，一面派人找回老板回来打理生意。此事立即获得群众好评。在连州发生火灾时，红军立即投入救火，并从军饷中拨款，以 2 个铜板一担水，发动市民挑水救火。军民从火场抢救出大批煤油、布匹等，为防抢盗，红军哨兵守护现场。市民见了十分感动，对比八年前桂系军阀沈鸿英洗劫连州的惨景，无不称赞红军是“仁义之师”。军政委邓小平当时写给中央的《七军工作报告》道：“在连州因筹款问题逗留了几天，做了一点群众工作，因敌人放火烧街，我们救火给了城市民众甚至于商人以很好的影响。”

筹粮筹款，安置伤员。红七军经过几个月征战，“当时奇寒，苦极，士兵冻死几人……一路解决经费都很难”[①]。到连州后，因随军无法治疗的百多名伤员，得以送入基督教会办的惠爱医院。经过教会医务人员的精心治疗，几十名轻伤病者数日即治愈归队了。另外几十名重伤员留下来，半年后也痊愈了，陆续通过教会的关系，转道香港、上海，进入江西苏区。在连州，军需供给部和冯达飞队长通过谈判，得到广、楚两商会的支援，筹得现洋 4 万多元，大米 8000 多斤，生猪 150 头，还有大批布匹、药材等物资。因而“官兵们穿上新军装、新草鞋，每人还领到几元的津贴，人人兴高采烈，整个队伍显得朝气勃勃”[②]。

接触地下党。红七军在连州，联系到地下党湘粤边工委连州特支成员，向隐蔽在连州、三江的彭严、毛中心、邝挺光等人了

---

① 中共连州市委党史研究室编：《中国共产党连县地方史》，中共党史出版社 2007 年版，和 33 页。

② 中共连州市委党史研究室编：《中国共产党连县地方史》，中共党史出版社 2007 年版，第 33 页。

解敌情，指示和鼓励他们坚持斗争。红七军还向在朝天进行战斗的地下党员李兆甲等人赠送步枪 20 多支，组织赤色游击队。所有这一切，使连州地下党员坚定信心，倍受鼓舞。

三、人民的拥护与支持

多年来饱受军阀混战之苦的连州百姓，目睹了红军的模范行动，感慨万千，他们说："共产党与国民党的军队，真是一个天上，一个地下。"纷纷自发地以各种方式支援红军。在楚清街煮糍卖的贫民陈洪发，晚上见到红军哨兵冻得发抖，忙回家抱了一捆柴火来生火给红军取暖。在救火时，不少市民积极参与担水、喷水、抢救财物。水桥街陈义池医生组成一支医疗队，挎着药箱，手举十字旗，穿梭于救灾现场，救死扶伤。当红军伤病员送到惠爱医院后，牧师梁日新和礼拜堂主任黄师度立即组织医务人员抢救，精心治疗，使伤病员迅速康复，他们以人道主义精神，避免国民党当局对伤员的加害，并以教会的关系，把痊愈的伤员护送到香港、上海。隐蔽在连州的地下党员协助红军筹粮筹款，解决给养。连州街一些进步青年，如义盛祥盐铺子弟蔡湘等人参加了红军，投身革命。当火灾扑灭后，连州市民盛赞"国民党害人放火，共产党救人救火"，他们抬着烧猪，敲锣打鼓来到城隍庙红军指挥部慰问红军。从此以后，红军在连州救火的故事，在连州市民中代代传颂。

四、湘赣红军在连县

连县北部的黄洞山、天光山和西山，属五岭山脉的南部分支，三山相连，气势磅礴，纵横数百里。向北延伸可达湖南临武西山、源头和宜章莽山、五盖山，由西至东横跨江华、连县、蓝山、临武和宜章五县；海拔约 1200 米，群山高耸，地势险峻。由于村庄偏僻分散，交通不便，国民党统治力量比较薄弱。这里自古以来瑶汉民族杂居，不少湘南劳苦人民到此谋生，粤、湘、瑶多种语言流行，赤贫的山民对旧社会剥削制度有着强烈的反抗精神。这些自然条件和社会基础，给游击战争的开展，提供了极为有利的条件。就在中央红军长征前后，几支湘赣红军相继进入这里开展游击战争。1934 年前后，虽然中共两广工委（香港工委）组织屡遭破坏，北江特委被迫停止活动，但在这片毗邻湘赣的粤北瑶汉山区，革命活动却闹得红红火火。

五、红四团进入连县

1933 年，党领导的湘粤边赤色游击队（湘南游击队）在队长李林的领导下，由郴永边转战宜章、临武、连县和乐昌边境，活动于连县山河、田家、洛阳和石马等乡。是年冬，湘赣红军独立第四团，由团长李宗保、政委周汉杰率领，来到湘南、粤北开辟游击根据地。1934 年 3 月，红四团经宜连边凤头岭激战后，300 多人携步枪 200 多支、手枪 20 多支、轻机枪 2 挺，进入连县山洲、观头洞，来到荒塘坪宿营，团部设在欧其记家。翌日，部队向天光山开拔，途中在田家乡的敬母坳和周家岱，收缴地方反动武装的枪械，打土豪，向山民宣传革命宗旨。中午，在周家岱与前来“追剿”的粤军第一集团军独立三师及连县县警 300 多人，冒雨激战。黄昏，红军向西进入梅树冲、天光山，在中共湘粤边工委

周家岱村，1934 年春，李宗保带领红四团在此打土豪，并与国民党独立三师进行战斗（摘录于《红色征途》）

领导人欧阳健、彭良配合下，在20余个村寨发动瑶汉群众，开展土地革命宣传活动，创建粤桂湘边游击根据地，点燃革命火种。当年秋天以后，红四团为扩大根据地，曾转战宜章和乐昌瓦屋场一带，团政委周汉杰因病隐蔽在连州。

六、红四团主要的战斗活动

湘赣红军独立第四团从宜章突入连县，震撼了国民党广东当局，广东省政府派第一集团军独立第三师（李汉魂部）急赴连县，并令连县各乡严密防堵，配合“清剿”。1934年3月，红四团在黄沙堡至凤头岭与湘南第八区保安团欧冠部激战后，摆脱湘敌，进入连县山河等乡。在敬母坳，红军以闪电之势扫荡了在此放哨的田家乡乡丁，入村收缴土豪枪支后转道周家岱。驻下不久，粤敌独立三师在连县警卫队引导下，从姜田、盘海追到，双方冒雨交火，以机枪对射，红军在大雾掩护下边打边撤，抢占七里练高地。经过两小时激战，击溃追敌，毙敌军官一名，红军牺牲一名女卫生员。战斗结束后，红军押着捕来的土豪朝西进入天光山、梅树冲和板寮一带。在天光山地区数月，红军为建立天光山游击根据地，进行了一系列的工作：在险要地域盖茅棚、筑壕沟，做长期的战斗准备；在坚持当地斗争的地下党员彭良、欧阳健等人配合下，对活动在当地的邓石喜土匪武装开展统战工作，进行改造，扩充部队；广泛组织发动瑶汉

周家岱七里练山，红四团在此与粤敌独立三师进行战斗（摘录于《红色征途》）

山民，开展土地革命，打击土豪富户，平分粮食牲畜；筹备粮饷弹药，派战士潜入连州购买武器弹药。几个月内，在天光山地区，多次挫败湘南八区保安团和粤独立三师的“进剿”。以致临武县县长杨阖宣叹道：“天光山百余里，形势险要，为临武、星子、蓝山交界之区，若不积极清剿，以绝匪株，实湘粤边境各县心腹之患也。……该匪凭险固守，顽强抵抗，我军官兵相机截剿，仍疲于奔命”。

惩办土豪劣绅开展宣传。红四团沿途经过各村寨，均写标语、发传单、贴布告，宣传革命道理。在荒塘坪、李仔树脚和南门水写的标语是：“打倒土豪劣绅，废除苛捐杂税!”“红军官兵不打人!”在敬母坳写的是：“工农红军是穷人的队伍，穷人不打穷人!”“实行土地革命，收缴地主武装!”在周家岱写的是：“打倒土豪劣绅，实行土地革命!”“红军是穷人的队伍，保障穷人有饭吃，有衣穿!”等等。

周家岱村民何祥仁宅，当年红四团的驻户之一（摘录于《红色征途》）

严守纪律，不扰群众。到荒塘坪当天适逢圩日，战士们在圩场对人和气，买卖公平，就是买个油糍也给铜板，圩场秩序井然，生意如常。红军经过村庄田野，凡吃了农民的番薯、芋头，烧了柴草都给钱。在敬母坳，因焚烧田亩册引起火灾，红军协助群众救火。入周家岱，见贫农何先保冒雨锄田回来，浑身湿透，战士们关切地拉他入屋烤火取暖，并对何讲解革命道理。部队在各村宿营临走前，都清扫驻地。检查所借群众物品，损坏的赔偿。过去受尽兵匪祸害的群众，对此感慨地说：“从来没见过这样好的军队。”

民拥军。部队一到荒塘坪、周家岱等村，农民纷纷腾出房屋让红军住；敬母坳长工唐亚旺协助红军打开楼门和闸门，迎接部队进村收缴地主武装，没收地主的田亩册；沿途有人给红军带路通信；周家岱战斗后，李茂太、唐亚喜等农民安葬红军烈士。

七、红军长征迂回连县

（一）长征经过连县山区的时间、路线

1934 年 8 月，长征先遣队红六军团在团长萧克、政委王震率领下，从湘赣突围，部队进至桂东即急转湘南，经过嘉禾、道县入江华。9 月间，红六军团左翼小部队迂回进入连县山河、田家和洛阳乡山区，沿湘粤边朝广西方向前进。当时因湘粤敌人主力分别布防于湘西和粤闽边境，湘南粤北相对空虚。于是，粤敌陈济棠急调警卫旅第二团至连县，第一营在东陂，第二营在星子，团部和第三营驻连州。后又调独立三师第二团增援连县，堵截红军。红军进入连县地域后，沿湘粤边的天光山，包括山河、田家、洛阳等乡向西进发。雄师过处，所向无敌，在西山与天光山之间，红军打破了粤军警卫旅第二营的堵截。在黄洞山，敌我两次交锋，红军击

长征时，红九军团左翼小部队迂回连县向西进发，曾在连县云雾洞、挂榜山与粤湘敌人战斗。图为云雾洞瑶寨（摘录于《红色征途》）

溃敌人围追，胜利挺进湘桂边。

1934 年 10 月，中央红军开始长征。11 月中旬，长征左翼红一军团（林彪部）、红九军团（罗炳辉部）冲破敌人在宜章至良田之间的第三道封锁线之后，转入湘南，经嘉禾、蓝山过临武县境，其中一部南下连县天光山地区，始终沿着粤湘边向西进发。其时，敌人在湘南只有胡凤璋、欧冠等地方团队防守，突遇红军推进，显得相当混乱。11 月 21 日，红一、红九军团部分队伍由临武经过连县之星子、东陂区的天光山与三水山交界时，刚追到的湘敌李韫珩部和粤敌独立三师李汉魂部匆匆上阵堵截，双方激战一个多小时，红军打垮了敌人，冲过山坳继续前进。在云雾洞，迅速出击，消灭了夏湟乡丁哨卡，将 20 多名敌人缴械。至 11 月 23 日，这支红军小部队顺利通过三水，取道蓝山大桥进入江华地带，会合红一、红九军团主力直奔潇水，经过一场恶战，进入广西全州。

红五军团第十四师在连县。红一、红九军团刚过连县不久，1934 年 11 月下旬，担任长征后卫的红五军团（董振堂部）第十四师（原第三十四师）在全州、灌阳一带，完成掩护长征红军渡过潇水任务后，遭强敌阻截，伤亡惨重，无法前进，于是返程迂回撤往湘粤边境，途中，师长陈树湘壮烈牺牲。12 月初，红十四师余部 100 多人由参谋长王光道率领，进入宁远、嘉禾、蓝山、连县三角地带的崇山峻岭分散游击。12 月中旬，杨海如团长带领红十四师 94 人，由蓝山荆竹地区进入连县三水黄洞山，不久入湘，而后又复入连县天光山，意欲寻找长征留下的湘赣红四团与之会合。12 月 25 日以后，红军辗转于三水黄洞山、烟竹坪、挂榜山、云雾洞、老茶坪、半冲一带，曾在小东口休整 5 天，后遭敌重围，经大定坑、牵牛练战斗后转移，继续与敌人周旋。直到 1935 年春，红军重由天光山出临武西山，此后遂返宁远、蓝山，上了九嶷山。[①]

（二）主要战斗

冷水坑战斗。1934年9月底，长征先遣队红六军团一部约300人，从天光山来到黄洞山、小东口的冷水坑时，突遇国民党军独立三师追到，红军迅速登上山岗，凭借石崖古树的掩护，给敌人迎头痛击，当场毙伤敌人3人，打死敌人战马1匹，红军被伤1人。战斗至傍晚，红军进至蓝山大麻，敌人退回星子。

黄洞山冷水坑，1934年9月长征先遣队红六军团某部在此与国民党军独立三师激战（摘录于《红色征途》）

小东口“湾咀公”红军坟。这里埋葬着1934年11月旱禾界战斗牺牲的红军烈士（摘录于《红色征途》）

旱禾界战斗。1934年11月底，红九军团某部沿原红六军团的行军路线，从临武进入天光山，从板寮、蚊仔冲到黄洞山、小东口旱禾界一带宿营。次日早晨，驻夏湟圩的粤军警卫旅二团一营跟踪追到。枪声一响，红军纷纷登上旱禾界山顶，有的进入当地纸厂

---

① 参见朱光梅：《英雄的红军第三十四师》，载《中共党史资料》第21辑，中共党史资料出版社1987年版；《广东人民武装斗争史》第二卷，广东人民出版社1995年版，第45页；《中国共产党广东地方史》（第一卷），广东人民出版社1999年版，第350页。

沤纸浆的纸塘作掩护，待敌人冲近，红军放过前头的30余个敌人，居高临下朝骑马的敌军官一轮火力打过去，当场击毙敌军5人，敌人纷纷溃退，红军牺牲2人。不一会儿，聚集在松林的敌人重新组织冲锋，山上红军以石磊、纸塘、大树为掩护，英勇阻击，机枪、步枪、手榴弹声震撼山谷，连续打退敌人三次冲锋。直到下午，湘敌来援，红军才往蓝山、江华方向转移。

牵牛岭战斗。1934年12月12日，红五军团第十四师余部从桂湘边蓝山撤到连县三水瑶山，国民党军独立三师纠集了连县县警及夏湟、朱合各乡自卫队上山“进剿”。1935年1月，红军90余人去黄洞山小东口休整，遭敌重围，红军突围途经大定坑，又遭当地瑶王赵福生民团偷袭，红军牺牲1人，损失轻机枪1挺。部队退到田洞心的牵牛岭宿营，时值隆冬，雨雪交加。第二天上午，数倍于红军的敌人又跟踪追到，他们凭人多枪好，以逸待劳，

瑶安乡田洞心牵牛岭。1934年12月，红五军团第十四师余部在此露营时，与湘粤敌人激战（摘录于《红色征途》）

发起连番冲锋，火力猛烈。红军不顾连日劳顿，依靠有利地形，在团长杨海如指挥下奋力阻击，一次次把敌人压下山头。战斗激烈，从上午打到傍晚，击毙敌人 10 余人、伤一批，最后退回洛阳。红军牺牲 6 人，当晚翻过大山，转移至临武坪溪洞地带。

牵牛岭战斗中，毙敌 10 余人，红军牺牲 6 人。此为牵牛岭红军烈士坟（摘录于《红色征途》）

（三）人民拥护与支援

长征经过连县瑶山的几支红军部队，遵守党的民族政策，做到秋毫无犯。如进驻老茶坪至小东口瑶寨的红军，不进瑶家，均睡在屋檐下、牛栏棚、树荫底或纸厂的纸笼里。1935 年小满时节，红一、红九军团长征留在郴县、宜章五盖山的伤病员转移到天光山，战士们忍饥受饿也不动瑶胞的腊肉、粉条和蔬菜。吃了纸厂工人的饭，工人上山未归，红军则把银毫放入锅鼎中盖好。红军严明的军纪感动了百姓，不少瑶族和汉族人民顶着国民党当局的高压，冒着风险，以各种方式支援红军。

给红军当向导，送情报。在地下党湘粤边工委和广大瑶族和汉族人民的帮助下，长征红军沿着湘粤边向湘桂推进时，在连县境内的西山、天光山和黄洞山，沿着几百里山路均有可靠的瑶人带路，形成秘密交通线。如黄洞山的黄土旺，小东口半岭的黄红古、黄林发，大岭的黄亚海，茶坪的吴福贵，天光山猪六冲的李启财，蚊仔冲的李春华等 20 多人，都给红军带过路或送过信。因此，尽管山高路远，森林密布，敌哨林立，但是由于人民的支援，红军在瑶山均能通畅无阻，冲破敌人重重围堵，顺利进入湘桂边境。

在物资上支援红军。红军长征通过敌人第三道封锁线后，进入连县山区的部队供给不继，疲劳不堪，病弱增多。幸得当地瑶汉人民的协助，他们以瑶山丰富的茶油、蜂蜜、冬菇、土纸、竹木等土特产资源，解决红军急需的粮食、生盐、布匹、草鞋等物资，使红军在辗转苦战中补充了给养。

安置、护理伤病员，保留革命火种。长征中，红一、红九军团在湘南宜章五盖山留下一批伤病员，被湘南地下党转移到连县天光山后，当地瑶胞积极采药，秘密掩护，精心治疗。战斗牺牲的烈士有群众掩埋。如在小东口冷大坑战斗牺牲的红军烈士，当地山民黄红古、黄记龙把牺牲的战士安葬于小东坳和“湾咀公”。

瑶安乡田心村瑶胞黄红妹，在牵牛岭战斗后，她和陂头坑瑶人李河玉等人上山，把遗落在山上的红军伤员背回来，并安置在当地生活（摘录于《红色征途》）

伤病员、掉队人员和弱小红军被群众掩护收养安置。据粗略统计，在连县境内被山民掩护收养安置的红军有20多人。如撤退到田洞心牵牛岭的红五军团第十四师余部，遭到敌人袭击后，一名永州籍的红小鬼王贵因负伤遗落竹山，身穿单衣短裤，光着脚板，瑟瑟发抖，陂头坑瑶胞李河玉和田心瑶人黄红妹等人上山发现后，连忙把王贵背回陂头坑，取来仅有的衣裤鞋子给红军穿上御寒，提来饭粥让他充饥。后来，该红军在当地落户，直到解放。另一名流落在三水的红军第十四师伤员黄亚科，被云雾洞瑶胞收养定居以后，入赘于瑶家，与瑶人相依为命，直到抗日战争期间，他才找到党组织，并在当地建立了党小组，受命为党小组长，领导瑶民开展革命斗争，后为当地瑶王赵福生所杀害，为革命流尽了最后一滴血。

八、红二十四师在连县

红军主力长征过后，1935年初，留守赣南的中央分局根据中

瑶安乡天光山村。当年湘赣红四团、赣南军团第二十四师在此开辟红色根据地，建立农民协会和苏维埃政权（摘录于《红色征途》）

央指示，决定将赣南红军分九路向外突围。其中一路由赣南军区参谋长龚楚率领红二十四师七十一团1200余人，从于都突围，经南康、油山、大余到达粤湘边境，任务是收容长征后卫部队红十四师的失散人员，并在当地发展游击战争。1935年3月下旬，红二十四师经桂阳、临武、蓝山、江华进入连县三水和天光山。红军利用敌人主力“围剿”中央苏区，湘粤边只有地方民团留守的空隙，以连县天光山、黄洞山，临武的源头和郴县的天阳山为基地，进行游击战争，建立长达四百多里、横跨五县广大山区的湘粤桂边区根据地。在连县山区，红二十四师逐步会合了一些红七军、红十四师流落当地的人员。当时进入瑶区帮助红军的中共湘粤边工委领导人欧阳健、彭良等也大力发动群众，协助红军抗击敌人“围剿”，提供给养，安置伤员，建立农会，为开辟根据地开展了一系列工作。

天光山地区农民协会旧址（摘录于《红色征途》）

建立游击根据地。1935年3月27日，红二十四师第七十一团约700人，由蓝山小洞进入连县三水到天光山地区，陆续联络一些红十四师失散人员及地下党员，随即利用这片森林茂密、贯通粤湘的崇山峻岭，连续进行了两个月的艰苦工作，建立赤卫队、苏维埃政府，在天光山、黄洞山创建游击根据地。包括烟竹坪、挂榜山、云雾洞、右里、左里、大坦、陈家岭、小东口、樱桃坪、红心、茶坪、天光山、板辽、蚊仔冲、梅树冲、老虎冲、田洞心、桐木冲和周家岱19个村寨。

黄洞山农民协会主席黄金福之子黄增，在当年黄洞山农民协会旧址前留影（摘录于《红色征途》）

成立天光山、黄洞山农民协会。红军进驻天光山、黄洞山区后，在各村寨张贴布告、发传单、写标语宣传革命，发动瑶汉群众成立农民协会和苏维埃政府。天光山地区农民协会以柳福胜（梅树冲瑶胞）为主席，赵开保（天光山瑶胞）为副主席，李美铭、李景郁、赵仁昌和李兴明等人为委员。黄洞山地区以小东口为中心成立农民协会，以小东口半冲瑶胞黄金福（黄福林）为主席，黄洞庙的黄土旺，半岭的黄红古、黄林发，大岭的黄亚海和茶坪的吴福贵等为委员。红军还从军饷中

图为当年红二十四师设在田心村的临时指挥部旧址（摘录于《红色征途》）

拨出银元作农会经费，让农会、苏维埃政府把各村寨的瑶汉农民和造纸工人组织起来，打击土豪瑶霸，平分猪牛、山林、财产，开展土地革命运动，闹得热火朝天。为保障边区经济来往和保卫根据地的安宁，赤卫队还协助红军在梅树冲、黄泥坑和茶坪等四处山隘路口修筑防御工事。

补充给养。红军从湘南进入连县瑶区活动初期，正是物资最困难、环境最恶劣的时候，在当地地下党和瑶汉山民的帮助下，红军以瑶山丰富的资源，利用瑶民使用的通道，沟通了与湖南临武的经济贸易，以土纸、竹木、桐油、蜂蜜、冬笋、药材等土特山货，换来粮食、生盐、布匹、草鞋等军需物资，使红军在辗转苦战中，渡过了物资上的难关，补充了给养，过上了较安定的生活。曾任红二十四师领导人的龚楚说道：我这个中共湘粤桂边区党政最高指挥机构，以郴县天阳山，临武之源头，连县之天光山为基地。……虽然过着流动的游击生活，但环境安定，工作清闲。

打击湘境地方反动势力。仅 1935 年 3 月至 4 月下旬，红军袭击湘敌达 8 次①。如 3 月 31 日上午，红七十一团 400 多人，从连县黄洞山直奔蓝山草鞋坪，袭击驻守该地的湘南义勇队，攻击碉堡，然后奔袭大桥荆竹之敌。4 月 6 日，红军又从黄洞山出发，奔袭蓝山小目口义勇队，烧毁敌炮楼，缴获步枪 7 支；接着又乘胜出击大溪，抓获土豪黄志刚，并开仓济贫。同月 8 日，另一支红军部队从黄洞山奔袭蓝山三区区公所，俘虏区董黄际时。17 日，红军到蓝山大麻军屯，惩办土豪谢连家，没收其财物。19 日乘胜袭击蓝山浆洞乡民团。20 日，红军转道临武水头圩回到天光山根据地。24 日，红军 400 多人从三水绕道临武麦下圩，进攻蓝山田心铺守敌，毙伤敌 10 多人，缴械敌人一个排，残敌溃逃蓝山

---

① 据 1935 年湖南《大公报》记载。

县城。红军取胜后经浆洞、茶山，于28日回归天光山根据地。敌人屡遭红军沉重的打击，哀叹“天光山为湘粤交界之岭，跨连县、蓝山、临武三县，纵横数百里，人烟稀少，进剿颇感困难”。5月底以后，红二十四师第七十一团在连、蓝、临边分散活动，后来转入湖南郴县的黄茅山一带，遇到敌人南北夹击，重兵“围剿”，红七十一团被打散，受到严重损失，龚楚也随之叛变。①

湘赣红四团、红十四师和红二十四师第七十一团等几支红军部队在连县瑶汉山区活动期间，由于一方面注意贯彻党的民族政策，团结瑶汉山民，维护他们的利益，受到广大瑶汉人民的拥戴和支援；另一方面红军利用这一带两省交界的自然条件和敌人力量相对空虚的有利时机，采取了正确的斗争策略，把天光山、黄洞山和西山建成湘粤赣边三年游击战争中的游击根据地之一。尽管它存在的时间不长，但在历史上起到了积极的作用。主要有四方面：一是天光山、黄洞山和西山成为红军在危难时期的立足点。活动在该地的红军采取了正确的斗争策略，专打湘敌，不触及粤敌，保障了根据地的安全，红军把连县瑶山称为“大后方”，作为部队休整、安置伤员的立足点，对保存革命力量起到了一定作用。二是在战略上有效地牵制了敌人。据当年国民党报刊资料记载，从1933年至1935年，红军在这片地处两省的崇山密林活动期间，湘敌第四路军何健部，先后派出八区保安十六团、二十团、二十一团和总指挥部补充旅，粤军第八路军陈济棠部，先后派出警卫旅第二团、独立三师独立团和第二团，以及湘粤两省有关各县保安团、县警、民团等，参与“围剿”红军，前后不下万余人

---

① 参见《广东人民武装斗争史》第二卷，广东人民出版社1995年版，第45页；《龚楚将军回忆录》第二卷，香港明报月刊社1978年版，第584页；湖南《大公报》，1935年4月至5月8日。

枪，历时两年之长。可见红军在连县山区活动，有力地牵制了敌人，在配合苏区反“围剿”和掩护红军长征中，作出了贡献。三是连县游击基地作为三年游击战争根据地的一部分，红军频频袭击湘敌，壮大了革命声势，威震湘粤，为动摇国民党在这一地区的统治打下基础。四是红军在连县地区的活动，为日后革命力量的发展奠定了基础，在粤湘边发生了深远的革命影响。抗日战争时期，党的连阳工委在当年红军根据地开辟工作，建成党的隐蔽据点。解放战争时期，党领导的人民游击队开进天光山、黄洞山和西山，开辟游击根据地，又一次受到广大瑶汉群众的协助和支援，使革命力量不断发展壮大。

第三章

抗日战争时期

第一节 抗日战争全面爆发后连县的形势

抗日战争全面爆发前夕，从20年代末开始，一些外地抗日人士和抗日团体来到连县。首先是参加一二·九爱国运动的流亡学生分批南下，有的来到连县，“中华民族解放先锋队”（民先队）就是在这个时候来到连县宣传抗日救亡的。1927年四一五反革命政变发生后，国民党广东当局在全省实行“清党”，镇压“异党”，中共广东省委和北江特委屡遭破坏，不少党员骨干以个人身份来到连县，隐蔽在学校、机关，通过联络本地进步青年龙贤关、黄漫江、谢太宽、钱青和李左藤等，组织读书会，秘密传阅进步书刊，进行共产主义启蒙教育。抗战爆发后，他们又积极进行抗日救亡宣传。与此同时，经过共产党向国民党张发奎、余汉谋进行统战工作而建立的国民党第四战区政治部和第十二集团军政工队也迁来连县，部队中有不少共产党员，也在连州、三江、星子等地，向群众宣传抗日救亡的主张。另一方面，连县在广州就读回来的进步青年学生，如邓如淼与罗耘夫①，1936年秋，以“连县农村教育考察团秘书长”的身份，往西江考察回来，联合了外地在连县工作的进步青年、入党对象丘学澄、邱剑潮、谭泽荣，以及从延安找党回连的雷广权等人，在连州组织“中国劳农学会”“中华民众教育促进会”等团体，在县城和城郊农村开办

① 邓如淼连县水口人，罗耘夫广东南海人，邓的同学。

民众夜校，以《群众》《解放日报》刊登的文章等为教材，宣传抗日，讲解“山雨欲来风满楼”的形势，指出“唯有共产党领导抗日，中华民族才有出路”，鼓励大家投入抗日救亡运动，争取民族解放。

就这样，在外来进步人士和本县进步青年的推动下，连县机关、团体、学校甚至星子、三江、东陂等乡镇，纷纷成立“连县民众抗敌后援会”“连县青年抗日同志会”等抗日团体，会员们分头下乡讲演、演剧、教唱抗日歌曲，使连县城乡抗日救亡气氛大大高涨。1937 年 10 月，抗敌后援会组织“救亡歌咏队”，在东门“民众会场”举行歌咏大会，来自各机关学校的 400 多名青年齐唱雄壮的抗日歌曲，振奋人心。会后举行歌咏大巡行，“四万万大众起来，把敌人赶出国疆”的歌声响彻连州城。1938 年 5 月，“连县民众抗敌后援会”和“连县青年抗日同志会”在连州联合组织各校一千多名学生，举行盛大的“五四运动纪念大会”，提出“在国难严重的今天，我们青年学生要学习‘五四’精神，来担负起救国的责任”。当晚举行火炬游行，几百名青年手擎火炬或灯笼，高呼抗日口号，像巨型火龙光芒四射，数千市民涌上街头，把抗日救亡气氛推向高潮。

在抗日战争全面爆发前夕和爆发初期，连县的抗日救亡宣传活动已经初步动员和组织起来，群众运动已初步形成，为日后全县开展轰轰烈烈的抗日救亡运动，在思想上和组织上做了准备，为党组织的重建打好了思想基础和社会基础。

第二节 连县党组织的重建和发展

1938年9月底，日本帝国主义大举进犯广东，在广州沦陷前夕，国民党广东省政府机关迁往韶关。10月，日本发动湘北战事，粤北告急，省政府主席吴铁城率领广东省政府所属机关迁来连县。省政府、民政厅、财政厅、建设厅、教育厅、省银行等驻三江区（今连南县），省军管区司令部驻三板桥，国民党省党部驻龙口，省高等法院驻泥潭，省救济院和广东儿童教养院驻星子，加上沦陷区难民，连县人口骤增10多万人。就在此时，中共广东省委有计划地组织干部和进步青年撤离广州，转入内地广大农村和城镇，开展抗日救亡的群众运动。中共广东省委机关也分批转移到粤北地区。一路沿铁路经过清远、英德、翁源到韶关，一路沿着小北江经过清远、阳山到连县，再往北转到韶关会合，以便及时地摸准情况和根据国民党广东省政府的政治动向开展工作。

广州沦陷前夕，中共广东省委常委兼军委书记尹林平（林平）和省委宣传部部长饶彰风，率领省军委、省委组织部和宣传部的工作人员王炎光、杨克毅、张尚琼、陈枫、余慧（尹林平夫人）、何秋明（饶彰风夫人）、金阳和周微雨等20余人，经清远、阳山到达连县后，经过了解认为，连县地处粤桂湘边缘，回旋余地大，利于开辟敌后游击区，而且连县是韶关的腹地，如韶关不守，这里将成为广东的政治、经济、文化中心，因而连县战略位置十分重要。经过尹林平、饶彰风等同志研究决定，把王炎光、杨克毅、张尚琼和陈枫四人留下，在连阳地区建立党的立足点。随后尹林平一行便经宜章县到坪石，直达韶关同省委机关会合。

1938 年 10 月底，中共连阳特别支部在连州西城脚 8 号邓如淼祖屋正式成立。这是自 1935 年中共湘粤边工委和连州特支停止活动以来，在连阳地区重建的党组织。特支归中共广东省委领导，特支书记王炎光，副书记兼统战委员杨克毅，组织委员张尚琼，宣传委员陈枫。中共连阳特支负责开辟连县、阳山、连山县党的工作。[①] 针对连阳情况，确定了特支工作的方针、步骤和方法：充分利用当时连阳民众抗日高潮的政治环境，加强对现有抗日群众团体的领导，力争建立更多的抗日团体，利用公开合法的方式，加强工作，从中提高积极分子的政治觉悟，物色建党对象，经过教育和考察，逐步发展党员，建立地下党的支部和小组。

坐落于连州西城脚 8 号的地下党员邓如淼祖屋，抗战时期首届中共连阳特支机关旧址（摘录于《红色征途》）

经过一段时间，杨克毅便利用与国民党城关区区长莫家励、连县头面人物李维禧夫妇同是留日同学的关系，推动连县政府成立四支“连县青年抗日宣传队”，特支一些成员和先期到达的地下党员邓如淼、罗耘夫等分别参加宣传队，分赴东陂、星子、水口和三江等地开展抗日宣传活动，从中物色积极分子和建党对象，

① 参见中共韶关市委党史研究室编：《中共韶关党史大事记》，广东人民出版社 1992 年版，第 75 页。

伺机在连中、星子大路边、东陂和水口等地寻找进步势力的线索。经过一段时间的考察和培养，至1938年12月，在连县发展了第一批党员：一区（城关）陈先信，二区（星子）成崇正，三区（东陂）萧怀义，五区（石角、保安）邓炎汉。随后，把一些外地转移来连的进步青年如丘学澄（省林业厅驻连县的北江推广站站长）、雷广权、骆步远以及连州中学进步学生萧少麟（萧贻昌）、黄孟沾、曹世运也发展为党员。这样，连县从县城到农村，从机关到学校，播下了党的种子。他们充分利用当时连县抗日热潮的政治环境，加强对城乡抗日群众团体的领导，以公开合法的身份，大力推动抗日救亡运动，逐步在全县各区乡打下党的基础。

1938年10月下旬，广东省大中学校学生集训总队共约4000人（汇集中山大学、岭南大学、暨南大学、广州大学和各地的高中生），由总队长邹洪率领到连县星子镇，分驻四甲、牛圩、贾屋、曹屋、黄村、田心和四方等地。总队下辖三个团：大学男生为第一区团，大、中学女生为第二区团，高中男生为第三区团。每个区团之下设大队、中队、区队。集训队到达星子后，又将从西江、南路来的一批学生，编为第四区团。11月1日正式开始军事训练，按照《步兵操典》《筑城教范》《战斗条令》进行学科和术科训练。总队中的地下党员在星子成立总支部。总支归中共广东省委青委领导，由连阳特支联系。总支部下辖三个党支部。总支书记莫福生，委员杨瑾英（女）、张江明（张铭勋）。第一区团党支部书记由莫福生兼，第二区团党支部书记杨瑾英，第三、第四区团党支部书记张江明。当时“广东青年抗日先锋队（抗先）”也随集训队到星子，省委青委书记吴华曾到星子，向总支和支部领导传达党中央关于形势、任务及省委的工作指示，并对集训队中党的工作和抗先队的工作做了部署。集训队地下党的工作方针是：贯彻执行党的抗日民族统一战线政策，巩固和发展党的队伍，扩大影响。为了扩大宣传，团结群众，在集训队中通过做工作，把党的外围组织“抗日先锋队”由初时的200人发展到400多人。一方面在学生中组织读书会成员、歌咏队到郊区红岩游玩等形式，加强团结。另一方面深入星子附近四方、黄村和大水边等村，结合当地流行的《春牛》《调仔》和山歌等文艺形式进行演出，加上演剧、放电影和幻灯、教唱抗日歌曲、办妇女识字班等，鼓舞农民的抗日热情。1939年1月，国民党广东省政府主席吴铁城卸任，由李汉魂接任，李汉魂亲自到星子，办理学生军训队结束事宜，组织“广东地方行政干部训练所”（地干所），并迁址连县三江镇（今连南县城），收纳集训队同学继续参加训练。经中共广东省委同意，集训队中的党员大部分转到地干所，并成立以莫福生为书记的总支部。此时，省地干所、省妇委会、国民党第四战区政治部、政工队中的地下党员，如区梦觉、黄新波、郁风等人的组织关系，由连阳特支杨克毅负责联系。

1939年1月，王炎光调粤北省委工作，原华北“中华民族解放先锋队”南下骨干山东省籍黄儒汉夫妇到连县，遵照省委指示，组织第二届中共连阳特支，黄儒汉任书记，杨克毅任组织委员兼连县中心支部书记，陈枫任宣传委员兼负责阳山的工作。由于连阳地区抗日救亡运动形势的需要，特支把省社会教育工作队留在连县的党员刘秉楷调连县中心支部工作，并从星子中山大学附中调余慧珍、黄洁琳、张月婵和梁桃生4名女党员到阳山、连州当教员，建立党的据点。

1939年春夏间，中共连阳特支和连县中心支部在连县城乡大量发展党员，逐步建立了一批党支部和党小组。其负责人是：大路边党支部书记成崇正，组织委员成遂满，宣传委员魏佩玉（女，成崇正夫人）；东陂党小组长罗耘夫，同年9月转党支部，支部书记罗耘夫，委员萧怀义、潘贤修、吴循儒；水口党小组长邓如淼，同年9月转党支部，支部书记钟达明，委员梁桃生（女）、徐萍（徐志英，女）；星子儿童教养院党小组长杨刚文（女）；连州中学党支部书记萧少麟，组织干事黄孟沾，宣传干事曹世运。

1939年4、5月间，徐沂、邓如淼参加省委党员干部训练班结业，调连县负责工作。同年9月，日军进犯粤北，曲江危急，国民党省政府部分机关再度迁连县，中共北江特委也奉省委指示，由特委书记黄松坚率领迁到连县，在邓如淼祖屋设特委机关。1939年9月，奉北江特委指示，成立中共连（县）连（山）阳（山）乳（源）四属工作委员会，书记徐沂，组织委员先后为吴振乾、周锦照，宣传委员邓如淼，工委委员钟达明。工委管辖连县、连山、阳山和乳源侯公渡地区的党组织。连县地区的党组织有：大路边党支部（书记先后为成崇正、成遂满）；东陂党支部（书记先后为罗耘夫、萧怀义）；水口党支部（书记钟达明兼）；连州中学党支部（书记黄孟沾），星子儿教院党小组（小组长杨刚文，女）；广东省地干所党总支仍由连阳工委联系。

1939年冬，广东省立文理学院及附中（后称粤秀中学）、附小以及钦州师范，迁移到连县东陂，使江夏、西塘、塘头坪和四甲洞等乡镇顿时沸腾起来。与此同时，广州女子师范、励群中学、华侨三中、庚戌中学，香港的岭英、协恩中学，澳门广中中学等学校先后迁到连县。

广东省儿童教养院此前已迁星子、保安。不久，岭南大学附中、培英、真光、协和等中学合并，在连县双喜山成立基联中学。文理学院、粤秀中学、钦州师范和基联中学等学校均成立了党支部。连县、连山、阳山、乳源在城乡、学校加强党的工作，发展农民运动、学生运动和妇女运动，开展抗日民族统一战线工作，增强进步势力和抗日救亡的气氛。

1982 年，中共连（县）连（山）阳（山）中心县委前后任原书记张江明（左一）、李信（右一），中心县委妇女部部长张慧明（中）重返当年中心县委旧址（摘录于《红色征途》）

1940 年，中共后北江特委派遣一批女党员打入国民党政府妇女委员会任职，把连县妇委会建成地下党的阵地。这是首届连县妇委会总干事、中共妇女支部书记叶林枫（叶婉香）（左），继任总干事、妇女支书刘思（刘德容），于 1982 年重返妇委会旧址（摘录于《红色征途》）

1940 年 3 月，随着省属大专院校迁到连县，为了便于领导青年工作，中共北江特委青年部迁到连县。这时，徐沂调离连县，中共连（县）连（山）阳（山）中心县委成立，由北江特委青年部部长张江明兼任中心县委书记，周锦照任组织部部长，成崇正任宣传部部长，钟达明任县委委员。中心县委机关仍设在连州镇，归北江特委领导（1940 年 8 月以后归后北江特委领导），管辖连县、连山、阳山县的党组织，陈枫和吴振乾负责阳山，罗耘夫负责连山。① 1940 年 8 月，中共后北江特委派叶林枫（叶婉香）等四名女党员打入国民党连县妇委会，掌握这个半官方机构为党工作。中心县委充分利用当时国共合作的政治环境和大批进步知识分子云集连县的有利条件，根据中共广东省委《关于大量发展党员的决议》和中共中央长江局关于“猛烈地十倍百倍地发展党

① 参见中共韶关市委组织部、中共韶关市委党史研究室、韶关市档案局（馆）编：《中国共产党广东省韶关市（地区）组织史资料》，1996 年 3 月，第 60 页。

组织”的指示精神，正确贯彻党的“发展进步势力，争取中间势力，孤立顽固势力”的策略方针，积极在各阶层发展党组织。在学校，以文理学院和文理附中为重点，积极在学生中发展党员，占领学校阵地，领导和团结进步学生，把党在抗战时期的方针、政策贯彻到青年学生中。在农村，大力发展农民党员，同时开展统一战线工作，派党员打入国民党基层政权或学校去，掌握阵地。在国民党全面掀起第一次反共高潮后，连县党组织贯彻了“大村平原要慎重，重点向山村”的发展方向，加紧了开辟山区的工作，使全县各条战线的工作蓬勃发展，党组织得到较大的发展。从 1940 年初到年末短短一年中，全县共建立湖柯乡、朱合乡和浦上乡等 8 个农村党支部，党员发展到 160 余人，加上从省城搬迁来连州的文理学院等 15 所院校的党员 180 余人，全县党员总数达到 380 人左右。由于党组织的迅速发展，连阳中心县委开始设立党的区委，以便加强领导：中共东陂区委，书记萧怀义，组织委员潘贤修，宣传委员吴循儒，区委辖湖柯乡党支部（书记黄标）、陂岭山区党支部（书记吴声裕）、朱合乡党支部（书记由吴循儒兼）、西溪中学党支部（书记由潘贤修兼）、云雾洞党小组（组长黄亚科）、丰阳小学党小组（组长吴循洲）；中共星子区委，书记成崇正（兼），委员成遂满，区委辖大路边党支部（书记由成遂满兼）、星子儿教院党小组

抗战时东陂区农村党支部据点、东陂抗敌后援会旧址：西溪小学（摘录于《红色征途》）

（组长杨刚文，女）；中共城关区委，书记钟达明，区委辖水口党支部（书记由钟达明兼）、中坳党小组（组长雷广权）。另外，还有连州中学党支部（书记黄孟沾）、文理学院党支部（书记林敬文）、文理学院附中党小组（组长钟国祥）、钦州师范党支部（书记梁天培）、妇委会党支部〔书记叶林枫，组织委员陈妙慈（陈昭），宣传委员刘思（刘德容）〕。1940 年底，张江明调离连县，把中心县委的工作交由组织部部长周锦照和宣传部部长成崇正负责，以周锦照为主，县委委员钟达明调青莲工作。1941 年 2 月，成崇正、吴奇勋参加后北江特委在清远举办的党训班，结业后被派回连县工作。3 月，周锦照调“后北”工作（仍分工联系连阳工作），连阳党的工作由成崇正、吴奇勋负责。这时，鉴于国民党开始掀起反共高潮的严峻形势，党组织领导体制开始实行特派员制，成崇正任中共连阳特派员兼组织工作，吴奇勋任副特派员兼宣传工作。直到 1941 年 9 月和 11 月，吴奇勋、成崇正先后调离连县。

抗战时星子区农村党支部据点、青年抗日学习会的旧址：大路边村“明远楼”（摘录于《红色征途》）

全民族抗日战争初期，在中共北江特委领导下，连县党组织主要开展了下列工作：

举办党员训练班，加强党的建设。连县地下党组织从 1938 年重建以来，直到成立工委、中心县委，始终遵照省委“中心是放在教育训练党员”的指示，十分注重党的建设。1939 年，曾由特支副书记杨克毅主持出版《连县抗日救亡》三日刊，供党员、群众学习，加强抗战舆论阵地。历届县委在秘密环境下，坚持举办党员训练班，分批抽调党员干部参加训练班，加强对党员干部的思想政治教育。尤其是 1939 年秋冬，北江特委搬迁连县期间，北特书记黄松坚十分强调培训党员，搞好党的建设。连阳工委在北特直接领导下，连续举办党训班。这个时期办的党训班大体分为三个阶段。

抗战期间，连县城关区地下党据点、水口村青年抗日学习会旧址：地下党员熊标玲故居（摘录于《红色征途》）

第一阶段，1938 年 11 月至 1939 年，党组织重建期间，针对党员新、党组织建设比较薄弱的情况，着重对党员进行党的认识教育，先后举办三期党员训练班，每期约 7 天。1939 年春，徐沂、邓如淼参加省委党员干部训练

连州街市民叶星古，讲述 1938 年至 1939 年经历了日本飞机三次轰炸连州（摘录于《红色征途》）

班回连州，在连州西城脚 8 号邓宅举办党员骨干训练班，由杨克毅主持，徐沂、邓如淼主讲。学习内容是目前形势、党的建设和农民运动等。参加人员是各区（县）的党员骨干罗耘夫、成崇正、萧怀义、梁天培、毛鸿筹、潘贤修、黄孟沾等 20 多人。开班的第三天，突遇日本飞机轰炸连州，如果转移地点必将暴露，怎么办？同志们齐声要求在原地继续学习，就在飞机炸弹轰鸣声中，大家镇定地坚持听课，直到结业，同志们才分头回到各自岗位去。1939 年秋，北江特委书记黄松坚亲自指导，连阳工委在良江翠仙村召开工委扩大会议兼举办党干训练班。会上由工委书记徐沂传达毛泽东同志在党的六届六中全会上作的《论新阶段》报告，传达中共中央关于抗日民族统一战线的方针政策。参加者有各区党的负责人：邓如淼、罗耘夫、成崇正、钟达明、萧少麟、吴奇勋、梁桃生等 10 多人，时间 7 天。同年底，中共北江特委组织部部长王炎光主持，举办第三期党训班，以开展农民运动、工人运动、学生运动、妇女运动为主要内容，贯彻党的抗日民族统一战线政策，教育外地党员和本地党员互相学习，增强团结，开创抗日救亡新局面。

为铭记历史，教育后代，连州名流、燕喜中学校长杨芝泉特建“毋忘国耻”碑于燕喜中学（今连州中学）内（摘录于《红色征途》）

第二阶段是 1940 年上半年，随着党组织的迅速发展，党的新生力量增多，亟待提高党员的思想政治素质。中心县委在城隍街龙屋举办了两期党训班。班主任周锦照，讲课人金阳、徐沂、罗耘夫。参加者有各县、区党组织的负责人，如梁天培、马秀居、曹世运、萧少麟、徐萍、潘贤修、魏佩玉等共40人。学习内容为抗日形势、加强党的建设，学习文件有《〈共产党人〉发刊词》《抗日救国十大纲领》《列宁主义初步》等。通过培训，使大家掌握斗争策略，树立实事求是、理论联系实际的作风，“巩固党员与干部思想上、政治上和组织上的坚定性”。

第三阶段是1940年底，针对国民党反动逆流袭来的形势，一些党员认识模糊甚至出现混乱思想等情况，通过办党员训练班，对党员进行形势教育，学习党“隐蔽精干，长期埋伏，积蓄力量，以待时机”的方针，澄清思想，提高认识，坚定信念，强调党的纪律，加强革命气节教育，迎接新的斗争。

国民党连县政府妇女委员会、中共连阳中心县委妇女支部旧址：连州古屋巷黄屋祠堂（摘录于《红色征途》）

通过各个阶段对党员干部的培训教育，使党员思想认识和政治素质不断提高，党性观念逐步增强。在抗日战争中，党员们经受了各种考验，发挥了先锋模范作用，对巩固党的组织、加强党的建设起到了重大作用。事实证明，从1938年党组织重建以来，连县各级党组织生活比较健全，并得到健康发展，党员思想稳定，比较坚强。特别是打入国民党连县妇委会的一批党员，在该机构秘密建立妇女党支部，把公开工作和秘密工作结合又区分开来，长期控制妇委会这个机构为共产党工作，作出了很大贡献，就是在武装起义的紧急时刻也没有暴露，说明了连县的党组织是比较健全的，是有战斗力的。

1982 年，抗战时从事妇女救亡运动的老战友重返连县，在妇委会旧址门前合影。从右至左：前排叶林枫、王健、李信、李佩湘，后排刘思、张慧明、黄惠卿、魏佩玉（摘录于《红色征途》）

建立地下交通站，做好掩护工作。抗日战争期间，连县是广东省的后方，随着广州和沿海地区的沦陷，不少党员和进步分子来往于连县。为了接待、掩护和安置这些同志，更好地联络交流情报，把公开工作和秘密工作结合起来，开展工作，1939 年初，连阳特支分别在连州城郊翠仙和中坳村等交通路口，开设了两间杂货店，经营盐油酱醋，作为党的秘密联络点和交通站。交通站分别由水口农民党员熊标清、邓阳林担任店员，做掩护工作。随着党组织的蓬勃发展，加上后来反共逆流来到，一些在外地暴露的党员需要疏散来连县。出于安全考虑，1939 年底，连阳工委又在距县城 30 多里的山村龙凤迳开辟了一个农村交通站，进一步扩大党的回旋余地。龙凤迳交通站由邓如淼夫妇主持，站内设有由进步人士龙贤关捐助的电话机和收音机，每隔几天，邓妻黄惠卿便背着小孩，以购买生活用品之名进县城，沿途与各地联络站秘密接触，交换情报。这些秘密交通站的开辟，大大利于党的工作。一是使外来的党员和进步人士得到掩护，暂时立足。如 1939 年秋，在外地已暴露的党员干部钟达明、关铁磊、麦琳等，均是通过交通站接头，并安置到水口等地隐蔽，而后分别安置于小学教书或安全转移的。二是给工委领导机关提供了隐蔽碰头的场所。工委书记徐沂经常在翠仙交通站召开碰头会议，研究工作。北江特委书记黄松坚也曾到龙凤迳交通站了解情况，指导工作。三是可贮藏党内文件。遇到紧急情况，县城不便贮藏保管的党内文件、书籍报刊，均可以转移到交通站保管或者传递下去。四是可以作为党的耳目。通过交通站获取和传递重要消息或重要情报，使党组织可及时采取措施，随机应变，避免受到损失。1940年，国民党连县党部怀疑当时地下党员、水口乡乡长陈先信和县农村督导员邓如淼是“八字脚”（即共产党八路军），准备下令逮捕时，恰好邓如淼在县党部任职的学生听到消息，连夜赶到翠仙交通站报告，使邓、陈两人及时隐蔽，不久被特委调往清远工作，保存了革命力量，避免了一次损失。五是作为党的农村据点，可以培养教育农民，扩大党的基本队伍。龙凤迳交通站安置了外来党员丘学澄、雷广权、丘学清（女）等人在当地小学教书，他们通过办农民夜校，团结和培养了一批进步青年农民，帮助他们走上革命的道路。如水东村青年黄云波、龙凤迳青年邓国英等，通过夜校的培养教育，促使这两位进步青年奔赴革命圣地延安。

第三节 开展抗日民族统一战线工作

在抗战烽火中，连县党组织遵照上级党“只有在反逆流斗争发展我们的力量，巩固我们的力量，以及组织进步势力，推动国民党进步，三方面结合起来才能发展统一战线”的指示，紧密结合连县的斗争实际，认真贯彻执行党中央制定的抗日民族统一战线的方针，正确处理民族斗争与阶级斗争的关系，团结一切可能团结的力量，推动抗日救亡运动的蓬勃发展。

一、对国民党上层人士的统战工作

1938 年 10 月，中共连阳特支成立以后，重视对国民党县政府上层统战工作，分工特支副书记杨克毅抓统战工作。他利用自己同国民党少壮派、城关区区长莫家励，以及当地头面人物李维禧夫妇是日本留学的同学关系，住进城关区署。当时国民党连县县长何春帆是个失意的国民党军的师长，与国民党正统势力素有矛盾，而莫家励是何的亲戚加亲信，他们均属于开明人士，有抗日救国的愿望。杨克毅则投其所好，与莫、何多有接触，适时帮助出谋献策，推动连县政府成立四支“抗日宣传队”，分头下乡开展救亡宣传活动，安排一些党员参加宣传队，从而取得公开合法的身份，开展抗日宣传和党的工作。

在统战工作中，连县党组织注重争取中间力量，打击、排挤顽固势力。当时连县国民党政界分为两派，以成仕选、关以忠、黄麟玉为代表的保守派，他们维护地主官僚的利益，对政事比较僵化，消极对待抗日救亡运动；以莫家励、邱耀南、关照祺、邓炎汉、林星甫为代表的少壮派，他们行事比较开明，赞成抗日，对乡政建设采取改革态度。地下党通过考察，对思想倾向进步的少壮派人物、第五区区长邓炎汉进行培养教育，吸收入党。邓入党后，先后以区长、民政科长、教育科长的合法身份，长期打入国民党内部，争取、团结少壮派的支持，做了许多对党有益的工作。他利用自己担任教育科长之便，大量安排外来党员和进步分子到各地中小学任教，解决了党员的职业掩护和生活问题，开辟了新的阵地。如钟哲明、黄毓宜、唐北雁等外来党员和连阳中心县委书记李信，均分别安排到星江中学或星子小学教书，掩护从事党的工作。邓炎汉与国民党连县政府上层人士接触较多，对顽固派有关反共消息、动向比较灵通，当了解到情况异常后便及时向党报告。1939 年，国民党特务怀疑连州中学学生萧少麟、黄孟沾是左派分子，准备逮捕。邓得知情况，立即告知工委书记徐沂，工委及时安排他俩撤出连县，安全转移。邓担任区长时，在他管辖的第五区范围内，党组织在中坳、水口、龙凤迳等村，均建立了党的地下交通站。当党员遇到危险时，即由邓写路条提供方便，得以安全转移。至 1940 年，外来党员到连县较多，中心县委压力很大，经济十分困难，邓炎汉即为党排忧解难，他工资虽然较高，但孩子多，家庭负担重，仍千方百计筹集经费，挤出钱银尽量多交党费，尽量帮助党解决经济困难。就这样，邓炎汉在国民政府机关任职“白皮红心”，长期从事对连县国民党上层的统战工作，和国民党官员同流而不合污，为党做了大量有益的工作，作出特殊的贡献。

国民党东陂区分部书记兼区长关以忠是个顽固派人物，他与国民党县政府和土豪劣绅上下勾结，横行东陂地区，消极抗日，积极反共。连阳工委经过分析，指示在东陂当教师作掩护的党员萧怀义和罗耘夫，争取力量与他作斗争。当时关以忠为筹集反共经费，要西溪小学等学校每月增加两三千元上缴区公署。党组织决定抓住此事同他作斗争。萧、罗不便出面，以免暴露身份，便利用曾被排挤掉的前任区长、时任西溪小学的校长黄继中出面，抗缴经费。关以忠以区长职权召开乡长、校董会议，企图施加压力，强行通过上缴方案，但党组织通过黄继中争取了地方开明绅士黄围卫和部分小学校长的支持，还加上县教育科长邓炎汉的支持。会上黄继中等人提出“教育经费独立不能挪用，是孙中山总理的训示，国家教育部的规定”，驳得关以忠无言以对。由于多数人反对和县教育科的干涉，终使关的企图失败。不久，发生了东陂、前江“十村抢米”风潮，党组织趁热打铁，乘机发动群众向县政府告状，公开揭露关的丑行，终于在 1941 年春，县政府不得不撤掉了关以忠东陂区长的职务，由倾向共产党的中间派开明人士黄继中担任区长，斗争取得了胜利。

二、对国民党基层政权和教育界的统战工作

在抗日民族统一战线工作中，党组织利用国民政府一切可以利用的法律、命令和社会习惯所许可的范围，“建立与发展沦陷区、敌后前线战略要点及一些重要部门的工作”。对国民党统治区的地方基层政权、教育、经济、军事等机关团体“广泛打入之，加入之”,[①] 以积蓄革命力量，利用合法地位进行斗争。党组织除了在连州中学、基联中学、连县师范、星江中学和西溪中学等学校，通过社会关系，安排一批同志打进去开展工作，还在

① 中共连州市委党史研究室编：《中国共产党连县地方史》，中共党史出版社 2007 年版，第 69 页。

1939年到1940年，安排了一批党员打入国民党区、乡政权和自卫队内任职，以公开合法身份掩护秘密工作。如安排陈先信当上水口乡乡长兼中心小学校长，安排成崇正到浦上乡担任联保办事处主任，邓炎汉任第五区区长、县教育科科长。东陂区党组织通过发展进步势力，统战工作更加活跃。萧怀义利用与区长关以忠的师生关系，当上湖柯乡乡长，以后又当上了东陂区警署的巡官。他以乡长的名义，安排了党员吴循儒、吴名藻、范亚钦等人在乡公所任助理员、户籍员，安排党员黄标、萧传贤任湖柯乡自卫班长，推荐党员吴体志任建新乡乡长，吴文华、吴年任朱合乡自卫班正副班长，邱士惠当上东和南乡乡长兼任中心小学校长。结果，东陂区的14个乡中，实际有9个乡掌握在共产党手中，2个乡由中间派掌握，顽固派势力实际只控制3个乡的政权，受到排挤与孤立。党组织以自己掌握的这些单位为阵地，以公开合法的身份了解国民党当局的动态，相机争取中间势力团结和发动群众，维护人民的利益，做了大量的工作。第一，在黑暗的旧社会，山区人民过着牛马不如的生活，湖柯乡农民最苦的是“征兵”负担，很多农民因征兵害得妻离子散，家破人亡。萧怀义利用自己当乡长的职权，以“山区地广人稀”为理由，报县审批，免除了部分山民的兵役，受到山区群众的拥护和欢迎。他们经过教育，逐步向党靠拢，团结在党的周围。党组织从中选择一些进步青年农民吸收参加乡自卫班或“团结会”群众团体，作为培养训练对象。第二，党掌握的乡公所，通过民主选举保甲长的办法，逐步将一些原来把持保甲基层政权的地主恶霸、土豪劣绅排除出去，换上团结农会的基本群众来继任，从而掌握了这些机构，既利于团结群众，又利于外来党员在当地入户居住隐蔽。如连阳工委组织部部长周锦照从外地调入连县初期，就在湖柯乡湖江头村入户籍，并领到身份证。第三，党组织利用乡公所的合法权利，以“组织自卫武装，防匪防盗，保护地方治安和湘粤行商”为名，获得县批准扩充乡自卫队。然后通过“征集”“借用”等手段，收缴地主、商贾的枪支弹药，武装充实党员，扫除粤湘通道沿线的土匪势力，维持治安。

三、组织和发展多个抗日团体

1937 年下半年，全国各地抗日救亡运动风起云涌，连县县长何春帆等开明绅士为了标榜抗日，以县政府的名义批准成立连县抗日总动员会，由少壮派邓炎汉担任总动员会秘书长，总动员会下属成立了连县民众抗敌后援会，县政府还颁发了各界民众抗敌后援会的文件，连州镇进步青年龙贤关还编辑出版《救亡周刊》，作为后援会的机关报，在全县广为散发。

1938 年春，共产党员邓如淼与连州中学进步学生萧少麟（萧贻昌）、黄孟沾、曹世运以及龙贤关接触，启发他们酝酿组织进步青年团体。经过筹备，同年 9 月，连州中学开学时成立了连县少年抗日工作队（简称“少工队”），参加者 40 余人，大部分是连中学生，也有县城连州的青少年，由萧少麟任队长，黄孟沾、关照禧为副队长。少工队的成员抗日热情高涨，在校内外发表演讲，办墙报，演话剧，开展抗日救亡宣传，十分活跃。

1938 年 10 月，中共连阳特支建立以后，在当时国共合作的形势下，共产党与国民党既互相斗争又互相依存。连阳特支认为，利用国民党各级政权机构的名义，建立各种抗日群众团体，是争取群众，扩大共产党领导的抗日战线的好形式。于是，各级党组织利用各种关系积极串连发动，进一步扩大“抗敌后援会”和“抗日同志会”，不仅在县城，在东陂、朱岗、丰阳、三江和星子等地农村，纷纷成立抗日后援会和抗日同志会的分会，一些乡村还组织成立兄弟团结会。这时，适逢由地下党推动县政府成立了四支连县青年抗日宣传队，100多人分头到星子、东陂、城关和三江等区乡，进行家访、讲演、教唱抗日歌曲、演话剧，宣传时间达20多天。与此同时，随着广东省大中学校学生集训总队迁到星子，广东青年抗日先锋队也到达星子，连县广大城乡的抗日宣传活动达到高潮。在县城连州，邓如淼、叶先楷和龙贤关等青年发动成立“连县救亡剧社”，专在连州街上演各种抗日救亡的话剧；他们还组织了20多名青年成立“抗日晨呼队”，每天早晨绕城一周，边走边高呼抗日口号，高唱抗战歌曲，大大振奋了市民的民族精神。这时，党员陈枫在连县、阳山农村群众中，组织成立了青年抗日救国会。1937年秋，连县民众抗敌后援会在连州东较场中山纪念堂举行规模盛大的“抗战歌曲歌咏大会”，气氛十分热烈。后援会和同志会又在连州南门大街与荣梓巷交叉的路口搭建“献金台”，市民们踊跃参加献金活动；大家“有钱出钱，有力出力”，“让国家添置飞机大炮打日本鬼”。连续十天十夜，献金的市民络绎不绝，从小学生到老人，从家庭妇女到机关职员，孔怡记、广盛隆、利盛祥等大商家都来献金，所献的有黄金、白银、现金和首饰、手表等贵重物品，筹集了大量的抗日经费，激起了市民的抗日热情。

1937年秋，连县民众抗敌后援会在连州青石街（今中山南路）与荣梓巷（今新华路）交叉路口搭建“献金台”，动员市民献金购买武器打日本鬼。孔怡记、广盛隆等商家捐资百万，学生、贫民亦尽力捐献，妇女捐首饰，“有钱出钱，有力出力”，轰动全城。图为当年“献金台”旧址（摘录于《红色征途》）

各种抗日群众团体的建立，为连县抗日救亡运动的开展打下了基础，为开展敌后抗日游击战争做了准备。

四、团结少数民族投入抗日救亡

连县的少数民族主要是瑶族，人口达7000人，主要分布在瑶安和三水两个瑶族乡。这里地处粤湘边境，山高林密。瑶族群众苦大仇深，深受汉族地主和瑶霸的双重压迫，是地下党进行革命的依靠力量。在民主革命时期，中共地下组织一贯重视瑶族山区的开辟工作。1939年6、7月间，中共连阳特支为了积蓄力量，扩大回旋余地，派出特支组织委员徐沂和宣传委员陈枫，以教书为掩护，深入当年红军活动过的连（县）蓝（山）交界的三水瑶山，贯彻党的民族政策，进行艰苦细致的统战工作，开辟抗日据点。1940年以后，在国民党反共逆流日趋严重的形势下，中共连阳中心县委为了进一步贯彻隐蔽精干的方针，加速了瑶区据点的开辟工作，安排党的东陂区委书记萧怀义，利用社会关系打入国民党内部，担任了管辖三水瑶区的湖柯乡乡长。他利用自己掌握的职权，从密切与瑶胞的关系、为瑶胞办好事入手，按照党的民族政策，开展抗日民族统一战线工作，扎实地进行了一系列团结瑶胞的工作。

同瑶胞交朋友。萧怀义等深入瑶区，按照瑶人的风俗习惯，同瑶人结拜兄弟。萧怀义与陈家岭瑶王赵土金结拜为兄弟，以亲密与瑶民的关系，提高瑶民的社会地位。

在乡政会议上，萧怀义利用《征兵法》中“少数民族可以缓征”的条款，决定在三水瑶区一律实行“缓征”（实际是免征），从而解除了瑶民历受征兵盘剥的苦难。

利用乡公所的职权，惩办瑶霸，为瑶民撑腰，并废除一些苛捐杂税，保护瑶民的经济利益。党组织以有利于乡公所的名义，撤掉了一些反动保长或瑶霸，委任一些开明人士、酋长在各山头担任头人、保长甚至副乡长，作为党组织在瑶山的依靠力量。

通过上述措施，开辟瑶区工作的同志，逐步取得瑶胞的信任，被称为“清官”和“包公”。广大瑶族同胞逐步向共产党靠拢，踊跃参加各种进步活动。

参加党组织，积极投入抗日救亡运动。经过党的物色和培养，至1940年春夏间，三水瑶区盘长福、吴玉任、范亚钦等一些青年瑶人秘密加入了党组织。接着在云雾洞成立了瑶区党小组，由长征负伤流落当地的红军战士黄亚科担任党小组长，使党组织在瑶区扎了根。在地下党的发动下，云雾洞、挂榜山、烟竹坪、陈家岭、左右里等瑶寨的瑶族人民，特别是青少年，踊跃参加夜校、识字班，唱抗日歌曲，开展抗日宣传，瑶胞们懂得了有钱出钱、有力出力、瑶汉人民齐心抗战的道理，从而投入抗日救亡活动。

瑶族同胞协助游击队歼敌。图为游击队原队长萧怀义（右），在1982年会见游击队原向导、挂榜山瑶人程长发（摘录于《红色征途》）

参加由中共党组织掌握的民族抗日武装。1940年冬，国民党掀起的反共逆流袭至粤北，中共连阳中心县委根据上级指示，进一步做好隐蔽精干工作，为扩大回旋余地，争取主动，决定在粤湘边筹备民族抗日武装。地下党通过东陂区湖柯乡公所，以“防匪”“维护粤湘贸易通道治安”为名，争取连县政府批准，成立三水民众抗日自卫队，由共产党员黄亚科、黄标分别担任中队长和小队长，一些进步青年瑶民如三水的盘长福、盘福生、程长发，云雾洞的黄兰威、吴玉任，左右里的范亚钦等人，均参加了该抗日常备自卫队，为日后中共地下组织在瑶区发展规模武装打下基础。

开辟地下交通线。在广大瑶族群众的支持下，经过几年的努力，粤湘边瑶山以三水黄洞山为中心，西至江华金竹山，北至蓝山牛皮河，东至临武西山，方圆几百里，建成了一大片瑶山抗日根据地，并开辟了东陂—蓝山—长沙—广州的地下交通线。这对贯彻党的隐蔽精干方针，积蓄力量，起到了一定的作用。

第四节 广泛掀起抗日救亡运动

一、开展青年学生运动

广州沦陷前后，大批大专院校迁来连县。先到的有广东省大中学校学生集训总队，后改为广东地方行政干部训练所（地干所）。随后，省立文理学院、文理附中（粤秀中学）、广州女子师范、钦州师范、华侨三中、励群、基联等学校，还有真光、黄岗、曹溪等小学，以及省儿童教养院迁来连县，加上连县的省立连州中学、民望学校、连县师范等，可谓学校林立，知识分子成堆。为了加强对学生运动的领导，中共北江特委青年部设在连县，并由北特青年部部长张江明兼任中共连阳中心县委书记，中心县委委员钟达明（后任中共连阳特派员）也曾专驻东陂，加强对青年学生运动的领导。在北江特委和连阳中心县委的双重领导下，连县各院校的青年学生抗日民主运动如火如荼地开展起来。

组织青年学习进步书报，开展时事讨论，提高思想政治觉悟。强调学生在校读书首先要学好基础课。在文理学院、粤秀中学、连州中学、民望学校、基联中学和星江中学的学生中，先后成立秘密读书会，通过组织学生传阅《群众》《新华日报》《西北印象记》《共产党宣言》《社会发展史》和《新民主主义论》等革命书刊，讨论交谈读书心得，出版“五一”“五四”和“五七”（国耻日）专刊，进行家访等活动，团结、教育进步师生，提高思想认识，使各校读书会成为传播马列主义、团结进步师生的阵地。

针对青年特点，采取多种形式，开展抗日救亡宣传活动。各校通过读书会成员，团结广大同学，逐步掌握学生自治会的领导权，由学生会出面组织歌咏队、壁报组、文艺队、话剧团，在校内外开展活动，还利用节假日组织下乡宣传，扩大影响，广泛团结学生参加抗日民主运动，使他们从中受到教育和锻炼。如粤秀中学党员学生麦扬当选为学生会主席，他利用学生会名义，在学生中成立歌咏队、“文苗社”等各种团体开展活动，还走出校园，到农村群众中演唱《丈夫当兵去》《黄河大合唱》等。广东省大中专学校的学生，通过改编，利用星子民间艺术“春牛”“调仔”“山歌”等形式，组织学生到星子圩场、四方、黄村等村演出，晚上还放电影、放幻灯片宣传抗日，深受农民欢迎。连州中学和“少工队”的学生，利用节假日，自带行李道具，步行到星子、东陂、保安、三江等乡镇演出，慰问抗日军烈属，进行抗日救亡宣传，在各地引起轰动。通过这些丰富多彩的宣传活动，在全县掀起抗日救亡运动的高潮。同时，把广大学生团结在自己的周围，“少工队”也获得发展，参加“少工队”的青少年由初时的20多人发展到50多人。

通过斗争的锻炼，提高了在校学生抗日救亡的思想认识，在学生中建立党团组织。1939年12月1日，中共中央作出关于《大量吸收知识分子的决定》（以下简称《决定》）。《决定》指出：“共产党必须善于吸收知识分子，才能组织伟大的抗战力量，组织千百万农民群众，发展革命的文化运动和发展革命的统一战线，没有知识分子的参加，革命的胜利是不可能的。”按照《决定》精神，连县党组织和北特青年部在各校学生中，通过物色、考察、教育和培养，逐步发展学生党员。例如，文理学院搬到东陂初期，只有张普士、杨钟昌、杨顺（女）3 名党员，到 1942 年夏，该校党员总数发展到40 多人，占学生总数300 多人的10%以上，文理学院建立两个党支部和一个中心支部，由林敬文、江国光、刘谓章、郑彦文先后担任支部书记。粤秀中学也由初时的 3 名党员发展到后来的 80 名党员，占学生总数的 10%以上，在党支部的周围团结了一大批进步群众和积极分子。到抗战初期，各校党组织还吸收先进学生加入“抗日青年同盟”，作为党的外围组织。

掌握有理、有利、有节的原则，发动师生与国民党顽固派作斗争。1941 年，国民党掀起第二次反共高潮后，广东教育界立即有所反应。当时在连县的文理学院和粤秀中学进步活动频繁，被国民党当局视为眼中钉。广东省政府决定撤换进步开明人士、著名教育家林励儒的文理学院院长职务，并威逼丁景湛辞去粤秀中学校长的职务。北特青年部部长张江明和连阳特派员钟达明因势利导，领导学院和粤秀党支部，团结和发动广大师生员工，掀起了声势浩大的挽留林院长和丁校长的学生运动。院校均成立“挽林（丁）委员会”，向省内外发通电、写宣言、印传单，发动教师学生罢教罢课，集会示威，揭露国民党顽固派反共分裂、投降卖国的罪行。经过数月的“挽林”斗争和多方面做工作，最后逼使国民党当局作出妥协，同意由进步民主人士林仲达接管文理学院和粤秀中学。与此同时，连州中学也掀起了驱逐反动教官的学潮。曾任国民

延安“中国抗日军政大学”，连县抗日将士冯达飞任教和邓国英、黄云波、李振生、何振东（女）学习的场所（摘录于《红色征途》）

党军部秘书的特务教师陈邦益到连中后，与“三青团”区分部书记熊积德相勾结，暗中调查学生的思想言论，监视学生的行动，对学校进步活动妨碍很大。陈邦益上课时还重弹反共老调，攻击八路军在敌后接受日本投降是“违抗中央命令，制造混乱”，当场遭到同学们的驳斥和质询。在地下党的支持下，学生们举行罢课斗争。罢课由高一级开始，扩展到全校的高中初中班，各班通过出墙报、画漫画，揭露批驳陈的言行，还召开全校学生大会，找陈、熊两人来辩论，把他俩搞得声名狼藉，威信扫地。最后，陈邦益被迫灰溜溜地离开连中，熊积德等“三青团”头目也在学校受到孤立。通过斗争涌现了一批积极分子，1940年，连中秘密读书会内定的入党对象黄济寅、曾纪贵、成崇彦、甘云霞、张善儒、黄崧华、张华甫等10多人先后被吸收入党，壮大了学校党组织的力量，学校的左派力量也得到发展。至1945年，连州中学的学生中，左派力量占80%，“三青团”在学校势单力薄，作用甚微。

邓国英，连县西岸人。1938年秋，他与同学黄云波一起到延安，进入中国抗日军政大学学习并加入中国共产党，毕业后在八路军总部任组织干事。1940年参加对日“百团大战”。后在山西辽县抗日恶战中，与八路军副参谋长左权一起壮烈牺牲，为我国著名抗战烈士。图为邓国英龙凤迳故居遗址（摘录于《红色征途》）

连县青年学生运动的开展，使一批城乡青年学生受到了培养和锻炼，提高了思想觉悟。他们追求进步，向党靠拢，纷纷走上了革命征途，如水东青年黄云波、龙凤迳青年邓国英、连州街青年李振生和三江圩女青年何振东等，通过党组织的介绍和广州、武汉八路军办事处的安排，克服重重困难，先后奔向革命圣地延安。1944 年，抗日战争进入最后阶段，广东敌后游击战争面临大发展的形势，连阳党组织奉省委关于发展武装力量的指示，在粤秀中学、连州中学和星子、东陂的中学，先后发动和组织了 40 多名青年学生和党员，分三批输送下广州，绕道进入东江纵队。另外，又在粤秀中学动员了吴克、吴立贵、梁钊和何文巨等 20 余人，由陈持平率领到英德，加入了共产党的统战部队——国民党第七战区北江挺进第二纵队（挺二），直接参加抗日武装斗争。

二、发动农民投入抗日救亡运动

中共连阳特支成立后，派出党员先后在星子大路边、水口和东陂上三乡发展党员和建立党组织，并逐步在农民中建立抗日群众团体。从 1939 年开始，丰阳、冲口等乡成立青年抗日救亡支会，东陂农村成立青年抗日救亡分会，星子大路边成立青年学习会、兄弟团结会，水口、保安、三江等地成立大刀会、歌咏队。这些抗日群众团体通过办夜校，学文化、讲时事、教唱歌、练武艺，把青年农民组织起来，投入抗日救亡的行列。当时全县农民运动比较突出的乡村有邓如淼领导的水口乡、萧怀义领导的上三乡和成崇正领导的浦上乡。例如浦上乡大路边村是个拥有 500 多户 2000 多人的大村，村中封建势力、反动势力基础十分雄厚。党组织认为该村人多，在该村开展党的工作，组织农民运动，对星子地区乃至全县影响较大。于是，在 1939 年 2 月，派成崇正回故乡大路边工作。成崇正很快在村中发展了成遂满、成晋伯、成来凤和成保胜等 10 多名青年农民入党，建立大路边农村党支部。连阳工委对支部很重视，工委组织部部长周锦照、宣传部部长邓如淼贯彻党的方针政策，运用“发展进步势力，争取中间势力，反对顽固势力”策略，把农民群众发动起来，开展抗日救亡活动。

成立青年学习会和举办妇女识字班。学习会拥有数亩水田和旱地，用以维持学习活动的费用，学习会以村南门的新门楼为活动场所，订有报纸、杂志和图书，妇女识字班选在公祠内。学习会和识字班平时由有文化的党员，节假日请在外地读书归来的中学生上文化课，晚上读书识字，讲时事形势，唱歌，动员大家努力生产，支援前线。1940 年下半年，全村参加学习会的人数由初时的 30 人增加到 200 多人，加上妇女识字班，全村 80% 的青年男女都参加学习。

成立信用合作社，维护农民经济利益。党组织认为，只有把政治宣传教育和群众经济利益结合起来，关心群众生活疾苦，才能密切党和群众的关系，更好地把群众发动起来。抗战期间，物价飞涨，地主囤积居奇，加上官吏苛捐杂税，农民饱受生活之苦。为了保护农民的切身利益，大路边党支部决定成立“浦上乡农民信用合作社”，由党员成来凤管理。当时农民最苦的就是春荒，信用社则以农民的田契屋契为抵押，向县政府贷款，回来分借给农民，一年后归还，每户农民社员可借到 1 至 2 担谷的钱。另外，每年春天，信用社用公偿谷煮粥，向社员群众施粥，使贫苦农民解了春荒燃眉之急。当时食盐奇缺昂贵，信用社可从县政府取批条购买公价盐转卖给社员，使农民减少中间剥削；逢年过节，以信用社基金买牛猪回来屠宰，按公价卖肉给社员，使全村参加信用社的 200 多户农民得到实惠。

组织出征军人服务队，为军烈属服务。以党员为骨干、学习会成员为主体的“出征军人服务队”，在农忙季节，义务帮助抗日军属、烈属犁田、插秧、割禾等，用实际行动支援抗日，受到群众好评。

政治斗争方面，实行公开斗争和秘密工作相结合，安排党员打入国民党基层政权。1940 年，大路边党支部的党员中，除了掌握浦上乡联保办事处外，有 2 人当上副保长，7 人当上甲长，有 10 多人当乡丁、保丁。按照规定，每个保长配步枪 1 支、子弹 50 发，这样地下党就掌握了一批武装，为日后开展武装斗争打下物质基础。党支部还利用自己的合法身份，同反动的乡保长、地主进行斗争，维护了农民的利益。长期以来，党支部紧紧依靠农民群众，严密组织，扎实工作，使大路边成为地下党的坚强堡垒，村中的农民运动得到健康发展。

三、动员各界妇女参加抗日救亡活动

连县党组织在抗日战争时期十分重视妇女工作。1939 年秋，由中共广东省委妇女委员会和连阳特委领导的妇女运动，开始在全县兴起。由党组织推动，以县政府出面组织各区成立了妇女工作服务团。如星子区妇女工作团有 40 人，在星子连续举办三期训练班，同时还开办了妇女识字班、妇女夜校，进行妇女大众教育。服务团招收了一批抗日军属及难民妇女，兴办生产技能培训班，授以战时知识，以及缝纫、织毛巾、织草鞋等生产技能，使她们能够自谋生活出路。

1940 年 8 月，中共后北江特委利用国民政府新生活运动促进妇女工作委员会在粤北部分县筹建妇委会的时机，派遣叶林枫等 4 名女共产党员，带领 9 名女同志到连县，推动国民党连县政府，在原连县妇女工作服务团的基础上，成立“连县新生活运动促进妇女工作委员会”（县妇委会），这是一个隶属于县政府的半官方机构。县妇委会总干事是共产党员叶林枫。从 1940 年成立直到 1949 年连县解放，该会历届总干事均由共产党员担任，一直没有暴露，该机构实际成为党组织的坚强阵地。4 名女党员以妇委会

为掩护，组织妇女党支部：支部书记叶林枫，组织委员陈妙慈，宣传委员刘思。妇女支部在连阳中心县委及县委妇女部的领导下，广泛开展工作：一方面利用县妇委会这个半官方机构，了解县政府和国民党县党部的动态，搜集其人事、组织情况和工作任务，及时向党汇报；妇委会机关设在古屋巷黄屋祠堂，阁楼很多，便于为党组织收藏革命书刊和秘密文件，掩护外来同志和领导干部；开展统战工作，女党员陈妙慈打入县参议会任会员，她通过活动，把县政府的冬防、戡乱等军事动态，向党反映。另一方面，妇女支部大力协助中心县委，利用当时的抗日形势，动员农村妇女和学校女学生积极参加抗日救亡工作，掀起妇女救亡运动。她们深入农村，从县城向西至三江沿途的河村、邵村、龙口，向北到星子的黄村、四甲、大路边等地，开办缝衣、织布、织袜、纺纱等工艺班，使妇女们掌握生产技能，便于自食其力。为了培养基本群众，她们还在各村举办妇女夜校和妇女识字班，进行家访，组织妇女做军鞋，慰劳抗日军烈属，用实际行动支援抗日前线，还同县委妇女部一起，指导连州中学女生支部和一些农村妇女党员的工作。通过这些活动，把广大妇女团结起来，参加救亡活动，从中发现先进分子，加以培养，逐个吸收入党，壮大党的组织。

第五节 坚持“隐蔽精干”方针，抗击反共逆流

连县党组织在抗战烽火成长的过程中，经历了一条曲折的道路。

从1938年党组织重建到1940年，由于正确贯彻上级党的方针政策，从连县实际出发，进行了一系列扎实的工作，使全县党的工作和抗日救亡运动蓬勃发展。1941年发生了“皖南事变”，国民党在全国掀起了第二次反共高潮，形势开始逆转。1942年3月，国民党反共逆流全面袭至粤北。根据党中央关于在国统区实行“隐蔽精干，长期埋伏，积蓄力量，以待时机”的方针，粤北各县包括连阳在内的党组织，全面实行特派员制，党员实行单线联系。后北江特委任命钟达明和李信（李琳）分别担任中共连阳政治特派员和副政治特派员。[①] 特派机关设在连州城郊菜园坝邓官发家，特派员管辖连县、连山、阳山和乳源侯公渡的党组织。特派员根据后北江特委的指示，严格执行“隐蔽精干，长期埋伏”的方针，为了适应新的斗争形势，对所属基础党组织领导成员通过审查，进行了充实和调整：东陂区党组织负责人萧怀义，下辖陂岭山区党支部（书记胡声裕），建新乡工农党支部（书记黄标），朱合乡中心小学党支部（书记吴循儒），西溪中学党支部

① 参见中共韶关市委组织部、中共韶关市委党史研究室、韶关市档案局（馆）编：《中国共产党广东省韶关市（地区）组织史资料》，1996年3月，第58页。

（书记潘贤修）。城关区党组织负责人何国文，下辖城区学运党支部（书记何平），水口乡党支部（书记熊标清），大路边党支部（书记成来凤），星子儿教院党小组（小组长杨刚文，女），县妇委会党支部（书记陈妙慈），基联中学党小组（组长黄菘华），粤秀中学党支部（书记先后为李树中、李士熊）。

在反共逆流中，国民党连县当局采取了一系列反共措施，如实行“新县制”，强化对乡政和保甲基层的反动统治；各乡增派受过特务训练的外籍乡队副，控制自卫队和情报；在各中学扩编“三青团”，招收“青年军”，县、区两级成立“防奸小组”，加紧搜集地下党的情报，注视地下党动态。尤其是在 1942 年冬，发生了突袭东陂区地下党领导人萧怀义的事件。敌人侦得萧怀义丧父回家，派一保安中队突然包围湖江头村，以请客为名诱捕萧怀义。萧怀义临危不惧，深入虎穴，伺机劫持国民党保安中队长，在地下党员“冬防队”的配合下，杀出一条血路，乘夜幕掩护冲出重围。国民党顽固派的种种反共措施与行动，对地下党构成了重大威胁。针对这种情况，连县党组织经过分析研究，请示了上级，采取了几条断然措施：一是有计划地分批撤退已经暴露的党员干部。东陂方面，1943 年以后，萧怀义、黄标、吴年、吴文湘、吴文华和马安然等 10 多人，陆续撤离东陂，大部分去了英德，由北特另行分配工作；星子方面的地下党员基本上没有暴露，继续在原地隐蔽埋伏；水口的钟达明也离开连阳进入东江纵队工作。二是对党员全面进行一次革命气节教育和秘密工作纪律教育，整顿组织，纯洁内部，对党员进行认真审查。对一些立场不坚定分子，进行个别教育，甚至停止过组织生活或调换工作岗位，或延长候补期，立即停止发生横向关系。三是重新调整党组织关系，把平原大村的党员与山区党员分开过组织生活，把在学校工作的党员和打入国民党政权或在自卫队埋伏的党员分开过组织生活。

四是规定党内不留片纸只字，所有报告、会议、任务分配不做记录，原来负责人保管的文件、书籍等，交妇委会党员藏于阁楼密室中，区乡负责人保管的党内文件书报，一律转移到山区，交可靠的党员保管。五是县、区建立秘密锄奸保卫小组，党员不能在公共场合结伴而行，不能交头接耳。东陂区锄奸小组由吴文华、黄标和萧传贤等人组成，直属党的区委领导。1940 年冬，国民党县党部谍报组屡屡派出暗探何文楼到朱岗山区，跟踪中心县委负责人，侦查地下党情报，危及党的安全。经过中心县委批准，东陂区委派吴文华率锄奸小组隐藏在特务必经的山坳，把特务何文楼擒获，经审讯后立即镇压，扫除了障碍，保障了地下党活动区的安全。

在国民党掀起反共高潮的 1942 年春夏间，因中共粤北省委组织部部长郭潜被捕叛变，导致粤北省委书记李大林、组织部部长饶卫华被捕。使粤北省委遭到敌人的破坏，这就是史称的“粤北省委事件”。在此紧急情况下，中共中央南方局断然决定，所属国民党统治区的党组织一律暂停活动；已经暴露的党员干部撤往游击区；未暴露的干部、党员各找职业掩护，实行“勤学、勤业、勤交友”活动，贯彻“隐蔽精干，长期埋伏，积蓄力量，以待时机”的方针。不久，党的省军政委员会和粤北省委秘书长分别派人向各地党组织贯彻党的上述指示。1942 年 12 月，后北江特委特派员李守纯来到东陂，向连阳地区正、副特派员钟达明和李信，传达粤北省委被国民党破坏的消息，以及中共中央南方局决定暂停党的组织活动的指示。于是，连阳所属的地下党逐渐停止了组织活动，所有队员奉行“勤学、勤业、勤交友”的三项任务，就地各找职业，分散隐蔽。连阳正、副特派员钟、李二人仍留在连阳学校教书（李信有一段时间曾去东江纵队），连阳党组织停止活动期间，党员之间仍保持个人关系。

暂停党组织活动，是上级在险恶环境中保护党组织的主要措施。在暂停组织活动的两年时间里，党员凭个人奋斗，不但风险大，生活也极度困难，但全体共产党员靠着对党的坚强信念，靠着党员之间的相互了解和帮助，终于度过了困难时期，经受住考验，没有出现问题，党员没有暴露，也没有出现变节行为，一直到恢复组织活动。

第六节 抗战后期党组织活动的恢复，组织军民积极抗战

1944 年，形势发生了很大的变化，国际上反法西斯战争取得重大胜利，中国抗日战争转入了反攻阶段。同年 7 月，日本帝国主义仍在作垂死的挣扎，调遣了华南日军北上西进，企图配合南下日军打通粤汉线和湘桂线，广东面临全省沦陷的危险。当时中共中央指示广东省委组织相关力量在敌占区发展抗日武装斗争。同年 9、10 月间，党的后北江特委根据省临委关于放手发动群众，开展全省抗日游击战争，全面恢复党组织活动的指示，决定在所属各县结束单线联系，恢复党的组织活动。同年 12 月，党的北江特委通知留守连县的党员成崇正和罗耘夫到英德大湾，由特委书记黄松坚向他们传达了当前的形势与任务，布置他们回连县开始恢复部分党的组织和青年工作，准备派力量回连阳全面恢复党的工作。

1944 年下半年，中共中央根据华南将全面沦陷的形势，决定在华南创建新的抗日根据地。1945 年春，中央派王震、王首道率领由八路军第一二九师三五九旅组成的南下支队分批南下，在湘南粤北和赣西南一带建立五岭抗日根据地。为了迎接“两王”（王震、王首道）部队，东江纵队派遣北江支队和西北支队尾随粤境日军，联合北上粤北，以便会合南下支队到敌后开辟根据地。原由连阳地区输送到东江纵队的 40 多名党员和青年也随军北上。根据驻西北支队的省临委代表梁广和邓楚白指示，西北支队政工

队长、原连阳副特派员李信，带领连阳地方干部张文藻、张华、谢震、张国钧和梁格夫 5 人，进入国统区英德浛洸，找到中共北江特委书记黄松坚。黄松坚指示布置李信一行重返连阳的任务是：积极发展进步力量，发动群众做好抗日武装斗争的准备，迎接王震、王首道大军南下，配合支援部队开辟五岭抗日根据地。1945 年 5 月，李信等人返回连县以后，根据北特指示，首先恢复中共连阳中心县委。书记李信，组织部部长冯华，宣传部部长杨重华，青年部部长唐北雁，妇女部部长张慧明。① 中心县委机关设在连州城郊菜园坝村邓官发家，负责领导连县、连山、阳山党的恢复工作，针对当时形势和连阳地区的具体情况，中心县委开展了几方面的工作。

一、通过审查甄别，逐步恢复党的组织活动

由于党组织经过两年停止活动，情况不明，中心县委对原有的党员逐个进行审查，在审查的基础上，逐步恢复连县内基层党的组织，并做好巩固发展工作。经过审查甄别，连县东陂区委由吴循儒、许平负责，张文藻负责该区青年工作。星子区设中心支部，由李树中负责，大路边党支部由成遂满、成来凤负责。县城郊区恢复了水口、小水乡（九陂、龙潭）、三江（现连南县城）等党支部。中心县委青年部和妇女部直接领导各地中学的学生支部和女生支部。阳山县小江设区委，书记王式培。连山县设直属支部，书记钟文靖。为了加强对党员的抗日形势教育和党性教育，反对国民党消极抗日和发动内战的阴谋，坚定抗战信心，提高党员政治觉悟，中心县委出版了党内刊物《锻炼》，供广大党员学习。

① 参见中共韶关市委党史研究室编：《中共韶关党史大事记》，广东人民出版社 1992 年版，第 100 页。

二、积极开展青年工作，在青年中发展党的外围组织——抗日青年同盟

抗日战争期间，大批青年知识分子从沿海前方转移到粤北后方，国民党当局为了扩充其力量，在粤北竭力拉拢青年加入“三民主义青年团”。党组织为了团结、引导这批进步青年，同国民党争夺这批生力军。从1944年10月开始，由党的北江特委在韶关及所属各县恢复党组织的同时，制定了《抗日青年同盟章程》，在北江地区所属组织成立“抗日青年同盟”（抗盟），作为党的外围青年组织。抗盟自身没有独立的组织机构，它隶属于当地的党组织，在连县的抗盟盟员由各个党支部（小组）领导，由党员实行单线联系。事先由党员物色加以培养，成熟一个吸收一个，经党员或盟员介绍，填写入盟志愿书，由所在党组织批准，吸收入盟。经过实践锻炼和考验，成熟的盟员，个别吸收入党。当时在连县的中心县委领导机关，县城连州的学校，星子、东陂、水口、小水乡和三江城等地的学校或农村，均发展了抗盟盟员，总数达到160人。各地的党组织通过抗盟这个助手，广泛开展青年工作，推动抗日民主运动。

三、逐步开展统战工作

中共连阳中心县委恢复以后，逐步开展了党的统一战线工作。如当时东陂区选举县参议员，国共两党斗争激烈，中共党组织根据上级关于“对于被顽固分子打击一时没有地位的人员，必须重视与他的关系”的精神，通过社会关系，推出开明绅士黄继中为县参议员候选人，抵制顽固派推出的候选人唐焕卿。国民党顽固派为了报复，以“通敌嫌疑犯”的罪名，将推动竞选的教师吴文湘、潘贤修（均为中共党员）逮捕，后来党组织通过关系周旋，

把吴、潘营救出狱，挫败了顽固派的阴谋。中心县委又指示党员罗耘夫利用关系加入省银行农贷部并到三江工作，联系驻三江的中山大学分教处的党员，并在农贷部经济研究室物色对象，发展抗盟盟员。另一方面，中心县委通过原有的组织力量邓炎汉所掌握的教育科领导权，对连州中学校长、开明人士萧怀德（中国民主同盟成员）加强联系，团结连州中学、燕喜中学、西溪中学、星江中学和连县师范学校的进步力量，加深对广大师生的影响，推动这些学校的青年民主运动。例如星江中学党员教师黄毓宜、唐北雁等，不断向学生灌输革命思想，做了不少工作。操纵学校实权的教导主任柯延沦思想反动，在学校百般限制、破坏学生的进步活动。党组织恢复青年工作以后，星中的党支部决定发动学生开展“倒柯”运动。于是由进步学生成龙泉、何宗程和易域好出面，发动学生集体签名，列举柯延沦“不务正业，限制学生读书自由，态度粗暴”等劣行，上书到校长成仕选和县教育科，大造舆论，要求撤换柯延沦。在全校师生的压力下，当局最终被迫罢免了柯延沦的教师职务，通过县教育科长邓炎汉的关系，换上了开明进步教师何文亨任教导主任。“倒柯”运动的胜利，使师生们受到了教育和锻炼，为党组织和青年学生工作在学校的开展扫除了障碍。在学校开展统战工作的同时，党组织还利用原有县妇委会的阵地，对农村和学校的女青年开展了大量的工作。

1945 年底，因抗战而搬迁连县的外地机关、学校，开始陆续回迁原地。

四、开展抗日武装斗争准备和积极支前参战工作

1945 年 1 月，侵占华南的日军展开进军韶关攻势。日军第四十师团由乐昌南下，第一〇四师团由英德北上，第十一师团二十二联队则由湘南东进，三路夹击、攻占韶关。从 1 月6 日至19 日

不到半个月的时间，先后有第十一师团二十二联队的日军3000多人，分三批从江华、蓝山窜过连县东陂区的建新、夏湟和洛阳乡，以及星子区的田家、山河乡的山区。

根据日军的猖狂进攻，粤北面临沦陷危险的情况 ，当时党中央电示广东省临委和军政委员会：凡敌向北侵占之地，应即派出得力干部或武装小队到该区与当地组织取得联系，大力发展抗日武装斗争。遵照这一指示精神，连阳中心县委书记李信与党员唐北雁等人，以中学教师的身份，利用学校假期对学生进行家访的名义，实地考察了粤湘边境的山塘、潭源洞、大东山等山区的地理环境，为迎接西北大队北上与“两王”部队会师五岭，开展敌后抗日游击战争做准备。与此同时，中心县委还加紧派党员和基本群众打入国民党基层政权，利用乡长、自卫班长、保甲长等合法身份掌握当地武装。当时东陂地下党利用掌握乡保长的职权，成立东陂区联防自卫队，由党员担任自卫队小队长，掌握了这支队伍和枪支。以“剿匪演习”为名，把联防队拉上大龙山进行军事演习训练，让大家熟悉地形地物，为将来抗日游击战争做准备。就这样，全县环绕粤湘边境，从星子山塘大路边到东陂朱岗陂岭一带和水口乡地下党组织通过统一工作，党组织安排党员和进步人士打入国民党内部，掌握了90多支长短枪支和子弹一批。同时还积极筹款筹粮，为开辟敌后抗日根据地打下了基础。此后，组织全县的民兵和群众进行了多次抗日战斗。

（一）横江山追击战

1945年1月10日拂晓，大雾漫天，冰雪遍地，经探明，日军第四十师团二十二联队，代号为“山岳突击队”的先头部队千余人首先进入东陂区西北角的烟竹坪（今三水瑶族乡），沿陈家岭、夏东越沙铺出板塘。驻守该防线的建新乡后备队（即民兵）第二十中队，由中队长吴甘泉率领直抵长冲坪、横江山迎敌，旋即与日军交火，拉开了战斗序幕。

战斗打响后，夏湟乡后备队第六大队由大队长黄传令率领，冒雪赶来增援。当部队赶至板塘，日军已由板塘窜至里茶山。日军在里茶山遭到建新乡后备队的阻击，双方各有伤亡。日军进至犁壁岭又受到夏湟乡自卫队的袭击。随后日军绕狮德岩窜至马鞍岭，恰与夏湟乡第六大队遭遇，战斗 40 分钟后敌往西退去。这时，东陂区自卫队长梁宝辉率队赶到，沿途各村地下党员带领民兵群众也闻讯赶来声援，军民一鼓作气御尾追击，日军无心恋战，且战且退，旋即进入星子田家乡（今清江）与洛阳乡交界山区。

（二）云雾洞围攻战

1945 年 1 月 13 日，第二批日军第十一师团二十二联队突击第八团 1000 余人，从湖南蓝山的小目口兵分两路，一路由烟竹坪进犯云雾洞，一路由沙子岭进犯沙坪，沿途进行烧杀抢掠，杀害挑夫向导、村民 20 多人。在竹园村，2 名挑夫因疲劳过度，无法前行，日军就迫他们跪下砍了头；在石路洞村，日军抓到一名妇女，将其四肢捆于树上，用刺刀破肚致死；在长河村，日军用大刀把村民赵木法劈为四块使其惨死；在夏湟村，日军将黄亚湾等 7 名自卫队员活活烧死。

日军的暴行激起群众的愤恨，当地的民兵群众由地下党组织发动带领对日军发起了多次袭击。在追击日军中，日军退至云雾山洞宿营时，驻陈家岭、钩挂岭、云雾洞各路部队赶到，随即把日军团团包围起来，并发起连续攻击。日军亦以火力拼命突围。当其前锋退至沙铺时，遭遇梁宝辉自卫队的截击，当场击毙日军 2 人。日军仓皇占沙铺后背高山，并以枪榴弹、机枪掩护夺路突围，撤往湖江头、夏湟方向。

至深夜，日军窜到夏湟乡公所驻地附近。敌我双方在夏湟至湖江一带山地展开激战 3 小时。战斗中，抗日团队击毙日兵山本良一，缴获“65”步枪一支及旗帜等物。随后，日军绕道带头冲、牛脑田，向东朝洛阳、田家乡方向逃走。

（三）塘梨战斗

日军对经过的山村农民进行烧杀抢掠，沿途遭到连县国民党兵团和乡村后备队民兵的袭击，湖南省的国民党湘南特务团也在李春鹏团长率领下从临武赶到田家、山河乡来参战。抗日军民先后在东陂建新乡的横江山、山河乡的磊角岭等地，与日军展开了激烈的战斗，沿途各村的农民对日军散兵不断进行袭击。在上述几场战斗中，双方伤亡惨重。抗日军队阵亡 76 人，伤 69 人，无辜群众被捕杀 43 人，房屋被烧毁 40 多间，牛猪被宰 500 多只，而日军被击毙 51 人，伤 80 余人，被俘 2 人。

1945 年 1 月 6 日，日本突击队第十一师团先头部队数百人进入连县东陂区的长冲坪、横江山一带，被东陂区军民追击，日军且战且退。10 日，星子区属和田家乡对各村群众作武装动员部署。中共星子区委和连江支队（当时尚未对外公开番号）也积极配合打击日军。同日湖南省特务团二营由营长李铁雄率领赶来参战。12 日，日军第十一师团二十二联队先头部队 300 余人进入连县星子区田家乡的老虎冲，傍晚日军主力在田家乡塘梨村宿营。13 日早晨，湖南省特务团二营向塘梨村进发。二营先头部队刚到鬼子岩，恰与在篆盘岭抢粮的小股日军遭遇，日军掉头就跑，部队直追到塘梨村外围，对塘梨村的日军形成包围之势。上午 10 时许，日军正在村中杀猪宰牛，烧火做饭，中国军队潜至村边日军阵前发动突然袭击，日军被打个措手不及，丢钵弃锅，一边还击一边向后岗溃逃。双方激战至下午 3 时许，日军乘着浓雾掩护，向大广子、香炉田、泉水湾溃逃。此战击毙日军官少佐 1 名，士兵 22 人，伤数十人，中国军队阵亡 3 人，伤 15 人。

（四）磊角岭争夺战

1945 年 1 月中旬，日军第十一师团二十二联队前后两批 3000 余人从洛阳进入田家乡的深塘、苦竹冲一带，沿途从内洞至姜田村，继续实施野蛮的“三光”政策，日军所经之处，遇男子捉做向导或担夫，如不知道路者即以刺刀挑死；遇女子多轮奸或杀死；住过的房屋、用过的家具或毁或烧；吃剩的粮食、牛猪肉放毒或烧掉。

日军的暴行激起了群众的无比愤恨，他们纷纷拿起鸟枪、柴刀、锄头、扁担等器械，潜伏于村头路边，袭击敌人，更多的村民则支援前线，协同抗日军队作战。

姜田新村农民唐朱联、唐章浑等携带锄头、镰刀，连日掩蔽在茅草路旁袭击散敌，他们在白石脚擒获一名在塘梨战役溃散的日本兵，该日本兵身穿 6 条五颜六色的农民新裤子，可见日本侵略军大肆抢掠之一斑。

从塘梨溃退的日军，由田家乡内洞经扁子坳、大岭脚、姜田东窜，进入山河乡的磊角岭，又连续遭到抗日军民的袭击。当日军行至岭脚时，山上抗日军队一齐开火，日军顿时被打得人仰马翻，只得边打边往荒塘坪、大坳、马占撤退。

此役过后 2 天，16 日晚，日军第十一师团二十二联队主力近 3000 人循首批日军故道窜来，抵达磊角岭附近。次日拂晓，日军前头部队数百人绕道向顺头岭、山洲方向进发。这时，星子区山河乡自卫队、预备队纷纷赶来堵截，湖南省政府特务团也在团长李春鹏率领下，从临武赶到荒塘坪来参战。17 日晨，该团与日军后续部队 2000 人在南门水遭遇，立即展开猛烈的攻击。日军挨打后，掉头登上磊角岭，特务团也穷追不舍，绕过一道山涧冲上磊角岭。于是，双方展开了一场激烈的争夺战。

1 月 17 日清晨，磊角岭周围山头，特务团在当地、乡团队配合下，对日军进行了声势浩大的强攻。连州军民英勇顽强，士气高涨，勇猛地扑向敌阵。经连续激战 20 小时，于深夜 12 时后，日军无心恋战，经荒塘坪、河佳汉、大坳、马占向湖南临武、宜章方向溃退。

整个战斗过程中，山河乡民兵、群众同仇敌忾，协同作战，奋勇支前，战斗一打响，附近的村民近百人给部队带路、运粮、送水；抗日部队途经河佳汉村时，村民杀猪做菜，舀酒煮饭，并敲锣打鼓，赠予“星北大捷”锦旗，热情慰劳抗日官兵。

在敌众我寡的情况下，磊角岭战斗中的抗日军队英勇顽强，战斗激烈异常，双方伤亡惨重。我军牺牲 30 多人，伤 20 多人；日军死伤 50 多人。

1945 年 8、9 月间，东江纵队西北支队在北上途中到达英德倒洞一带，与东江北江支队会合，决定留下邬强领导的北江支队坚持原地战斗，其余部队组成北挺临时联合支队，由郑少康、邓楚白率领继续北上。这时，王震、王首道领导的八路军南下支队进到南雄北部山区与敌人激战后，日本已经宣布无条件投降，原来设想创建五岭抗日根据地已不可能。于是，八路军南下支队奉命北返。据此，中共广东区委决定，北挺临时联合支队进行到曲江、始兴一带，分散进行游击武装活动。

4

第四章

解放战争时期

第一节 加强党组织整顿，以适应武装斗争形势

一、抗战胜利后连县的政治形势

抗日战争胜利以后，中国革命进入解放战争时期，中国人民同美帝国主义支持的国民党反动派的矛盾上升为主要矛盾。

经过多年抗战，饱受战争苦难的连县人民同全国人民一样渴望有一个安定的环境，重建家园，休养生息，实现国家的和平统一，建立独立、自由、民主、富强的新中国。然而，国民党反动派首先集中力量抢夺抗战胜利的果实，并以“停战”“和谈”和“政治协商”为幌子，欺骗人民，违背人民的意愿，加紧策划内战。国共两党在重庆签订的《政府与中共代表会谈纪要》（即“双十协定”）字迹未干，国民党反动派便向解放区发动了进攻，挑起内战，企图消灭以共产党为代表的人民革命力量，恢复它在全国的法西斯独裁统治。

1945 年 10 月，国民党广州行营主任张发奎在广州召开“粤桂两省绥靖会议”，策动内战，限期两个月内肃清所谓“奸匪”，在粤北先后有第六十五军一六〇师、第五十四军八师、第六十四军一三一师和江西两个保安团，向全省解放区和人民武装发动进攻。广东内战一触即发，形势十分紧迫，广东党组织面临着严峻的考验。

在此政治风云变化的形势下，国民党连县当局加紧征兵、征

粮、征税，广大人民处于水深火热之中，过着饥寒交迫的生活。在群众中广泛传唱着《古怪歌》：“抗战早已胜利了，壮丁还要来抽签，十万块钱一斤米呀，一斤猪肉三百万，我的天呀我的天……”充分表现了人民群众对国民党反动派的深恶痛绝。以国民党连县党部书记关以忠为首的保守派是连县封建地主、土豪劣绅的代表，其政治态度是反共反民主。以关照祺、邓炎汉、萧怀德为代表的少壮派，在某种意义上讲，是连县政治生活上的进步派和民主派。县长韩建勋是海南人，他操纵两派，但是暗中却支持保守派。随着两派斗争越来越激烈，从1946年起，保守的反动派加紧对民主派和地下党进步势力的进攻，制造了一连串的政治事件。如写报告给国民党省政府指控少壮派的关照祺、邓炎汉和萧怀德为CP（即中国共产党）分子，但因关是国民党广东省党部视察员，邓、萧两人是国民党连县党部委员的身份掩护而未果；频频派特务到连州中学等学校加紧活动，检查学生读物，出壁报污蔑“苏联侵略东北”“CP害国”等；在农村，大肆造谣说“八字脚”（指共产党八路军）潜伏东陂，要派大军来“清乡”“剿共”等；在全县强化各级反动控制，实行“联保制”，由县政府增派“乡队副”“户籍干事”去各乡公所，控制自卫班武装和户籍；从县到各区成立“绥靖”委员会，实行“建警”，成立警察队、警探队、情报组，配合全县“清乡”运动，重点对东陂建新、夏湟、朱合乡，星子浦上、田家、山河乡等地下党活动区进行“清剿”，对地下工作人员、地下党家属和无辜百姓横加迫害，敲诈勒索，搞得农村鸡犬不宁，白色恐怖笼罩连县大地。

二、整顿党组织，迎接新斗争

1945年8月15日，中共中央发表了《对目前时局的宣言》，明确地表示了中国共产党对和平民主的真诚愿望，向全国人民指明了和平建设新时期的重大任务，全国人民为争取和平民主新阶段的到来而开展斗争。9 月，中共广东区委根据党中央指示，决定坚持长期的工作方针：一方面坚持斗争，保存武装，保存干部；另一方面作长期打算，准备未来进行合法民主斗争。

为了准备在小北江地区开展武装斗争，建立游击根据地，1946 年 1 月，由粤北党政军委员会派张江明到连阳地区工作。一方面在连阳地区建立党领导的武装部队，争取和掌握国民党的武装队伍，并改造其他绿林队伍；另一方面，在适当时机，准备西北支队和北江支队派部队到连阳创立根据地。于是，在连阳地区建立党的小北江特派员制（包括连县、连山、阳山、英德、乳源、乐昌和清远一部分，宜章、临武和八步、贺县作发展方向），任命张江明为中共小北江地区特派员，李福海、李信为副特派员，直接同粤北党政军委员会和广东区委联系。李信仍兼任连阳中心县委书记，李福海仍兼任英德县委书记。[①] 小北江特派员强调所属党员要学习军事，加强农村工作，建立秘密农民武装，控制国民党乡村自卫班，改造绿林队伍，党员要重视武装工作，做好武装斗争的准备。

1946 年 9 月，李信、唐北雁调离连县，原粤桂边特委常委魏南金来连，组成新的连阳中心县委。中共连阳中心县委书记魏南金，组织部部长冯华，宣传部部长杨重华，妇女部部长张慧明。[②] 中心县委机关仍设在连州，归中共广东区委委员黄松坚领导，管辖连县、连山、阳山县的党组织。中心县委领导人分工：冯华联

① 参见中共韶关市委党委研究室编：《中共韶关党史大事记》，广东人民出版社 1992 年版，第 110 页。

② 参见魏南金：《目前连阳局势和工作报告》（1946 年 12 月）；中共韶关市委组织部、中共韶关市委党史研究室、韶关市档案局（馆）编：《中国共产党广东省韶关市（地区）组织史资料》，1996 年 3 月，第 93 页。

系星子、东陂、城关各区的党组织，杨重华联系连县所属中学的党组织，张慧明联系县妇委会和连州中学的女党员，魏南金管全面，并负责青年部和阳山县的党组织（直接领导特殊党员邓炎汉和朱同志）。这时，省属机关学校已陆续复迁回穗，东陂已暴露的党员也逐步撤离连县。中心县委属下连县的党组织有：中共星子区委，书记林华（林文博），委员成遂满、张乡文，管辖大路边党支部（书记成遂满）。中共东陂区党组织，联系人吴循儒，辖朱合乡党支部（书记黎秀宝）、建新乡党支部（书记吴体志）、水口乡党支部（书记林洛）、小水乡党小组（小组长邓赞）。连州中学高三、高二男生党支部〔书记先后为唐北雁、杨乃流（杨清山）〕，连中高一、初三男生党支部（书记吴志平），连中女生党支部（书记李佩湘，女）。全县各区（部门）党员和“青年民主同盟”（抗战胜利后，“抗盟”改为“青盟”）盟员人数：一区（附城）党员17人，盟员4人；二区（星子）党员11人，盟员7人；三区（东陂）党员10人，盟员4人；中心县委青年部所属党员12人，盟员12人；宣传部所属党员9人；妇女部所属党员8人，盟员1人；中心县委领导机关党员4人。全县共有党员约71人，盟员28人。

由于停止了两年活动，党组织刚恢复不久，党内部分同志思想尚未稳定。新的中心县委成立以后，为了迎接武装斗争的新任务、坚定意志，对全县党组织和党员进行了一次全面的检查和整顿，在所属党组织中认真贯彻“隐蔽精干，长期埋伏，积蓄力量，以待时机”的方针，从热心社会公益事业、加强文化教育工作入手，提高党员在群众中的威望和地位，增强党员素质，积蓄力量，渡过难关，准备迎接革命高潮的到来。具体任务是：

彻底改变工作作风，为了安全，放弃过去使用的县委机关菜园坝小屋另选地址。为了更好地隐蔽工作，原来没有社会职业的党员，实现职业化，如原来专职的组织部部长冯华，被安置到基联中学教书，一些无职业青年如杨乃流等，进入连州中学读书，被掩护起来。

通过从事社会公益事业活动，加强党和社会各界的联系，党员以各种方式，甚至以乡村绅士的姿态去提高自己在群众中的地位，发挥作用，加强学习，提高思想水平和业务能力，巩固工作岗位，尽量扩大社会圈子。

对于一些暴露身份或不适宜继续留在本地的同志，安排他们迅速离开连阳地区。从1946年9月起，先后把4名党员、1名盟员转移到外地。

1945—1949年三届中共连阳中心县委机关旧址：连州菜园坝农民邓官发故居（摘录于《红色征途》）

党内坚持单线联系，不搞支部、小组活动，只有垂直的单线组织联系，严禁发生横向联系。

党员停止参加国民党或“三青团”的活动，暂不发展“青年民主同盟”组织；党内只用口头传达，不留片纸只字。

加强对党员的教育，增强党员的能力和提高党员对党性的认识。中心县委根据当时国民党进犯陕甘宁边区，党中央主动退出延安的形势，对党员进行形势教育，并根据来自香港的英文报纸所透露的人民军队转战陕北的消息，积极向党员传达，巧妙地向群众宣传，使广大党员、群众对解放战争形势有了正确的认识，充满胜利的信心。

第二节 开展反“三征”宣传，实行“小搞”武装斗争

一、党的工作重点转向武装斗争

中共连阳中心县委根据中共中央香港分局关于进行整风、审干的部署，对全县党组织进行了整顿以后，党组织更加隐蔽和坚强，党员统一了认识，改变了作风，坚定了革命必胜的信心和敢于在白色恐怖下坚持斗争的决心，为配合或参加武装斗争，在思想上打下了坚实的基础。

1946 年 11 月底，中共广东区委根据中央指示及广东的斗争形势，决定在全省恢复武装斗争，制定了“实行小搞，准备大搞，从无到有，从小到大，稳步前进”的方针，提出了“反三征，反迫害，破仓分粮，减租减息”的口号，号召各地党组织开展武装斗争。1947 年 7 月底，在广宁成立了以梁嘉为书记的中共粤桂湘边区工委（西江特委）。按照中共中央香港分局对华南武装斗争的新部署，为了便于将武装斗争逐步向湘南地区发展，决定将连阳地区党组织划归西江特委领导。不久，中共西江特委组织部部长王炎光到连县，任务有四：一是接收原属北江特委领导的连阳地区党组织的关系；二是向连阳中心县委传达中共中央香港分局根据中央指示作出的恢复广东武装斗争的决定；三是代表西江特委对连阳中心县委及其所属党员进行审查了解，解决领导班子的团结问题；四是与中心县委领导成员共同研究在连阳地区

开展武装斗争的准备工作。根据上级党组织的指示精神，连阳中心县委的工作重点转向以武装斗争为主。为此，中心县委曾派人侦查国民党连县政府的地形、人员、兵力配置等情况，准备袭击。

1947 年 1 月，张彬接替魏南金任中共连阳中心县委书记，组织部部长和宣传部部长仍分别由冯华、杨重华担任。县委机关迁回李信用过的菜园坝小屋，中心县委管辖连县、连山、阳山县的党组织。中心县委领导人分工是：张彬负责全面并分管阳山县党组织；杨重华负责连县所有学校（除连中）的党组织；冯华负责东陂、星子、城关各区农村和连中的党组织。中心县委管辖连县部分的党组织有：中共星子区委（书记先后为林华、张乡文），大路边党支部（书记成遂满），东陂区党组织（联系人吴循儒），朱合乡党支部（书记黎秀宝），建新乡党支部（书记吴体志），水口乡党支部（书记先后为林洛、邓仕源），小水乡党小组（小组长邓赞）。

二、发动群众反“三征”，举行武装起义

连县、阳山、连山和毗邻的湖南宜章、临武、蓝山和江华等县，地处粤湘边境，是由湘入粤之咽喉。1947 年 5 月间，中共中央香港分局根据党中央的指示，规划建立包括粤桂湘边在内的“边界根据地”。中共粤桂湘边工委和粤桂湘边部队成立后，决定部队向粤桂湘边挺进，开辟连阳游击根据地。为此，中共粤桂湘边工委于 1947 年 8 月，派遣连阳籍党员干部萧少麟和黄孟沾返回连县，发动群众，筹备地方武装起义，以便配合粤桂湘边部队北挺第一大队（代号“飞雷大队”）挺进连阳，开辟新区。萧、黄返回连县后，即根据工委决定成立中共连县武装委员会，由萧少麟任书记，黄孟沾任委员，中心县委书记张彬也参加了县武委的领导工作。经中心县委和县武委研究决定，以靠近粤湘边境的东

陂（三区）和星子（二区）两区划为武装活动区，并分别成立区武委会。东陂区武委会由萧少麟任书记，委员有吴循儒、吴立贵。星子区武委会由黄孟沾兼书记，委员有成遂满、张乡文、成来凤。按照上级指示，连阳的工作分两条线抓，一条线抓地方党组织，以中心县委为主，属粤桂湘边工委领导，由边工委组织部部长王炎光联系；一条线抓武装斗争，以县武委会为主，属粤桂湘边部队领导。于是，东陂、星子两个武装区的地下党和“青年民主同盟”（原“抗盟”）组织由中心县委划归武委会领导。其余非武装地区如连州镇，包括中小学、城郊水口、小水乡、三江等地的党组织和盟员，仍归中心县委领导。

1947 年 10 月初，为了加强对连县武装起义工作的领导，粤桂湘边部队派遣军事干部黄振，由地下交通员何文巨带领，从广宁来到连县，参与连县武装起义的组织发动工作。于是，东陂、星子两区武装起义的筹备工作便密锣紧鼓地开展起来。

（一）东陂武装起义

在县、区武委会的领导下，东陂区武装起义筹备工作，从 1947 年 8 月开始按计划进行，确定以“上三乡”（朱合乡、建新乡、夏湟乡）为起义地区，开展筹备工作。

物色武装起义骨干，加强教育，组织起义基本队伍。各党支部、党小组，包括青盟组织秘密开会，进行形势和反“三征”教育，在对党员进行考察的基础上确定武装起义骨干，要求每个党员发展二三个出身贫苦、政治可靠的基本群众，加入“农民兄弟会”团体，作为起义的基本队伍，约 300 人。

做好统战工作，化阻力为动力。区武委会通过各种社会关系，对一些社会名流和开明绅士做说服工作，取得他们的支持，他们中有诚意参加革命的也可以吸收到起义队伍来，如连州中学校长、民盟盟员萧怀德和国民党连县党部秘书黎昌潮等，经过统战工作，毅然参加了起义。还有一些乡保长、甲长，如四甲洞的保长胡炳田、李记荣、黎锦新 3 人也参加了起义。

掌控武器弹药，筹集粮饷资金。地下党原来通过统战对象、东陂区区长黄继中的关系，由地下党员黎秀宝、吴体志打入朱合、建新两乡，分别当上乡长，再安排地下党员叶积存、吴年、黄标、吴石忠等人分别担任两个乡的“自卫班”正副班长、冬防队员。这样，地下党就掌握了“上三乡”的长短枪达 70 ~ 80 支。另外，区武委会还集资派人去湖南购得冲锋枪和驳壳枪各 1 支。各乡还用合法的名义控制各保、村的积仓谷，作为起义的粮饷和资金，单朱合乡就掌握了稻谷 300 余担，有的还用起义经费购置了冬衣，作上山御寒之用。

执行中心县委指示，处决叛徒胡声裕。胡声裕原任陂岭党支部书记。随着敌我斗争尖锐复杂，他逐渐对革命产生动摇、畏惧，先是擅自辞去地下党经过艰难斗争取到的朱合乡乡长职务，使党失去阵地。后又惧怕斗争，反对武装起义，并与反动乡长吴立卫、敌班长黄传令等结拜兄弟，打得火热。他对即将举行的武装起义，构成巨大威胁。经区武委会研究并报中心县委批准，派锄奸小队镇压了胡声裕，为起义扫除障碍。

经过近四个月的准备工作，各乡工作就绪。11 月，县武委会兼东陂区武委会书记萧少麟派吴渤海、吴名胜和吴明德 3 人去广宁，向飞雷大队汇报武装起义的准备情况，请示起义事宜。12 月 12 日，萧少麟在朱合乡坪头园召开“上三乡”地下党会议，总结起义准备工作，分析形势，研究起义计划，初定 1948 年 1 月 22 日（农历丁亥年十二月十二日）为武装起义日期。

1948 年 1 月 15 日（农历丁亥年十二月初五），国民党连县县长黄麟玉、县党部书记关以忠突然抵达东陂，在全区乡长、乡民代表及中心小学校长联席会议上，逮捕了地下党员、朱合乡乡长黎秀宝和党员、乡民代表吴文湘。同时，县“自卫大队”、保警大队纷纷向朱合、建新、夏湟等乡集结。在此紧急情况下，党的东陂区武委会果断决定，提前于当晚举行武装起义，同时派人通知星子方面提前策应起义。是晚，地下党所控制的朱合、建新和夏湟乡公所“自卫班”冬防队先后举行起义，拉队上山。社会名流、连州中学校长萧怀德也参加了起义。起义成功后，几支队伍在三水会合，宣布成立“连县东陂人民抗征大队”，总指挥萧少麟，军事参谋黄振、萧怀德也参加了抗征大队的领导工作。抗征大队下辖 3 个区队：一区队（建新）队长吴体志；二区队（夏湟）队长黄钦贻（后叛变），副队长吴钦英（后变节）；三区队（朱合）队长黄标，副队长叶积存。东和南乡另有独立小队，负责人邱士惠、邱子安。抗征队伍约 280 人，拥有轻机枪 1 挺，长短枪 280 余支。起义队伍提出了“反对国民党政府征兵、征粮、征税”“开仓济贫”“打倒贪官污吏，解除农民痛苦”等口号，发布了《告连县人民同胞书》。翌日，抗征大队浩浩荡荡开进丰阳村，打开反动地主吴金养的粮仓，把粮食分给贫苦农民，群情激奋。在高村河边，负责打援的起义队伍把前来支援的朱合乡吴立“自卫队”打得落荒而逃。下午，起义队伍攻打位于丰阳村前的国民党政府粮仓尚卢寺，因敌人顽抗，粮仓未打开，当晚，东陂人民抗征大队星夜驰赴里茶山进行整编。按照部署，二区队进入黄洞山活动，一、三区队挺进三水地区，

1948 年 1 月 15 日，东陂“上三乡”（朱合、建新、夏湟乡）武装起义后，东陂人民抗征大队攻打的国民党政府粮仓——丰阳尚卢寺（摘录于《红色征途》）

开辟游击根据地，途经柯木湾时，部队将驻该村的敌保警队吴甘泉分队包围并缴械，使军威大振。

东陂起义后，国民党当局十分震惊，集结了县、区“自卫队”、保警队和冬防队600多人，对游击活动地区进行军事管制和“清剿”。1月29日，关以忠率2个“自卫中队”从飞鼠东扑向里茶山，起义队伍向三水云雾洞转移。保警三中队及建新乡“自卫班”由老鼠冲经右里，扑向云雾洞右侧；莫炳辉“自卫队”及石马、朱合乡“自卫队”从龙婆寨、大坦扑向云雾洞左侧；保警二中队及西岸、冲口“自卫队”，由柯木湾乡云雾洞正面进攻。在敌强我弱的情势下，游击队占领有利地形，居高临下与敌人激战3小时，打退敌人多次冲锋，毙敌19人，伤多人，游击队牺牲10人，多人被俘。起义队伍随后向三水粤湘边深山撤退。严冬的山区天寒地冻，环境十分恶劣，加上敌人在加紧军事进攻的同时，采取分化瓦解的手段，不断诱降，致使部分起义人员离队，回家“自新”，队伍由原来280人骤减至20多人。在这种情况下，为了保存实力，起义领导者萧少麟、黄振等研究决定，率吴年、黄标、吴文华、吴体志等武装骨干跟随去找上级党组织和部队请示汇报，其他起义人员分散隐蔽。这样，历时20多天的东陂上三乡武装起义遭遇暂时失败。

（二）星子武装起义

在1947年8月至12月这四个月中，星子区武委会为武装起义做了几项准备工作。

宣传发动工作。宣传国民党蒋介石发动的战争是反动的内战，反动政府征兵、征粮、征税的目的是维持反人民的战争。通过党员、盟员号召群众起来反对国民党的征兵、征粮、征税，明确只有拿起武器进行斗争，才是反“三征”最有效的手段，以此提高基本群众的政治觉悟，树立必胜的信心。

组织工作。首先组织党员作为起义的核心力量，在向群众宣传发动的基础上，发展青盟和农民兄弟解放同盟等革命团体，把准备起义的人员纳入严密的组织中。到起义前夕，已组织起来的基本队伍达130多人，分布在浦上乡的大路边、潘家，东十乡的童子岭、麦田坪和东村江，山河乡的小里水、带头，田家乡的盘海、姜田和敬母坳，观星乡的黄村、新村、杨屋和星子街，以及潭源乡等等。

筹集经费。党员带头以“做生意”“升学”等名义，向家人或亲戚朋友筹款。在党员带动下，参加起义的同志积极筹款，有的卖稻谷，卖牛、猪、鸡、鸭，有的卖田地、卖房屋。至起义前夕，总共筹集到约2000担稻谷的款项，用于购买枪支弹药和其他起义费用开销。

掌控武装。一是通过打入国民党基层乡“自卫班”，掌控浦上、潭源、东十和田家4个乡公所的部分武装；二是掌控一些保甲长的枪支；三是有的起义者从家里献出枪支；四是派人去湖南购来枪支等，共有长短枪40多支。

开展统战工作。国民党交警原中校军官、大路边成城，国民党军原少校参谋、星子四甲人李东灿，两人均在抗战时曾同情和支持革命，抗战后因不满国民党打内战而解甲归田。区武委会分析了他们的思想表现，通过其好友、起义骨干成崇彦、黄济寅分别与他们做工作，动员他俩投身革命，参加起义。

1948年1月15日，东陂区武委会因工作暴露而提前举行武装起义，星子区武委会接通知后，也于1月16日晚举行了武装起义。当晚浦上乡大路边起义人员迅速集中，袭击了国民党浦上乡公所，缴获乡公所及第八、第九、第十、第十一、第十二保的联保办事处的武器，共计长短枪42支、子弹2000多发、电话机1部。接着，潭源乡的党员、盟员也发动了起义，因其乡“自卫班”班长赵清林临阵思想动摇，以致推迟了时间，贻误了战机，未能配合大路边起义队伍解决东十乡公所的武装，致使田家乡“自卫班”起义计划落空。16日当晚，大路边和星子街附近起义人员先后到达童子岭预定地点集中，然后集队向水浸溷挺进。

1948年1月16日，星子区大路边爆发了武装起义，图为当年连县人民抗征大队星江区队攻打的浦上乡公所旧址（摘录于《红色征途》）

潭源乡起义队伍拖至18日下午才赶到水浸溷。此时，参加起义队伍共110多人，携长枪80余支，短枪10余支，轻机枪1挺，在水浸溷进行整编，成立连县人民抗征大队星江区队，区队长黄孟沾。下辖3个小队：第一小队长成崇九，副队长成遂满；第二小队长雷衍基，副队长赵清林；第三小队长张乡文，副队长罗克坚。另设民运组，组长张乡文，副组长黄济寅，区队军事参谋李东灿。负责阳山武装起义的中心县委书记张彬因事到星子，也参与了星子起义的领导工作。

星子起义爆发后，广大群众奔走相告，兴奋雀跃，而国民党当局却惊慌失措，匆忙成立星子区“戡乱”动员会分会和“自卫大队”，纠集了几百人，对游击队进行“追剿”，星子街如临大敌，所有店铺关门闭户，各条路口设岗哨，检查行人，捕捉“可疑分子”，一片白色恐怖。星江区队按照部署向天光山挺进，按计划与东陂人民抗征大队会师，途中处处遭敌围堵和“扫荡”，队伍绕道到湖南的八仙下棋再转回周家岱进入天光山。

1948年1月20日，星江区队进入天光山师爷庙进行整顿。

下午，突遭跟踪而至的敌二区乡村警察200余人的袭击，部队立即登上后山奋力还击，战斗持续到傍晚，打退敌人的进攻。这时，第二小队副队长（原潭源乡“自卫班”班长）赵清林思想动摇，乘天黑之机擅自拉队离开战场。由于成崇九领导的第一小队在战斗中失去联系，黄孟沾、张彬等领导人只得率领随行的20余人经过夜行军，次日早上才在临武大黄洞赶上了离队的第二小队。赵见大部队赶来仍一意孤行，继续将小队拉走，直到敬母坳，赶上来的区队领导正欲做工作，赵又借口“有敌情”拉队离开，于当天下午到达童子岭。部队战士安顿在村祠等处休息后，区队长黄孟沾找赵谈话，劝他按原计划向东陂方向靠拢。赵清林突然拔出上膛的驳壳枪，示意机枪手行动，黄见情况不妙，急忙冲出祠堂往后山跑去，赵即向黄开枪，所幸没被击中。正在祠堂上厅的张彬闻声立即以步枪向赵还击。枪声惊动了村中休息的战士，他们纷纷往后山跑。唯独第二小队的20余人随赵集中于祠堂前，以机枪向黄所在的后山扫射，山上的战士也向祠堂方向还击。随后，叛徒赵清林率领其20余人返回潭源，向乡长雷若飞叛投。

赵清林叛离后，星江区队遭受了严重损失，许多人跑散了，大路边起义的主力第一小队又未联系上，原100多人的队伍只剩下20余人。去东陂的道路被敌人封锁，回到源水又遭遇前来“扫荡”的敌人，在这种情况下，区队领导决定把队伍按照小型、分散、隐蔽的原则，灵活机动继续与敌人周旋斗争。

（三）西江、朝天农民参与下坪起义

连县西江、朝天（镇）新中国成立前属阳山县管辖。土地革命战争时期是中共湘粤边工委活动的红色地区。抗日战争胜利以后，1946年6月，在中共连阳中心县委领导下，成立了中共西（西江）朝（朝天）党支部，由张国钧任书记，在中共小江区委领导下，逐步秘密开展武装起义工作。1947年1月，西朝党支部派遣地下党员王廷雄利用社会关系，打入国民党西江乡公所，担任副乡长兼中心小学校长。他以公开的身份，借“防匪保家”的名义，筹款购置枪支弹药，秘密发展群众组织，在西江朝天串连发动了30多人，成立“农民兄弟会”，掌握了一批武器和物资，建立革命据点，并将西朝群众的革命活动与小江、黄坌、大东山连成一片。

1948年7月15日（农历六月初九），在连阳中心县委的领导下，小江下坪村爆发了阳山人民武装起义。参加起义的有西朝党支部和下坪等地的党员及基本群众共36人，连同党的粤桂湘边工委派来的军政干部成崇正、萧少麟、萧怀义、吴年、黄标、吴松、郑江萍等共44人。

边工委委员张彬、萧少麟、成崇正组成阳山县武装斗争领导小组，由张彬任组长。下坪起义成功后成立“阳山人民抗征义勇队”，领导小江人民群众，选举梁呈祥为队长。7月23晚，抗征义勇队经过周密部署，得到西江乡副乡长、地下党员王廷雄的配合，夜袭了国民党西江乡公所，活捉了反动乡长郭汉亭，俘虏了“自卫班”16人，缴获长短枪12支和粮食、文件一批，取得重大胜利。7月31日，抗征义勇队在张彬的领导下，来到水汶迳，伏击了路经此地的西江乡“自卫班”拉征兵的队伍，

1948年8月，连阳中心县委在阳山下坪发动武装起义。图为阳山抗征队夜袭的西江乡公所旧址（摘录于《红色征途》）

活捉了“自卫班”班长李士和，缴获步枪2支。从此，阳山人民抗征义勇队走上了武装斗争的道路。

（四）连县非武装起义地区的支援配合工作

连县东陂、星子以及阳山下坪人民武装起义后，震撼了连阳的国民党当局，连县政府立即成立连县“戡乱”委员会和“自卫总队”、警探队，在加紧对游击区实行军事“清剿”的同时，在连州街、东陂圩和星子圩实行戒严，三镇通往郊外农村的所有路口都建木闸，设立关卡岗哨，严查行人户口身份证，禁止物资出口。同时，加强对各学校的控制，连州中学萧耀南接任校长，加强学校控制。在连县师范学校、燕喜中学、星江中学和西溪中学，加派特务充当“督学”，秘密监视师生的举动。其间羁押地下党员、燕喜中学教务主任邓炎汉，制造白色恐怖。

在这种情势下，中共连阳中心县委作出指示，各党组织凡已暴露身份的党员，迅速撤离连州，留下一批较为隐蔽的党员和青盟盟员，埋伏在连州各学校、单位或附近农村，以便配合武装起义，秘密开展工作。留下来的党员、盟员主要有连州街吴力（吴智兰），连县师范潘启廷、罗昆烈，连州中学谭杰（谭振明）、关水群（关静）、萧自爱，基联中学文超（文定帮）、王建泉，妇委会黄惠卿等。城郊农村有水口邓仕源、邓先民、熊标清、龚家兴、邓秀霞，九陂有林华、邓赞，高堆有刘北秤、萧其清等。县城盟员有陈左棠、张曙光、梁禧、兰德湘和刘佩巩等。武装起义爆发后，连阳中心县委书记张彬秘密来往于阳山与连县，领导连县地下党的工作。为了防止暴露，加强隐蔽，坚持斗争，张彬指定连州镇和连县非武装区的党员、盟员的关系交由吴力负责，采取多层次单线联系的方式。分工是：吴力直接与潘启廷、谭杰、关水群、文超、邓仕源等党员和陈佐棠等盟员联系；潘启廷与罗昆烈、张曙光、梁乾禧、兰德湘等联系；刘北秤与萧其清、陈盛松等联系；文超与王建泉等联系；邓仕源与熊标清、龚家兴、邓秀霞、陈先民等联系；黄惠卿与刘佩巩等联系。

经过一段时间的组织联系活动，确定了县城与城郊农村的联络点，使同志们的情绪稳定下来。尽管东陂、星子武装斗争遇到重大挫折，但是县城连州党组织隐蔽工作做得相当严密，组织活动迅速恢复起来，同志们增强了斗争信心，振奋了精神。特别是在全国解放战争大好形势的鼓舞下，各学校的学生纷纷要求加入革命行列。连州地下党组织负责人吴力经过分析形势，请示了中心县委书记张彬，确定连州除燕喜中学以隐蔽为主，等待时机以外，其余学校以连州中学和师范学校、基联中学为阵地，积极秘密发展一批盟员，并把重点对象吸收入党，以培养骨干，为农村武装斗争输送生力军。到 1948 年 6 月，发展盟员（后改称地下团员）有吴旭、黄文清、陈夫荣、吴纲善、邱健、张一平、成崇俊、成明辩、欧阳雁屏、李家琳、唐成厚、梁峰、李仁山、何礼式和刘卓等。连州中学通过谭杰的积极活动，吸收李家琳、唐成厚、梁峰、李仁山入党。后来又吸收了董昭陶、董昭隆、丁宇平、谭增寿（谭力行）、黄安、石世纪、吴雪文、许明祥、曾宪全、何佩金、欧阳翎和钟贤怀等加入团组织。由吴力直接联系的萧自爱、刘卓和、李家琳，形成了连中地下党组织的核心。在连县师范学校，为避免国民党反动派的严密监视，潘启廷以体育老师的公开身份，在学生中组织各类男女球队、话剧团，利用练球及排演的机会，广泛团结学生，秘密吸收了黄清、吴余亮、潘琦、黄良杰等一批地下团员。为了解决游击队应急物资，连师球队借去东陂与西溪中学进行球赛之机，把采购的各类药品、物资秘密带去东陂街地下联络站、陈秉周开设的商店，转交给游击队使用。在基联中学也逐步吸收了钟廷耀、萧自玉等人加入地下团组织。县城湘华小学、县粮仓等单位也吸收了文长生、潘耀光、阮哲平等为团员。所有这一切，有力地配合支援了县城和农村的武装斗争。

三、坚持反“清剿”斗争，逐步站稳脚跟

1947 年 9 月，国民党当局为了挽救其全面崩溃的危机，把经营华南作为支撑全国内战的基地，派宋子文出任广州行辕主任兼广东省政府主席和广东省保安司令。宋一到广东即召开“两广绥靖会议”，部署对华南人民武装的“联防会剿”，叫嚣“广东治安三个月有办法，六个月见成效”，从而加紧整训地方反动武装，到处扩编、组织警察大队、“自卫大队”，妄图在短期内消灭广东境内的人民武装。1948 年 3 月，宋子文与广西省政府主席黄旭初策划对粤桂边的“清剿”。在第二行政区，“粤湘边区联防办事处”在湖南码市召开了广东连县、连山，广西贺县，湖南江华、蓝山三省五县联防会议，设立“三省五县联防剿匪办事处”，调集各种反动武装对粤桂湘边区形成四面包围态势。这样，给包括连阳地区在内的粤桂湘边人民武装力量造成了巨大的压力，一场艰苦的反“清剿”斗争，被迫展开。

1984 年，解放战争时期连江支队第十团团长兼政委黄孟沾（中）与老战士张乡文（右）、成细松重返东山脚黄和塘堡垒户刘美清家（摘录于《红色征途》）

根据粤桂湘三省五县联防会议的部署，国民党连县县长詹宝光纠集了警察大队和“自卫总队”上千人，在第二“绥靖”区司令韩建勋率领的 4 个保安团的配合下，来势汹汹，接连向东陂、星子游击区扑来，进行疯狂“清剿”，妄图趁游击队

立足未稳之机，把革命力量扼杀在摇篮之中。在星子地区坚持斗争的星江区队战士，在强敌面前，不屈不挠，坚持避开敌人的锋芒、分散隐蔽的斗争方针，与敌人周旋。区队领导骨干黄孟沾、成遂满、成来凤、成至善以及东陂起义的领导人黄振等 9 人，隐蔽在连宜交界的黄禾塘、和尚岭，度过 1948 年春节。正值隆冬腊月之际，同志们学习了毛泽东同志有关游击战的论述，总结了武装起义成功和赵清林叛变的经验与教训，提出加强隐蔽，逐步联络失散人员；凝聚力量，多做群众工作；由小到大，逐步向粤湘边靠拢的战术。会议确定派黄振回到广宁，向党的粤桂湘边工委汇报起义等工作情况。会后，星江区队这些骨干从点到面，逐步由几户到一二十户，扩大活动面，先后到过香炉山、桃树坪、兔仔点、对仔冲、文珍洞、金坪山和坑仔口等地。至 1948 年 3 月，整个金坪山区成了星江区队的活动区，队伍由 9 人扩大到 20 余人。这时，碰上敌人的“清剿”，在石街头筹枪的战士欧阳秋镜、张乡对和梁丁光被敌人俘获，欧阳、张两人壮烈牺牲。区武委委员、第一小队副队长成遂满也在莽山筹集经费的过程中，遭奸细杀害，队伍不断遭受损失。尽管如此，星江区队仍克服重重困难，继续向宜章山区拓展，扩大回旋余地，活动于笠头洞、枫江、南冲坑、廖家、老茶山、莽山、大板冲一带。

1948 年 4 月，连县青盟盟员成崇实受党的派遣从广州回连县，向星江中队领导传达粤桂湘边工委书记梁嘉的指示：在敌人“清剿”的情势下，队伍坚持精干，多做群众工作，扩大回旋余地。于是，星江区队逐渐向东山脚走廊北起潘家，南至潭下几十里范围转移活动，星江区队由此发展到 30 余人，并在各村发展了秘密群众组织“暗民兵”200 余人。这时，区队领导派成崇实留在大路边村，以联络村中和星子附近的地下党员成保胜、许来成、何文巨和成碧华等，配合游击队开展工作。部队在活动地区内，注意把武装斗争、群众工作与统战工作结合起来，使寒水、潭下、潘家至东山脚的村庄的一批保长、副保长，如成其俊、周细苟、潘水桶、黄在中和黄在道等，或参加部队，或在家成了部队的联络点，使星江区队在敌人“清剿”的危急关头站稳了脚跟。

1948 年 6 月，成崇实和大路边村地下党员在区武委会的领导下，对大路边村回乡失意的国民党军官成城做统战工作，争取他投入革命，秘密筹集武装，再次举行起义。

6 月 5 日筹备起义的人员黄有勇因身份暴露遭敌杀害。当晚，成城、成崇实等人在星江区武委会的领导和配合下，举行了浦上乡（大路边）第二次武装起义，袭击了浦上乡公所。起义队伍 60 余人枪来到鸭婆磊，同星江区队会师，使区队扩至 100 余人，配备了长枪 80 多支，短枪 10 多支，还有冲锋枪和毛瑟拾枪各 2 支。扩大后的星江区队就地整编，由成城担任区队长，黄孟沾任区队政委，成明炎任军事参谋。下设 3 个小队：第一小队长张乡文，第二小队长成来凤，第三小队长罗克坚。11 月，星江区队在寒水村郊，用埋伏迂回战术，打退敌保警队、二区“自卫队”200 多人的“追剿”，毙伤敌 7 人，星江区队战士成崇信负伤后不治牺牲。

1948 年 7 月初，辗转苦战半年多的星江区队来到朝天麻洞，意欲与阳山地下党神岗交通站取得联系。拂晓前，部队向星子防线折回时，在铁炉山坳遭遇敌人伏击。在战斗中，大部分战士失散，聚集的人员有黄孟沾、成来凤、成城一路 20 余人，张文乡一路 17 人，他们分头往星子方向撤退。在此期间，战士邓火生、邓天然、邓益香和黄龙、成明得等人在执行任务时，在朝天五村被敌人捕杀。星江区队经过铁炉战斗，再次遭遇严重挫折。区队领导黄孟沾一路辗转到大路边与宜章边界的平头岭村。在这里经过整顿总结，认为连县人民武装起义受到挫折，客观原因是因为敌人力量强大，起义力量单薄，缺乏经验；主观原因是起义过于仓促，部队成分较复杂又未及时整顿，上山后又因挺进主力未到来配合，而陷于孤军作战。尽管如此，武装起义本身影响巨大，它震撼了敌人，鼓舞了人民。经过总结，部队领导为了保存实力，决定把队伍一部分分散隐蔽，一部分委派何修业转交张乡文带领坚持战斗。黄孟沾、成来凤和成城则经穗赴港，向香港分局汇报连县起义的情况，争取指示和支援。黄等离开后，张乡文、成铁、李东灿和罗克坚等一批武装骨干，在星子街地下党员何文巨、成碧华、许来成等配合下，在星子地区的小里水、黄泥田、东山脚一带，继续坚持艰苦的游击战争。

第三节 加强党的领导，实行“大搞”武装斗争

一、连江支队挺进连阳与东陂、星子人民抗征大队的成立

1948 年 2 月，中共中央香港分局发出了《粉碎蒋宋进攻计划，迎接南下大军指示信》，提出“普遍发展，大胆进攻”的大搞武装斗争的方针和建立地方主力、向新区发展的任务。为此，成立了中共粤桂湘边区军事委员会，由边工委书记梁嘉兼工委主席，周明为副主席。接着，边工委和军委在广宁四雍开会，确立粤桂湘边部队以广宁为中心，尽快组织力量向西（桂东）向北（五岭）发展，冲出老区，到处进攻，打破敌人大规模的“清剿”计划。4 月以后，重新调整边工委所辖地区，分别由连江、绥江、桂东三个地委各自建成独立的战略单位。中共连江地方委员会管辖连县、阳山、连山、连南、清远、英德和乳源等 7 县，书记周明，委员王炎光、冯光、马奔、司徒毅生、萧伦（萧少麟）。在连江地委所辖范围内，仍设中共连阳中心县委，书记张彬。连江地委的成立，从组织上为开辟粤桂湘边的武装斗争做了准备。中共粤桂湘边工委和连江地委通过前段“小搞”的经验教训，分析了形势，对“大搞”武装斗争作了部署，决定建立支队制，分别成立连江支队、绥贺支队和桂东独立团。在 1947 年秋，北挺第一大队初次挺进连阳受挫后，1948 年 4 月北挺第一大队（代号“飞雷大队”）组成连江支队第一团，团长、政委分别由冯光和周明

担任。连江地委经过研究，认为清远、英德和连阳地区党组织比较坚强，具有坚实的群众基础，此次挺进选定了由广宁四雍经清远到英德，待时机成熟即横渡连江，迅速挺进到粤湘交界的阳山、连县地区。

1948 年 6 月，周明率连江支队第一团（简称“连支一团”）先遣小队到达清远、英德地区，歼灭英德“自卫”第四中队，俘敌 60 余人，缴获武器一批。7 月，冯光率连支一团主力到英德黎洞，与周明先遣队会合，共 350 人。8 月上旬，部队在英德蓑衣滩渡过连江。这是连支一团挺进连阳地区，实行“大搞”，开创武装斗争新局面的一个历史转折。8 月中旬，冯光和周明率连支一团到达阳山黄坌的高陂，与阳山起义队伍胜利会师，然后继续向连县挺进。8 月 20 日，部队刚进西江南坪村，李僮彪和关以忠率阳山保安大队和连县保警队 600 多人，半夜向驻南坪的连江支队进行偷袭，部队仓促抢占山头进行还击，激战一整天，毙伤敌

1982 年，解放战争时期连江支队战士周明（二排左二）、蔡雄（前排左四）、萧怀义（前排左二）、黄振（二排右一）、吴年（三排左三）等，登上昔日瑶山根据地连县挂榜山（摘录于《红色征途》）

20 余人，连支一团的小队长吴体志和战士钱金、冯胜不幸牺牲，数人负伤。战斗后，连支一团继续向连县挺进。1948 年秋，连支一团协同阳山抗征队杨青山武工队在连阳交界的连江两岸，相继打了几场漂亮仗：袭击敌护航队，建立界滩税站；伏击了阳山县卸任县长黄渊返连县的运输船，打得黄县长心惊肉跳；围攻了小江下坪的国民党集结中队，俘敌 40 余人；发动连江两岸群众近千人，配合部队，拦截、袭击连县国民党头目关以忠与阳山黎阜大地主刘晋丰的军粮船队，缴获大米 30 多万斤、花生近 8000 斤、生油达 500 多桶。连江战斗的一连串胜利，使连支一团军威大振，连阳人民欢欣鼓舞，纷纷参军参战。

9 月初，连支一团从阳山东坑坪跨过大东山进入连县潭源洞，从星子北部越过连坪公路到达西山后，没能同在星子地区坚持战斗的队伍取得联系。于是，部队从山洲经周家岱进入天光山区，沿着当年红军走过的道路，经天光山到黄洞山，进入挂榜山、左右里瑶区。这是瑶汉民族聚居之地，广大瑶族同胞长期受国民党、反动地主、瑶霸的压迫，渴望解放翻身。抗日战争期间，连阳工委和东陂地下党领导人萧怀义曾在这里建立党的据点，因而有较好的群众基础。连支一团在瑶区，认真贯彻党的民族政策，尊重瑶民的风俗习惯，团结瑶胞并肩作战。司令员冯光和原东陂地下领导人萧怀

1948 年秋，连江支队在连县三水瑶区开展民族统战工作。司令员冯光、连支七团团长萧怀义，同瑶族头人郑进发、赵土金、程贤才歃血为盟，结为义兄，共同对敌。图为冯光、萧怀义与瑶族头人结为义兄的瑶寨右里村（摘录于《红色征途》）

义等，按照瑶人的风俗，与瑶胞头人郑进发、赵土金、程贤才歃血为盟，结为义兄弟。从此以后，部队依靠和团结少数民族，投入共同反对国民党反动派的战斗。在当地瑶汉人民的支援下，部队的粮食、医药、情报、交通问题得到顺利解决，部队在瑶山休整了半个月。

连支一团进入连县，使国民党连县当局大为震惊。9 月中旬，广东省第二行政督察专员兼“绥靖”司令韩建勋纠集保安团、县保警队、“自卫总队”千余兵力，进山“清剿”，分三路向连支一团扑来。部队在冯光、周明的指挥下，从云雾洞转移到陈家岭、沙坪外线，从侧背打击敌人，经过四个昼夜的周旋，敌人无可奈何只好撤退，撤退前残杀 20 多名群众。在这次反“清剿”战斗中，当地瑶汉人民给部队有力的支援。在敌人来犯的第一天，挂榜山瑶胞程长发跑来报信，并自告奋勇当向导，带领部队登上挂榜山制高点备战，他又去报告头人，派瑶人侦察敌情。瑶胞们闻讯，有的扛大米，有的担肉菜，接济部队给养。战斗的第三天，新参军的瑶族战士赵六富带战友到瑶寨筹粮，得到瑶民的热情支持。战士萧毅等人到瑶人赵亚桂家筹粮时，正遇敌人搜山，情况危急，赵亚桂冒着生命危险，把战士隐蔽在山洞中，早晚送饭送水，待敌人退走后，才护送萧毅等人安全返队。下旬，部队为突破敌人封锁，从蓝山边大坪头出发，远途奔袭湖南蓝山浆洞乡公所“自卫队”，毙伤敌数人，缴枪 2 支。随后部队返回黄洞山休整。

1948 年 9 月底，党的连江地委和连江支队在连县黄洞山冷大坑村召开干部会议。为了进一步贯彻香港分局关于“大搞”武装斗争，完成“点火”“播种”任务的方针，决定从连支一团中抽出队长霍伦带一个小队，以及连县籍干部萧少麟、萧怀义、吴文华、吴年、黄雄、吴裕元、谢平、沈文等，拨轻机枪 1 挺、冲锋枪1支，共50人，再结合原东陂起义归队人员，合并组成“连县东陂人民抗征大队”，大队长萧怀义，政委萧少麟，副大队长霍伦，下辖2个小队和5个武工队（即吴文华武工队，黄雄武工队，黄标、沈文武工队，潘贤修、吴年武工队，盘长福瑶民武工队）。该抗征大队于10月初公开番号，打出反“三征”的旗号，在东陂地区积极活动，逐步向连（县）蓝（山）江（华）边区发展。此时，连江支队在连县已播下革命火种，主力便向阳山转移。于是，部队经黄洞山、天光山到周家岱，会合了部队西进时留在当地寻找星子起义部队失散人员的成崇正等人，于11月一起回到阳山大东山。

连江支队领导机关回到大东山后，派曾牛、伍学流、马旅、成碧贞和冯平等人，另外抽调机枪班10人，手枪队2人，由成崇正率领重返星子，收拢了坚持在当地斗争的成铁、李东灿、何清、李洪、黄飞龙、何文巨等共23人，组成“连县星子人民抗征大队”，成崇正任大队长兼政委。下设1个中队（副中队长曾牛）、1个武工队（组长马旅、成铁），任务是逐步收拢原星子起义人员，以反“三征”为口号，在星子地区开展武装斗争，积极向连（县）宜（章）临（武）边境扩展，壮大革命声势。

东陂、星子两支抗征大队建立以后，贯彻党“大搞武装斗争”的方针，积极活动，稳定群众情绪，打击地方反动势力，扩大影响，连县的武装斗争进一步活跃起来。1948年10月以后，东陂人民抗征大队在黄洞山、陂岭山和三水地区，广泛开展反“三征”活动。11月初，关以忠、李雪亭率领“自卫队”、保警队3个中队进犯陂岭山区，东陂人民抗征大队在萧怀义等指挥下，打退敌人正面进攻，撤到下冲口时又与敌相遇，激战2小时，毙敌6人，缴获步枪5支，部队2人负伤。接着敌人进行疯狂报复，将游击队秘密情报员梁东火、黄亚醮、余世善、吴裕明和谢显扬等杀害。抗征大队吴文华率武工队在开辟新区过程中，在石马岩仔口遭敌袭击，吴率部冲出重围，不幸身负重伤而牺牲。与此同时，星子人民抗征大队广泛活动于浦上、潭源、东十和田家各乡。11 月，星子人民抗征大队从盘海奔袭反动据点东十乡公所，俘敌 30 余人，毙伤敌 2 人，缴获长短枪 20 多支。当晚乘胜奇袭马水保公所，收缴长短枪 15 支。部队在战斗中经受了锻炼，扩大了革命影响，人数由 23 人逐步发展到 40 多人。1948 年冬，上级党委把成崇仕等武装干部从粤赣湘边纵队北江一支队派回星子。不久，黄孟沾、成来凤和成崇实等原星子起义的领导骨干也从香港回到星子地区，从而进一步加强了星子人民抗征大队的领导力量。

连支一团回师阳山以后，以大东山为依托，先后开辟了黄坌、小江根据地，取得累累战果，也付出了代价。在罗汉塘战斗中，连支一团司令员冯光不幸牺牲。连支一团挺进数百里进入连县，把武装骨干与战斗小队留在连县，点燃了连县革命的火种，打开了连县武装斗争的新局面，具有重大的战略意义。一是连县是国民党广东省的“模范县”，也是国民党中将军官李楚瀛的老巢，反动势力比较雄厚。部队在连县开展武装斗争，在“老虎头上抓虱子”，充分体现了人民军队敢于斗争敢于胜利的勇气，对当地人民群众起到巨大的鼓舞作用。二是连县人民深受“三座大山”的压迫，多年来受到工农红军和地下党的熏陶影响，阶级觉悟高，群众基础好，只要斗争方针正确，紧紧依靠群众，革命的烈火定能燃遍全县。三是连县既是连阳地区的中心县，也是粤桂湘边的大县，在连县开展武装斗争，对周边地区的国民党反动政权将起到较大的威慑作用，对粤桂湘边开展武装斗争产生重大影响。

二、开展反“扫荡”，巩固游击区

在人民抗征大队掀起武装斗争高潮的同时，敌人也加紧了

“清剿”“扫荡”的步骤，妄图阻止革命力量的发展。1948 年 11 月初，国民党连县政府成立“连县联防办事处”，县长詹宝光任主任，下设 1 镇 27 乡共 14 个办事处，同时还在县、区、乡三级分别组编义勇警察大队、中队和集结队，星子、东陂两区分设“剿共”指挥所，东陂所主任关以忠，星子所主任黄孟府、副主任兼保警大队长黄坤山。敌人纠集了各路反动武装，分头对游击区进行新一轮大规模的“扫荡”。同时，对东陂区的黄洞山、三水和陂岭，以及星子区的西山、东山和西江、朝天等游击区，实行移民并村，封山绝粮及“三光”政策，制造“无人区”，悬红通缉游击队领导人员，捕杀革命家属和交通情报人员达数十人，一时间，连县上空乌云滚滚，白色恐怖笼罩大地。

为了粉碎敌人的阴谋，打破敌人的“扫荡”，东陂、星子人民抗征大队针锋相对，采取几种对策投入战斗。第一，运用“分兵以发动群众，集中以打击敌人”的策略对付敌人。抗征大队选派得力干部组成武工队，深入到有群众基础的村庄，把群众发动和组织起来，与部队协同作战保卫家乡。同时，部队集中兵力打击敌人有生力量。1948 年秋，萧少麟政委率领东陂人民抗征大队攻打反动堡垒柯木湾，动员群众起来反“三征”。12 月，大队长萧怀义率领抗征大队 150 人袭击丰阳村，打击上三乡大地主吴金养，公开吴的罪状，顿时群情沸腾。1949 年初，东陂人民抗征大队转战蓝山县浆洞，夜袭蓝山“自卫队”，毙伤敌 3 名，抗征队战士吴飞负伤。同时，黄雄武工队进至沙坪至蓝山草鞋坪一带，多次打击敌人，并在粤湘通商大道建立流动税站，日收税款数百大洋，解决部队给养。几次战斗中，东陂人民抗征大队缴获长短枪共 40 支，子弹千余发，还陆续收拢疏散各地的原东陂起义人员 20 多人，挖出起义失败后埋藏的枪支 20 余支。1948 年冬，成崇正领导星子人民抗征大队在天光山、荒塘坪粉碎了盘石里反动民团30多人的偷袭。部队于1949年1月进入观恒山，前来“扫荡”的保警4个中队跟踪而至。成崇正立即指挥部队登上山顶迎击敌人，从下午激战到傍晚，打退敌人三次冲锋，挫败了敌人的“扫荡”。是役击毙敌冬防队班长王京仔等多人，抗征大队黄高磊、何芳洲牺牲。同年4月，星子人民抗征大队和东陂人民抗征大队黄雄武工队转战清江寺前坪村，遭到前来“扫荡”的敌保警队、“自卫队”700多人的突袭。抗征大队在大队长成崇正的指挥下英勇突围，经过一天激战，多次粉碎敌人进攻，毙伤敌多名。部队也付出重大代价，曾牛、荀奕、成崇实等5人牺牲，当地农民10人被捕杀。与此同时，星子人民抗征大队成崇仕武工队广泛活动于浦上、潭源、东十、田家各乡，并向宜章、临武边境扩展；马旅武工队开辟了田家乡角沅山至星子沈家，直到保安子沟的交通线，沟通了星子、东陂人民抗征大队的联系。第二，派出武工队跳出敌人包围圈，骚扰敌人后方，把战火引向白区。1948年10月，东陂人民抗征大队派黄雄武工队潜入东陂镇敌人老巢，贴标语，发传单，夜袭敌区署，缴获步枪10支，子弹500发。东陂人民抗征大队主力继袭击丰阳大地主后，连续攻打朱合乡公所，焚毁云雾洞敌炮楼，剪断上三乡至东陂区署20多公里的电话线，逼使东陂区“剿共”指挥所主任关以忠急忙将“剿共”之兵收调回营，保住东陂老巢，驻云雾洞的“自卫队”也只好撤走。星子人

1949年4月在寺前坪战斗中，星子和东陂抗征大队毙伤敌多人。牺牲战士5人，10名无辜群众遭捕杀。图为1982年连支领导周明（右二）、黄孟沾（右四）悼念寺前坪战斗的烈士（摘录于《红色征途》）

民抗征大队主力由成崇正率领跳出外线，转战临武、宜章边缘，袭击湘敌。并派马旅武工队活动于东山脚至麻步之间，威胁连坪公路星子段。东十乡武工队活动于星子至大路边之间，威胁敌人老巢星子附近，逼使敌人首尾不顾。第三，开展打“灰条”（敌人的奸细、暗探）活动，扫除障碍。从观恒山战斗以后，星子人民抗征大队在游击区广泛开展锄奸、打“灰条”活动，对潜伏于游击区，跟踪部队，给敌人通风报信的“灰条”，以及迫害革命家属的反动分子，集中力量予以打击。在此期间，部队捉拿周家岱反动保长、“灰条”何福头，对唐亚成等 6 人提出警告，没收其财物。接着在田家乡杨梅冲惩办了“灰条”李大苟、李志横等人，没收牲畜、粮食一批。3 月，成崇仕武工队在东山脚，镇压了通敌的保长唐见利等 4 人，以及小水奸细保丁 1 人。5 月，抗征大队在田家乡镇压“灰条”乡丁邓亚顺等。东陂人民抗征大队从 1948 年 10 月以后，也广泛开展打“灰条”活动。萧怀义、霍伦指挥吴文华、谢平锄奸小组突袭陂岭，对经常为敌人通风报信、残害游击战士家属的反动保长史良臣、吴体强予以逮捕，经过公审后镇压。萧少麟率黄标武工队夜袭沙浦，处决了民愤极大的反动保长胡有才，缴获枪支 5 支、子弹 600 发。经过几个月的锄奸、打“灰条”活动，在星子、东陂游击区斩除了敌人耳目，打击了敌人的气焰，使这些地区无人轻易敢担任保长，许多保公所变为“两面政权”。经过打“灰条”，广大群众打消了顾虑，稳定了情绪，确保了游击区的安全，增强了部队的信心。第四，艰苦深入做群众工作，紧紧依靠和团结群众，在各地建立一批可靠的交通站，是克敌制胜的法宝。部队干部战士经过一段时间深入地做好群众工作，在东陂、星子游击区分别涌现了一批可靠的“堡垒户”和基本群众。如东陂区有羊角坑刘木保，方山脚黄亚醮，带头冲黄醮源，黄洞山黄润发，湖江廖亚新，陂岭罗荣相和郭石荣，右里郑亚发，车线坪盘礼保。星子有天光山何先保、李华春、邓晚妹、邓亚才，周家岱何亚誉，烟竹冲何明芳，山水黄亚标夫妇，寺前坪黄兰保，带头何道清，黄禾塘刘美清，浦东周细苟，潘家潘水桶，大塘成朱红，桐木冲赖土金，等等。西江、朝天有古群、杨水玲、朱青、梁广等等。这一大批地下交通员、“堡垒户”和基本群众，与共产党、游击队风雨同舟，患难与共，在敌人疯狂“清剿”“扫荡”的腥风血雨的日子里，他们不顾安危，想方设法为部队带路、探敌情、跑交通，采购药用物品，帮助筹粮筹款，安置伤病员，收藏武器，掩护部队。敌人实行封山并村以后，群众乘上山干活之机，巧妙地将粮食、生盐、干菜留在山上，放上记号，接济部队。遇到敌人偷袭或“扫荡”等紧急情况，群众则在山上熏烟，或作鸟鸣警报，使部队及时转移。不少群众为此遭到敌人的迫害，房屋被烧毁，人被逮捕，受到种种折磨，甚至为革命献出了宝贵的生命。由于各地有可靠的基本群众团结在部队的周围，起到了掩护、配合的作用，使部队及时掌握敌人的动向，克服重重困难，多次化险为夷。

由于采取了以上措施，进行了艰苦卓绝的斗争，东陂、星子和西朝的抗征队，终于战胜了敌人残酷的“清剿”和“扫荡”，度过了艰苦的岁月，站稳了脚跟，打开了局面，在战斗中不断成长壮大。1949 年春，东陂人民抗征大队恢复了三水、陂岭和黄洞山三块游击根据地，打通了陂岭至三水、黄洞山到洛阳的通道，部队发展到 250 人，战斗力大为加强。星子人民抗征大队以坑仔口、鸭婆磊为基地，活动范围逐步扩大到东山脚、大路边、潭源洞至周家岱、角沅山，远至宜章周家山一带，部队扩展到 180 人，辖 1 个中队、1 个手枪队、6 个武工队。西江、朝天武工队也得到很大的发展。粉碎敌人“扫荡”以后，各地党组织和抗征队在游击区进行了政权建设。星子、东陂和西朝游击区，均发动群众组织农民协会，开展减租减息，同时开展统一战线工作，在各大村组建民兵赤卫队，发展武工队，成立代耕队和儿童团，进一步建立村政权。这一系列措施的实施，使各个游击区得到进一步巩固和发展。

三、挺进湘南，扩大新区

1949 年 3 月，在中国人民革命战争取得全国性胜利的前夕，中共中央香港分局指示，要“采取‘全面发展，重点巩固’的方针来完成我们大块根据地的建立，迎接南下大军，准备胜利解放华南”。3 月中旬，粤桂湘边工委委员、连江地委书记周明在阳山县黄坌高陂召开会议，研究贯彻香港分局的指示，决定向湘南进军，以骑田岭为支点，进一步发展粤湘边的游击战争。为适应这一斗争需要，在连江地委的基础上，正式成立中共粤湘边临时工作委员会，由周明、蔡雄、马奔、陈奇略和司徒毅生 5 人组成，周明为书记，蔡雄为副书记。会议还确定了连江支队司令部和政治部的领导成员：连江支队司令员兼政委周明，副司令员马奔，副政委蔡雄，政治部主任陈奇略，副主任司徒毅生。4 月，为了更好地落实上级党委关于“挺进湘南，迎接南下大军”和“全面发展，重点巩固”的指示，粤湘边临时工委调整和加强各县的地下党组织，决定撤销连阳中心县委和连县武装委员会，成立中共连县临时工作委员会，10 月，转为县工委，书记萧少麟，委员成崇正、黄孟沾、萧怀义、黄漫江。连县临时工委和连县工委，担负起组织、领导连县武装斗争重任、配合连江支队向湘南挺进的光荣使命。

湘南地区，特别是毗邻连县的宜章、临武、蓝山、江华数县，具有光荣的革命传统。土地革命战争初期，朱德、陈毅率领南昌起义部队转战到此，在地下党的协助下举行了著名的“湘南暴动”，红色风暴波及连阳地区。按照上级党委的战斗部署，中共粤湘边临时工委书记周明率领连江支队入湘部队670余人，于1949年4月23日从阳山东坑坪越过大东山到达宜章莽山，直奔笆篱堡，旗开得胜。接着，连江支队兵分三路进攻宜临地区：由陈奇略、司徒毅生率2个中队为东路，进入宜章、乳源边；周明、蔡雄率2个中队为中路，直奔宜临边；马奔率2个中队为西路，向宜章黄沙堡推进。早在1948年冬到1949年春，连县星子人民抗征大队在反抗敌人“清剿”的战斗中，就已战斗于宜章莽山、笠头洞和周家山一带。连县东陂人民抗征大队也活动到蓝山的浆洞、草鞋坪一带。这时，为了适应湘南发展的形势，连江支队司令部命令：在原来东陂、星子两支抗征大队的基础上，加上连江支队调来的刘安、杨洪2个中队，扩编为连县的3支抗征大队。星子人民抗征大队包括原星江区队部分成员和连江支队拨来的战士扩编为2支抗征大队。以连坪公路为界，在路东以大东山为基点活动的，成立连（县）宜（章）临（武）边人民抗征大队；在西路以西山为基点活动的，成立连（县）临（武）蓝（山）边人民抗征大队。

东陂人民抗征大队加上连支部分人员则扩编为连（县）蓝（山）江（华）边人民抗征大队。其编制是：连宜临边人民抗征大队大队长兼政委成崇正，副大队长霍伦，教导员莫彬，下辖3个中队、1个手枪队、4支武工队。红星中队中队长兼指导员冯平，副中队长伍学流；火星中队中队长刘安，指导员廖辽；金星中队中队长成崇仕，指导员何文巨。手枪队队长黄飞龙。大路边武工队队长成崇九，连宜临边人民武工队队长成来凤，马水武工队队长何月甫，潭源武工队队长文德石。全大队约480人。连临蓝边人民抗征大队大队长黄孟沾，下辖4个中队、2支武工队。第一中队中队长杨雄，指导员马旅；第二中队中队长谭苏，指导员张国钧；第三中队中队长欧阳书，指导员罗克坚；后来成立的临武中队中队长邓训树，副中队长李文隽，指导员苏宁。2 支武工队队长分别由欧阳余、何元修负责。全大队约 400 人。连蓝江边人民抗征大队大队长萧怀义，政委萧少麟，副政委兼政治部主任黄漫江，参谋黄振，下辖 5 个中队、1 支武工队。第一中队（红旗）中队长黄振（兼，前）、江浩（后），副中队长曾荣，副指导员陈凌；第二中队（战马）中队长吴年，副中队长冯启帮，指导员沈文；第三中队（雄鹰）中队长黄雄，副中队长萧禄才，副指导员邱士惠；第四中队中队长吴裕元，指导员谢平；第五中队中队长黄标，指导员黄辉。武工队队长黄德新。全大队约 350 人。

连县 3 支抗征大队成立后，即执行连江支队司令部命令，除留下武工队在本县，继续领导群众开展反“三征”、扩军等活动外，主力开赴湘南，与连江支队主力互相配合、支援，为开辟新区，展开了一连串的战斗。

策动湘敌起义，帮助建立地方人民武装。4 月底，连蓝江边人民抗征大队进入湖南蓝山，在该县南部山区活动。5 月 12 日，在抗征大队萧怀义策动下，蓝山舜嶷乡“自卫队”小队长萧禄才和舜嶷乡副乡长萧英带领 38 人、携枪 41 支，在该乡大麻营村举行起义。起义部队当晚袭击了所城“自卫队”，缴枪 5 支，破仓分粮 5 万余斤。15 日，萧怀义、萧少麟率抗征大队主力开到长铺街与萧禄才起义队伍会合，然后转战大桥、小目口。在此期间，抗征大队第三中队及爆破组攻下了下洞“自卫队”，缴获长短枪 11 支，子弹一批，还打开粮仓，把 15000 多斤粮食分给当地农民；处决了当地恶霸地主盘楚珍，扩大政治影响，随后部队进入岩口洞、枧下洞，收缴该地保甲政权枪支 40 多支。大麻营起义震动了蓝山县，当地 100 多农民闻讯纷纷前来参军。部队凯旋回到里茶山整编，萧禄才所率的起义队伍编入连蓝江边人民抗征大队第三中队。连临蓝边人民抗征大队进入临武活动后，抗征大队大队长兼政委黄孟沾于 5 月初与中共临武工委书记毛允明取得联系，按连江支队司令部关于帮助建立地方人民武装的指示，抗征大队派出本队临武籍战士邓贻鼒组织一批人，在当地成立连临蓝边人民抗征大队临武中队，通过开展反“三征”，逐步在临武发展武装斗争。连临蓝边人民抗征大队随连支主力进入宜章边，又在宜章地下党员李佐藤协助下，组织一批队伍，成立连临蓝边人民抗征大队宜章第二大队，彭文昭任大队长，李佐藤任政委，配合连江支队活动，在连宜边打击湘敌。在此期间，连临蓝边人民抗征大队曾在西山地区收缴一批地主武器，并在连临边土桥至荒塘坪的圩场建立流动税站，先后筹集军饷万余元。5 月 31 日晚，田家乡进步青年何宗程、何礼式和黄坚渊等 20 余人，在马旅武工队的策动和接应下，参加了连临蓝边人民抗征大队。连宜临边人民抗征大队兵分三路，火星中队及大队部由大队长兼政委成崇正率领随连江支队主力入湘，战斗在宜章、嘉禾和桂阳一带；红星中队随连江支队陈奇略部，投入开辟宜章西南新区的战斗。7 月，成崇正率部转战宜章、乐昌边，协助宜乐部队袭击梅花镇，攻下敌警察所，俘敌 20 多人，缴获武器一批。金星中队及武工队由成崇仕率领，在星子地区频频出击，曾到大梓塘、种田村等处收缴“自卫班”和保公所枪支 60 余支。6 月，该中队回到大路边，经过统战工作，策动国民党浦上乡公所武装起义。该乡乡长成占圣率领乡公所人员及“自卫班”共 30 多人前往山洲游击区，接受连宜临边人民抗征大队的收编。此后，浦上乡不少村庄的保甲成了“两面政权”。如潭下村保长周细苟，厚冲村保长黄在中、黄在道，大塘村保长邓三等人，在白色恐怖中，应付敌人的搜查，为游击队通风报信、筹粮筹枪、隐蔽游击队及伤病员等等，做了很多支持革命的工作。与此同时，连宜临边人民抗征大队在所活动地区发出布告，向人民群众宣传本队宗旨，扩大革命影响。6月22日，在潭源乡坳头、兰家村，金星中队与阳山抗征队（猛虎中队）一起，激战一天，打退了敌保警大队长黄坤山400多人的进攻，击毙敌连长朱跃。当晚，部队连续袭击了马水和朝天保公所，缴获保公所“自卫班”枪支20多支。潭源战斗后，该乡20多名青年参军，充实了兵力。

连江支队主力和连县三支抗征队进入湘南以后，受到了中共中央华南分局的肯定和表扬，使指挥员们备受鼓舞。1949年6月，部队侦悉国民党湖南临武县当局兵力空虚、粮税枯竭以后，粤湘边临时工委和连江支队司令部在宜章黄沙堡开会，决定攻打临武城。由连江支队第一、第二团和连宜临边人民抗征大队共1200多人组成主力部队，在连江支队司令部直接领导下，向临（武）宜（章）桂（阳）边推进。另外，连临蓝边人民抗征大队进入临武东南，连蓝江边人民抗征大队进入临武西南，配合主力部队对临武形成三面包围之势，相机夺取临武县城。这时，中共湘南工委书记谷子元前来会晤粤湘边临时工委书记周明，表明湘南人民武装配合连江支队作战。

1949年6月，连江支队首次解放湖南临武县城。图为部队召开庆祝大会处旧址：临武第一中学（摘录于《红色征途》）

临武县县长雷孟炎在兵临城下的情况下，派代表前来商议谈判事宜。谈判破裂后，他率县府人员及“自卫队”逃往嘉禾县塘村坪。驻扎在临武东南二八村的连临蓝边人民抗征大队，离县城较近，闻讯后于6月26日率先进入临武县城，维持社会秩序。连江支队主力1000多人，以及连蓝江边、连宜临边人民抗征大队，兵分三路进入临武县城。于是，临武县城宣告解放。部队入城后，严守军纪，秋毫无犯，商店纷纷开门营业，恢复正常秩序。7月1日，粤湘边临时工委在临武中山堂举行庆祝中国共产党成立28周年暨临武解放大会，还召开当地知名人士座谈会，由支队政工干部杨重华进行形势和政策宣传。7月5日，连江支队主力主动撤出临武县城，分兵向宜章、桂阳、郴县等地扩展活动。

国民党临武县县长得知部队撤离临武城，于7月12日率众潜回临武城，并加强戒备。活动于附近的连临蓝边人民抗征大队接报后，于15日晚从土桥村出发，拂晓分两路攻击临武城。一路夺取县城后面制高点韩山；另一路从东南方向袭击敌“自卫队”营房。进攻韩山的部队经过激战，击溃敌保安大队100多人，拿下了制高点。但攻城一路没有摸准敌营房，以致让敌人逃脱，天亮结束战斗。是役毙敌1人，伤敌1人，俘敌3人，缴获步枪50余支，子弹5000余发。抗征队进城后，开仓分粮，向群众宣传我党政策，临武县城获得第二次解放。当天下午6时，部队撤出县城，转移到临武城郊罗田陈家村驻扎。连江支队前后两次解放临武县城，临武是粤桂湘边区人民武装部队较早解放的县城之一，极大地威慑了湘粤边的敌人，给了当地人民巨大的鼓舞。部队随后继续转战湘粤边，扩大战果。在部队攻打临武的前后，留守连县的各武工队以及转战于湘粤边的抗征队，采取灵活机动的战术，辗转于湘粤边寻找战机，针对给抗征队构成重大威胁的反动据点，予以严厉打击。1949年8月1日，从湘南转回的连宜临边人民抗征大队和连蓝江边人民抗征大队，再加上连江支队司令部冼润泉中队共400多人，由成崇正、萧怀义指挥，联合攻打反动堡垒、原星子“剿共”指挥所主任黄孟府老巢河佳汉村。部队分三路进攻，经2小时战斗，炸开门楼冲入村内。此役俘敌50余人，缴获步枪40多支、轻机枪1挺和物资一批。8月31日，连临蓝边人民抗征大队与连宜临边人民抗征大队，以及连江支队司令部冼润泉中队共300余人共同战斗，夜袭反动据点东十乡公所。由连临蓝边人民抗征大队担任主攻，炸敌炮楼，活捉反动地主欧阳逢仙，罚款2000光洋。数天后，部队转战清江地区，处决反动地主何明善。9月，连临蓝边人民抗征大队夜袭麻步乡公所。随后，星子地区的两支抗征大队在西山、东山游击区进一步发展民兵，游击区不断扩大和巩固，全区8个乡除塘庄、滂塘2个乡外，其余6个乡公所人员及“自卫班”均龟缩到星子街。阳山抗征队猛虎中队在麦永坚指挥下，从湖南回师阳山途中，袭击了连县龙坪乡公所集结队，缴获步枪28支、手枪2支，俘虏集结队长盘允强等5人。同时，连蓝江边人民抗征大队在蓝山东北面的土市、火市、竹市插到汇源、大源和田源等地敌后空虚地带，四处出击。黄标、萧禄才率第五中队联合在蓝山攻打八么坳“自卫队”，袭击石营敌税站，打退蓝山敌“自卫队”的进攻，毙敌2人。黄萧旋即会同解放大军转战蓝山牛皮河、直线坪，歼灭国民党交警一大队。该抗征队第三中队袭击蓝山小目口。潘贤修、吴裕元分别率武工队夜袭门脚楼，攻打朱岗之敌，均有缴获。在此期间，阳山抗征队杨青山武工队在连州镇地下党的配合下，在小北江上游的连县附城、小水、云涛、上水、高良、石角等乡村开展游击战争；阳山抗征队谭杰武工队活动在连州北郊的水口、附城、保安一带，展开反“三征”，打击地方反动势力，均取得较大的战果。

1949年9月中旬，连江支队司令部接到中共中央华南分局关于回师广东韶关，与南下大军会师的命令。于是，部队将在湖南当地建立的人民武装移交湘南工委，连江支队即从湖南回师广东。连县人民武装连江支队主力出征湘南的半年多时间，在湘南地下党和人民的支持下，配合连江支队主力部队，打击地方反动势力，开辟了宜章、临武、蓝山、江华、桂阳、嘉禾等新的根据地，为当地培养了干部，锻炼了群众，为迎接大军南下打下了基础。

四、民兵显威，挫败敌人“围剿”

连县三支人民抗征大队随连江支队主力北上湘南以后，国民党连县当局乘机纠集反动武装向星子、东陂和朝天的游击区、根据地进行了为期数月的疯狂“围剿”。在敌强我弱的情况下，这些地区的民兵和群众在党的领导下，协同留守当地的武工队与敌人展开了英勇顽强的斗争，保卫了老区，牵制了敌人，以鲜血和生命谱写了可歌可泣的篇章。

（一）大路边反“围剿”

1949 年 7 月 2 日，敌星子冬防队和东十乡集结队 200 多人“扫荡”大路边老区村，当时抗征队远在湘南，村中民兵群众紧闭四道城门，常备民兵坚守炮楼，不断向扑来的敌人射击，直到傍晚，敌人只好败退。8 月 6 日（农历七月十二日），星子“剿共”指挥所主任、保警大队长黄坤山率区乡冬防队、集结队 600 多人来势汹汹，再次“围剿”，妄图血洗大路边村。面对顽敌，村中常备民兵在中队长成晋先、指导员成崇俊的指挥下，分守炮楼御敌，并动员全村群众投入抗敌保村的战斗。青壮年携长矛大刀、鸟枪、毛瑟抬枪等联合作战，老人小孩敲碎烂铁制作猪仔炮弹药，妇女负责后勤运输作战物资，群策群力，众志成城。在村民的支持下，民兵凭着高墙、炮楼的掩护，连续打退敌人 6 次冲锋。直到下午，连宜临边人民抗征大队闻讯赶到，配合村中民兵里应外合，从村外分三路杀向敌人，敌人不支，向星子方向溃逃。

这时，村中民兵打开城门，配合部队朝敌人猛追，一直追到星子近郊小冲坳。经过战斗的锻炼和考验，大路边的民兵力量迅速发展壮大，常备队从原来的一个中队 30 多人，扩大到 4 个中队 300 多人。

（二）田家乡阻击战

1949 年 9 月底，敌保警大队长、星子区“剿共”指挥所主任黄坤山，纠集星子区乡联队及保警队 600 多人，由“反共救国军”第九军军长兼连县县长李楚瀛督战，向星子西山游击区进犯。由于抗征队转战湘南，敌情十分严重。西山武工队队长何宗程立即集结内洞、盘海两个民兵中队，同时调动联坊、清江各村数百民兵迎敌。民兵们在敌人必经的狭隘山口、东田至双凉亭险要地段两旁摆开阵势，附近各村群众近千人配合助威。晌午，敌人打头阵的“敢死队”冲上来，埋伏在两旁高山的武工队和民兵，居高临下一阵猛打，打得敌人连滚带爬退了回去。接着，李楚瀛又督着大批敌人，在重机枪、迫击炮掩护下，发起连番冲击。武工队和民兵在群众声援下，凭着坚强的意志，利用山高谷深的有利条件，互相配合，沉着应战，把敌人一次次打压下去。在阻击战中，毛瑟抬枪和猪仔炮发挥威力，一炮轰去，震撼山谷，铁火四射，打得敌人心惊肉跳。连续两天，敌人屡攻屡败，无可奈何。到第三天，在挫败敌人的锐气后，游击区坚壁清野，武工队和民兵主动转移至后方姜田、盘海、内洞一带。数天后，敌人才小心翼翼地进入空洞的清江内地。

（三）西江、朝天和龙潭保卫战

1949 年秋，连县、阳山敌人乘抗征队北上湘南之机“扫荡”游击区，西江乡民兵把部队的储备粮和群众的粮食存放在大岭一个可容数百人的冲子岩内。为保卫这个秘密仓库，民兵在武工队队长王廷雄的领导下，多次打退连阳敌人的“清剿”，并击毙连县保安队一名中队长。秋收时，群众把7000多斤粮食藏于冲子岩，并派民兵守护。敌人来抢粮扑了空，在大岭、龙塘村烧民房，抓住村中七旬老人李善庆，施以酷刑，追问游击队和粮食去向，老人被打得遍体鳞伤，还是一句“不知道”。残忍的敌人把老人的长须一根根连皮带肉拔了下来，老人满身是血、忍着伤痛怒视敌人，充分表现了老区人民宁死不屈的英雄气概。9月中旬，敌西江乡乡长张华岳带领连县、阳山“自卫队”300余人，再次围攻西江大岭冲子岩，守岩的民兵群众在洞外武工队的配合下，利用天然岩洞的地形地物，抗击敌人。敌人屡次强攻遭到失败后，便变换花样，向洞内投放大量手榴弹；在洞顶凿石放炮；在洞口堆辣椒干用火熏烟，种种办法均无济于事。在几个月的冲子岩保卫战中，毙伤敌10多人，冲子岩内的民兵群众和粮食财物却安然无恙。9月17日，攻岩失败的敌人，转移围攻外塘村，该村民兵英勇抗击，经过三天激战，敌人才突入村内，民兵群众又顽强与敌人展开巷战，民兵张日文在巷战中牺牲，张亚池、张亚军等6人被俘后英勇就义。

1949年冬，阳山西江游击队和民兵，利用冲子岩洞，同连县、阳山敌人坚持战斗三个多月，直到解放。图为西江大岭冲子岩洞（摘录于《红色征途》）

9月20日，连县、阳山保警队数百人，由国民党连县县长李楚瀛率领“扫荡”朝天大围村，阳山抗征队陈茂良武工队组织民兵群众，在村中坚持三天四夜，与敌人展开英勇战斗，最后因弹药耗尽才乘夜撤出大围。22日，另一路连阳保安团一营进犯朝天神岗村，村中民兵在群众支援下，利用围墙与敌人激战五昼夜，最后因弹尽水断，便主动撤出战斗。是役毙伤敌10余人，民兵中队长张炳伟等人牺牲。

1982年，解放战争时期阳山县地下党领导人梁天培（左）、张彬（右）、张国钧（中）重返革命老区朝天神岗村（摘录于《红色征途》）

以龙潭、九陂为基点活动的阳山抗征队杨青山武工队，于1948年11月发动龙潭、九陂、茶田、高山800多名山区群众，在界滩攻打国民党船队，缴获连县国民党头目的大批军粮。连县、阳山敌人于1949年1月前来报复，保警队、“自卫队”数百人突然袭击界滩坑尾村，杨青山武工队与民兵登上绿石磅山顶，居高临下打退敌人数次冲锋，坚持战斗到傍晚，最后乘夜突围，胜利回到高洞根据地。此役毙敌10余人，武工队和民兵袁北杨等4人牺牲。

连县、阳山几大游击区民兵群众的英勇斗争，有力地打击了连阳国民党反动派的嚣张气焰，保卫了老区人民的生命财产，巩固了游击根据地，为连阳地区的解放作出了历史性的贡献。

第四节 配合南下大军，全面解放连县

一、连江支队赴韶整编

1949 年 4 月，人民解放军百万雄师横渡长江，向华南推进。9 月 7 日，叶剑英在江西赣州召开解放军二野四兵团、四野十五兵团和两广纵队负责人会议，部署解放广东战役。10 月 1 日，南下解放大军在广大人民的支援下，分左、中、右三路自湘赣向广东进发。

此时，从北方败退下来的国民党交警第十七总队和广东保安部队数千人龟缩连阳地区。国民党连县当局如惊弓之鸟，在星子、东陂两镇，仍作垂死挣扎。连县人民抗征大队和武工队，经过 1948 年以来多次反“清剿”残酷斗争的锻炼和考验，战斗力大为加强，游击区已扩展迅速，且已连成一片，革命已成为民心所向，革命力量声势浩大，军民士气高涨。

1949 年 7 月，以梁嘉为司令员兼政委的粤桂湘边人民军队，上报中共中央华南分局，部队已使用中国人民解放军粤桂湘边纵队番号。8 月 5 日，公开发表《广东人民解放军连江支队成立宣言》，宣言指出：“本军接受中国共产党领导，全心全意为解放连江人民而奋斗。”9 月 1 日，粤桂湘边纵队连江支队发表《我们的十一年奋斗史》，通过总结战斗历史，继续发扬优良传统，坚决全部、彻底、干净消灭敌人，为人民利益奋斗到底。

10 月 6 日，连江支队第七团在湖南浆洞举行连支七团成立大会。随后部队进至岩口洞，逮捕蓝山县参议长成继三，没收其财物，在浆洞沈家镇压了当地反动恶霸沈武岳。10 月 7 日（农历八月十六日），边纵连江支队司令员和连支八团、十团指挥员，从湘南转战到连县田家乡盘海村，隆重召开军民大会，连江支队司令员兼政委周明发表讲话，并公布了全支队各团编制及指挥员名单。

人民解放军粤桂湘边纵队连江支队司令员兼政委周明，副司令员马奔，副政委蔡雄，政治部主任陈奇略，副主任司徒毅生。支队下辖 12 个团和 3 个大队，其中第一团、第二团为司令部主力团。第一团团长兼政委周明。第二团团长马奔（兼），政委蔡雄（兼）。第三团团长兼政委苏陶，主要活动于清远。第四团团长王式培，政委谢洪照，主要活动于英德。第五团团长梁天培，政委张彬，主要活动于阳山。第六团团长兼政委李冲，主要活动于乳源、曲江边。第七团（原连蓝江边人民抗征大队）团长萧怀义，政委萧少麟，副政委兼政治部主任黄漫江（黄后来继任政委），参谋黄振。第七团全体指战员近 600 人，长短枪 500 余支，轻机枪数挺。第一营营长黄振，副教导员潘贤修。第二营副营长兼副教导员黄雄。第一连连长江浩，副连长冯启帮（前，后调八团），雷林（后），副指导员先后为苏宁、陈凌。第二连连长吴年，副连长曾荣，指导员沈文。第三连连长黄雄，副连长兼指导员邱士惠。第四连连长吴裕元，指导员谢平。第五连连长黄标、萧禄才。警卫排排长吴石忠，手枪队队长先后为谭辉、吴飞，武工队队长黄德新。活动范围：北起湖南武源、浆洞，西到江华大桥、麻石洞，南到连州郊区，东到天光山。第八团（原连宜临边人民抗征大队），团长成崇正，政委蔡雄（兼），副参谋长邵良础，辖 2 个营、4 个连，手枪组、武工队各 1 个。全团指战员约 500 人。第一营营长霍伦，教导员莫彬。第二营营长冼润泉，教导员潘平。第一连连长刘安，指导员廖辽。第二连连长程球，指导员何文佢。第三连连长何泽，指导员柯基。第四连连长冯启帮，副指导员成铁。活动范围：连县宜章、临武和乳源边缘乡村。第十团（原连临蓝边人民抗征大队）团长兼政委黄孟沾，辖 1 个营、4 个连、1 个警卫排和 8 个武工队。全团指战员约 500 人。营长杨雄，副教导员成崇仕，第一连连长兼指导员马旅；第二连连长欧阳书，副连长谭妹，副指导员罗克坚；第三连连长伍学流，指导员张乡文；第四连连长成崇九，指导员成来凤。警卫排排长黄尝坤。浦上乡武工队队长成保胜，副队长成均圣；田家武工队队长何元修，副队长何宗程；潭源乡武工队队长文德石；山河乡武工队队长唐成厚；塘庄乡武工队队长邓尚志；新村乡武工队队长何月甫；东十乡武工队队长欧阳余，副队长何道清；观星乡武工队队长何吉志。活动范围：连县、临武、蓝山边缘山区。宜章第一大队大队长黄驭白，政委陈克；宜章第二大队大队长彭文昭，政委李佐藤。临武大队大队长袁理凡，政委袁晓庄。

1949 年 10 月 7 日，韶关解放。10 月中旬，边纵连江支队司令部奉粤赣湘边纵队副司令员、中共中央华南分局驻韶关代表黄松坚命令，立即率主力部队第一、第二团和成崇正领导的第八团开赴韶关，接受新的战斗任务。连支七团、十团留在连县坚持斗争。赴韶主力部队从连县周家岱转湖南黄沙堡，在黄沙堡整编，把第一、第二、第八等三个团合编为连江支队主力团（6 个营），部队整编后直奔韶关。边纵连江支队司令员兼政委周明被任命为广东军区韶关军分区副司令员。11 月中旬，军分区决定，以边纵连江支队主力团为骨干，再从连支其他团抽调力量，组成北江军分区第十二团（后改为第九团），任命戴耀为团长，蔡雄为政委，整编以后，北江军分区第十二团即开赴乳源，充实装备，集训待命。

二、解放连阳战役的部署

连县、连南、连山和阳山，统称连阳四县，地处粤北山区，是汉、瑶、壮等民族聚居之地，山势险峻，偏于一隅。由于这些地方离野战军进军路线较远，进行广东战役之初，大军一时兵锋未至。故此，国民党残余部队逃聚于此，与当地反动势力相勾结，大肆叫嚣“反共救国”。盘踞连阳四属的敌人，有从坪石退下来的交警第十七总队，广东保安第十七团、第六十三军残部和保安四师第七团残部，还有各县保警队、护航队和“自卫队”等，共7100余人，其中交警部队是国民党军统局的特种部队，装备精良，战斗力较强。国民党广东省第五行政区专员、保安司令兼连县县长李楚瀛，自恃有交警部队撑腰，于是将连阳四属的保警队、“自卫队”、保安团和联防队等反动武装编制组成“中国反共救国军第九军”，自任军长，下设四个师。军部和特务营驻县城连州；第二十五师师长张夔元，驻三江、星子；第二十六师师长李楚瀛，副师长虞继广（连山县县长），分驻连县和连山；第二十七师师长李谨彪（阳山县县长），副师长陈国良（连南县县长）分驻阳山、连南。后编的第二十八师师长是英德县县长，驻英德。敌人企图以连阳四属为基地，坚持“游击战”实现其“反共救国”的妄想。在解放粤北战斗过程中，解放军曾写信给李楚瀛、李谨彪等连阳反动头子，规劝他们认清形势，及早投降，但他们执迷不悟顽固拒绝。

11月下旬，第四野战军十五兵团四十八军一四三师和北江军分区领导分析了敌情，决定发起解放连阳战役。为统一指挥这一战役，成立解放连阳前线指挥小组，由野战军第四十八军一四三师参谋长王中军、政治部主任吕琳和北江军分区副司令员周明3人组成。前线指挥小组收集情况，研究了连阳敌人的实力、装备、分布状况以及李楚瀛的出身、历史和心理状态等情况，分析他们身上具有反动性、顽固性和残暴性的特点以及外强中干、乌合之众的弱点，估计战斗打响后，敌人因连县县城无险可守，将会弃城上山。判断他们可能跑上瑶山凭险据守，或经鹿鸣关进入连山保存实力，建立根据地。据此，前线指挥小组决定：攻击的主要目标是集结在连县与三江的敌总指挥部，首先摧毁敌人首脑要害部位；分路并进，将敌人逃往瑶山或连山的道路堵死，合围三江小平原，然后以优势兵力歼灭之。

为此，前线指挥小组对第一四三师及配属部队进行具体部署：一是以第四十八军一四三师四二八团第一、第二两个营为主力，连江支队第七团配合，作为北路，由第四二八团团长李洪元指挥。从宜章黄沙堡经过连县周家岱、天光山和黄洞山直插东陂，待消灭守敌之后，随即进入三江，占据鹿鸣关，堵住敌人窜逃连山之路。然后掉头围歼敌人，解放三江。二是以北江军分区第十二团和第一四三师四二八团第三营为主，作为中路，由第一四三师参谋长王中军指挥，从坪石直到连县大路边，与连支十团会合后直扑星子，歼灭守敌后急速进军，包围攻击连州城；若敌人弃城逃走，则立即跟踪追击，务必将其主力歼灭。三是以第一四三师机炮营为主，加上北江军分区暂编第十团及连支三团编成的清远人民保安团，作为南路，由北江军分区参谋长黄云波指挥，从英德进入阳山，与连支五团会合后经黎埠插到三江之南，堵住敌人逃上瑶山之路，然后三路部队合围，聚歼敌人于连州与三江之间的山野。解放连阳前线指挥小组严令部队，在即将进行的连阳战役中，所有指战员要发扬不怕艰苦、不怕牺牲的精神，务必歼灭敌人。参加解放连阳战役的作战部队总兵力有4000余人。

解放连阳作战部署制定后，指挥小组立即命令各路部队迅速做好战斗准备，并通令各县党组织及坚持战斗的尚未改编的连江支队的几个团和武工队，发动民兵、群众做好各项支前准备工作。

三、人民群众的支前工作

解放连阳战役打响的前夕，连阳地区的星子、东陂、龙潭九陂及西江朝天解放区，以及连县县城和周边地区的人民欢欣鼓舞，盼望早日解放。

1949年9月间，遵照上级党委的指示，成立连县支前指挥部，蔡雄任司令员兼政委，副司令员成崇正，副政委萧少麟，县支前指挥部同中共连县临工委一起统一领导连县的支前工作。各区、乡成立支前指挥所，村设支前指挥员。他们同当地地下党、武工队一起迅速扩军，扩大游击区，建立区乡人民政府，发展党、团、民兵组织，对地方反动势力展开政治攻势，对群众进行宣传发动，为迎接解放做好各项支前工作：积极筹粮筹草，赶运作战物资，修桥筑路，组织担架队、向导队、运输队，搜集敌人情报，注视敌人动态，随时向组织报告。

星子区浦上乡人民政府在党支部和乡支前指挥所组织下，在解放大军进军连县必经的连坪公路（北从宜章交界的凤头岭开始，至大路边小冲坳的十多公里）两旁，各村分段设立路标、供给站、茶水站。全乡800多名青壮农民，参加了民工队、担架队、运输队、修路队和架桥队，还有妇女茶饭组、代耕队等。“兵马未动，粮草先行”，在解放军来到之前，各村筹集了大量的稻谷、马草、柴火。如大路边村是通向星子的门户，千军万马将从这里通过。浦上乡大路边、油田、寒水各村开展“献粮草迎亲人”的活动。群众宁愿自己吃番薯、吃稀粥，筹集了900多担稻谷支援解放军。国民党当局为了“防共”，在临解放时把公路桥梁全部拆毁、炸塌。区、乡支前指挥所发动群众抢修公路桥梁作为突击任务。在解放军来到前的20余天内，要把凤头岭到五里冲30多公里内的20多座木头桥抢修好，困难重重，任务艰巨，但千难万难也难不倒盼望早日解放的人民群众。星子区委的浦上、田家、山河、塘庄几个乡支前指挥所，广泛发动各村群众献木头献工匠，群众纷纷上山砍树、运树，几百人组成的修桥队、木工组、修路队分头分段日夜施工，工程进度飞快，只20多天，就把星子区地段30多公里路面填平，20多座公路桥全部修成简易木桥。1949年10月底，当解放军即将进军连县的消息传来，留守本地的连江支队第十团和浦上乡支前指挥所，发动了连坪公路沿线的20多个村庄，数百群众上山劈竹砍树，赶制了200多副担架，几百担箩筐，筹集了上千担的柴草和马料……各村庄群众磨谷舂米，忙碌异常。11月5日，解放军第四二八团和军分区第十二团的指战员从宜章步入凤头岭连县公路，从太和到大路边长达10华里的公路两旁，簇拥了数千群众，带路组、担架队也迎了上来，妇女送饭组、茶水组把米饭、茶水送到路边，一碗碗端到子弟兵面前，老人小孩把花生、薯片往战士怀里塞。战士们一边跑步前进，一边向乡亲们挥手致谢。在迎接解放的日子里，县城连州镇地下党负责人吴力，会同潘启廷、李家琳等，率领留在县城及郊区的党、团员，进行支前、护城的斗争，一方面分别同连江支队第七团派来的战士萧毅，以及杨青山、谭杰武工队取得联系，向游击队提供敌人的情报动态，通过地下交通站向部队提供电池、煤油、药品等军用物资；另一方面在连州中学、基联中学、连县师范等学校，布置党、团员学生随时准备保护学校；通过社会关系，组织人员防止敌人转移或破坏国家财物，保护国家财产；向连州镇工商界人士宣传形势，转移保护商品，阻止国民党当局征抽；输送数批党、团员和进步青年60余人进入游击区，参加部队，直接投入武装斗争。

四、聚歼残敌，解放连县

（一）大路边围攻战

在解放连阳战役打响之前，国民党交警部队从北方败退连县，遭到留守本县的游击队袭击。1949 年 10 月初，活动在粤湘边境的连江支队第十团从金坪山向坪石挺进，意欲与南下野战军联系。队伍到达宜章境内的糍粑岭时，发现一队国民党交警在山下一个村庄抢劫，部队立即投入战斗，约一小时，毙伤敌 10 余人，连支十团即撤回宜章笠头洞山区。10 月底，从铁路沿线败退下来的国民党交通警察第十七总队千余人盘踞在大路边村。连支十团立即派人奔赴宜章黄沙堡，向路过该地的第二野战军第四兵团十三军报告敌情。野战军决定从第三十七师第一〇八团派出两个营去消灭盘踞大路边的敌人。11 月5 日，展开了围攻交警的战斗，野战军第一〇八团担任主攻，战士们分别从东面和背面向大路边城内的敌人发起猛攻。敌人凭借坚固的城墙、炮楼负隅顽抗，解放军突击队冲过开阔地，迫近城墙，顽强地搭人梯越墙。由于墙高重武器少，敌众我寡，解放军处于仰攻不利位置，攻城未能奏效。连支十团据守村前制高点红磊顶，居高临下向敌人射击，后来敌人占领了红磊顶北面的山头，并向红磊顶发起攻击，连支十团坚

1949 年 11 月大路边战役中，毙伤敌 100 余人，俘敌 300 余人。解放军牺牲 55 人，游击队战士牺牲 2 人。图为 1984 年，当年战斗在大路边的游击战士在大路边革命烈士纪念碑悼念革命烈士（摘录于《红色征途》）

守阵地，战斗至下午3时，连支十团不支而暂时撤退。这时，解放军指挥部立即向黄沙堡部队求援。晚7时，增援部队赶到，解放军以猛烈的炮火向敌阵轰击，发起冲锋，夺回了被敌人占领的两个山头。敌人不支，向星子方向溃退。在战斗中，连支十团发动大路边周围民兵群众踊跃支前，组织了300多人的担架队、80多人的送饭组，他们冒着敌人的炮火抢救伤员，运送弹药，把茶水饭菜送到阵地战士手中。这一仗毙伤敌100余人，俘敌300余人，缴获大批武器弹药。野战军55人及连支十团2人牺牲，数十人负伤。打扫战场时，连支十团和民兵缴获轻机枪1挺，冲锋枪4支。

1949年11月大路边战役中，解放军搭人梯登城墙。图为大路边北城墙旧址（摘录于《红色征途》）

（二）梁家水战斗

解放连阳战役的部署经第十五兵团和第四十八军军部批准以后，1949年12月1日，解放连阳指挥小组发出命令：分兵迂回，全面推进，解放连阳。各路部队接到命令以后，立即行动，打响了解放连阳的战役。3日，北路第四十八军四二八团从乐昌乘火车出发，到坪石步行至宜章黄沙堡。4日与连江支队第七团会合，经过连县星子周家岱，5日晚到天光山蚊仔冲，然后兵分两路：第一路由四二八团团长李洪元率领，连支七团团长萧怀义、政委黄漫江配合，部队经洛阳从东面直奔东陂。第二路由第四二八团刘副团长率领第二营，在连支七团营长黄振与黄雄、吴年两个连配合下，绕道黄洞山，从背面插向东陂。当天，连支七团先头部队在洛阳拿下敌“自卫队”汕头哨岗，缴枪12支。接着在大营村与第四二八团协同作战，迫使敌“自卫中队”队长李雪亭率队缴械投降，缴获轻机枪1挺，长短枪40余支。第一路部队于当天晚上直奔旗王岭，围攻东陂。东陂守敌狼狈向大龙山溃退，于是，解放军和连支七团进驻东陂。

第二路部队从天光山经桐木冲于6日上午到达黄洞山，获悉前面梁家水村驻有从湖南临武溃退下来的敌交警600余人，决定先歼灭这股敌人，为继续前进扫除障碍。

1949年12月，解放军第四二八团在连支七团配合下，围攻盘踞在丰阳梁家水的国民党交警第二总队，毙伤敌200余人，俘敌440余人，解放军牺牲22人。图为丰阳镇梁家水村（摘录于《红色征途》）

梁家水村三面环山，南面是一片田野，一条小河从东边流过。村内有座大祠堂，是敌交警总部驻地。村的东、西、北三面建有炮楼，形成交叉火力网。村后岗是一片密林，设有敌岗哨阵地，居高临下控制全村。根据这些敌情，解放军决定分三路围攻敌人：西路第四二八团副连长赵廷率一个连，加上连支七团黄雄率两个排，从岩塘背南下，迂回到龙形洞，切断敌西逃之路；另一路由第四二八团派一个连，在仙人岭脚从东面包围梁家水；主攻的一路由第四二八团刘副团长指挥，连支七团营长黄振率两个排配合第四二八团两个连，由背面桥头水坑，沿大路分两路直扑梁家水村，展开正面攻击。

迂回龙形洞的部队首先与敌前卫接上火，激战半小时，俘敌数人，缴重机枪3挺、长短枪100余支，占据了龙形洞山村的制高点。从正面进攻的两路部队，以猛烈的攻势迫近村前，打垮了正在吃饭的敌警卫排，迅速从西、北、东三面对敌形成包围圈。6日下午，部队发起总攻，敌交警退路被堵，拼命顽抗，解放军奋勇进击，至傍晚攻入梁家水北门巷和半边街，夺下南炮楼。敌人盘踞在祠堂总部，以祠堂东侧的小河为界，与解放军形成对峙状态。天黑以后，解放军发挥夜战近战本领，从东面突入敌阵，与敌人展开巷战，由街头打到小巷，逐房突破，逐巷迫进，枪炮声、手榴弹声以及呐喊声响彻夜空。经过几个小时的激战，解放军把敌人分割包围在几个狭小阵地内，切断其相互的联系，随即进行政治攻势，向敌人指挥所发出最后通牒，限令他们在30分钟内缴械投降。与此同时，解放军通过群众找来大量的辣椒粉和石灰，包扎在手榴弹上，一批批地投入敌指挥部的祠堂内，石灰和辣椒粉随着手榴弹的爆炸，辣烟四起。敌人有的被炸死，有的被呛得泪水鼻涕齐流，咳嗽不止，哭喊连天。顽固的敌人终于不支，于7日凌晨从窗口竖出白旗投降。其余据点的守敌得知总部投降，也纷纷放下武器，至此战斗胜利结束，共毙伤敌200余人，俘敌交警总队上校队长李学忠以下敌兵440余人，缴获轻重机枪35挺，六〇炮9门，长短枪500余支，电台2部，战利品一大批。解放军牺牲副连长赵廷贵等22人。

1949年12月，在梁家水战斗中，毙伤敌人200余人。俘敌400余人，解放军牺牲22人。图为1982年，当年战斗在丰阳、东陂地区的游击队员在悼念梁家水战斗中牺牲的革命烈士（摘录于《红色征途》）

梁家水战斗结束后，北路部队在东陂镇会合，留下连江支队第七团继续清剿东陂一带的残敌，解放军第四二八团从东陂出西岸，下石角。进军途中，在新塘歼敌一个营，缴获轻机枪 1 挺，步枪 100 余支，然后直插李楚瀛老巢三江。7 日下午开始围攻三江城，至 8 日凌晨击毙敌营长莫家铨等多人，三江镇获得解放。这时，解放连阳的中路部队也从连州到达三江会师，前线指挥小组立即命北路部队由第四二八团团长李洪元率该团主力，彭厚望率连支七团一个连配合，迅速进军连山；黄漫江、黄振率连支七团一个连在三江待命，准备接收连山县。8 日晚，北路部队顺利占领连山旧县城太保镇。12 月 9 日上午，彭厚望用电话向国民党连山县当局发出最后通牒，限令他们于 10 日中午前无条件投降，等候解放军接管。10 日中午，国民党连山县当局无条件接受投降，并派出代表到太保迎接解放军。北路部队于当天下午进入连山县城永和镇，并接受了“反共救国军”第九军二十六师七十六团副团长彭兆祥及连山县“自卫总队”副蒋友森以下官兵 256 人投诚，于是连山县获得解放。11 日，李洪元团长率北路部队离开连山，从加田经上洞到寨岗，参加围剿李楚瀛残部的战斗。同日，黄漫江、黄振奉命率连支七团一个连和接管干部从三江到达永和，宣布成立中共连山县工委，黄漫江任书记兼县长，开始了连山县接管和政建工作。

中路方面，北江军分区第十二团和野战军第四二八团三营为正面攻击部队，在解放连阳指挥小组直接率领下，12 月 3 日从乳源赶到乐昌搭上火车，深夜抵达坪石，天未亮即向连县开拔。6 日，部队赶到连县大路边村，同坚持活动在该地的连支十团会合，于当晚急行军包围了星子镇。星子镇是连县东北面的重要门户，国民党连县第二区的区署所在地。经过李楚瀛的苦心经营，镇内沿街以沙篓沙袋布下道道临时工事，各条街口增设了闸门哨卡，镇外山岗炮楼林立。守敌以第九军二十五师主力团（团长黄坤山）为主，各乡集结队也收缩把守星子。6 日晚，由军分区第十二团三营组成的主攻部队炸开星子北门街口的闸门，直冲入街。野战军第四二八团三营也从土陂冲、白坟头东北面冲入星子；军分区第十二团一部和连支十团从清江方向兜到星子西南的黄村，冲向星子。镇内敌人慌作一团，乱放空枪，区署敌人从洞婆圩绕河边上了公路，向麻步、连州逃窜。部队占领星子后，7 日凌晨，在镇西南的金紫岭围攻一个碉堡，一阵炮轰，敌堡陷毁，顽抗的东十乡集结队欧阳斗泗等 14 人当了俘虏。星子解放后，指挥小组随大军直扑县城连州。8 日拂晓，先头部队从巾峰山冲入连州城，城内敌人已经弃城逃跑。县城连州解放后，部队稍作休息，留下连江支队第八团团长成崇正等人接管连县，解放军继续向九陂方向追击李楚瀛残敌。

南路方面，军分区参谋长黄云波率领野战军第一四三师一部及军分区暂编第三团等部队，向英德西部进剿，英德“反共救国军”第九军之十一团、六十三团团长到浛洸向解放军投降，加速了敌人的瓦解。接着，部队进剿黄花的顽敌梁猛熊部。9 日解放大湾，至此，英德全境解放。部队马不停蹄直指阳山。13 日解放七拱，14 日解放青莲，两路部队会合解放阳山县城。“反共救国军”成家球部投降，阳山县县长李谨彪率残部逃往秤架圩后，被解放军歼灭。阳山县解放以后，南路部队挥师向黎埠、三江前进，参加会剿连阳反动头目李楚瀛的战斗。

这时，各路部队在解放连阳指挥小组的指挥下，投入了会剿李楚瀛的战斗。原来在中路部队进入连州城的前一天，李楚瀛在获悉三江被围，连山、阳山失去联络，星子、东陂已经解放后，自知大势已去，于 7 日深夜率“反共救国军”第九军军部和由交警组成的特务营等随从千余人，从连州南门渡过湟川河，经瓦窑岗向九陂、黎埠方向逃窜，潜入连南南岗、油岭一带深山，妄图依仗山高林密、地形复杂的瑶山负隅顽抗。他们在军事上采取避实就虚的战术，在瑶山到处流窜，苟延残喘，继续与人民为敌。为了彻底清除匪患，全歼敌人，解放连阳各路部队按照部署，从连山、阳山、连县等北、南、中三个不同方向，收缩包围圈，火速向三江靠拢，对敌首领李楚瀛进行会剿。

北路部队在李洪元团长率领下解放连山以后，回师三江，参加会剿。中路正面进击部队解放连州以后，估计李楚瀛的军部和特务营逃往三江。于是，部队当晚马不停蹄地追入三江。途中在陈巷歼敌自卫中队 70 余人，缴获长短枪 80 支。部队入三江后，见满街都是敌人遗弃的白银和军用物资。解放军分析敌情后，第二天追上瑶山。军分区第十二团和野战军第四二八团一部由瑶族战士李昌夫做向导，在南岗、油岭一带进行反复搜索。在油岭下，追上了敌军部和特务营 300 多人，经过激战，一举将敌人歼灭，缴获一批武器和资材，俘虏了李楚瀛的母亲和他的小老婆及其下属200 余人。经审讯，他们均不知道李楚瀛的下落。12 月14 日以后，部队继续在南岗、三排和黎埠一带搜索。这时，从阳山前来的南路部队和从连山来的北路部队也赶到了瑶山。三路部队首长共同分析敌情，研究对策，决定采取以分散对分散的战术，各部以班为单位，分区分段、逐山逐洞进行地毯式的搜索。

解放军进入瑶区后，注意贯彻党的民族政策，秋毫无犯，尊重少数民族的风俗习惯，依靠、团结瑶族群众共同对敌。12 月16 日，解放军得到瑶胞房大猪六的密报，说李楚瀛为了苟延残喘，战斗一打响即抛弃妻子，带亲兵潜逃，并以重金收买房大猪六为他送饭、送情报，企图躲过解放军搜剿，伺机出逃。部队在房大猪六的带领下，潜到南岗油岭猪屎洞附近，把矮凳凹山洞团团包围，扫去一轮子弹，又进行喊话。慑于解放军的威力，洞内包括敌军长李楚瀛、参谋长于继祖在内的40 余名敌人纷纷携枪出洞投降。刚到洞口，一个肥头大耳的家伙猛向山沟窜去，第四二八团三营八连战士周瑞海、郭永怀和于连合三人立即飞奔下山猛追，抓住了企图乘机逃跑的李楚瀛。

12 月24 日，历时 20 多天的连阳战役胜利结束，连阳四属获得解放，击溃了盘踞连阳的国民党交警部队和“反共救国军”敌兵1540 人，活抓李楚瀛，接受投诚671 人，总共歼敌2300 余人，缴获轻重机关枪及其长短枪共504 支，炮4 门，各种枪弹13.4 万发，解放军牺牲副连长以下28 人（其中地方部队4 人），伤49 人（其中地方部队6 人）。解放连阳战役结束后，野战军返回粤汉铁路驻地坪（石）、英（德）线，地方部队则仍在连阳地区清剿漏网的残敌。连阳四属的解放，彻底粉碎了国民党残部妄图建立粤北“反共基地”的美梦。

12 月20 日，广东省连县人民政府宣告成立，由上级委派蔡雄任县长，成崇正、黄孟沾任副县长。连县人民政府隶属广东省人民政府及其派出机构北江专员公署领导。

1950 年1 月10 日，奉中共北江地方委员会指示，成立中共连县委员会，以中共北江地委委员蔡雄为书记，萧少麟为副书记，成崇正、黄孟沾、萧怀义为委员。至此，经过数十年艰苦奋斗，连县党组织终于取得执政地位。连县人民在中共连县委和连县人民政府的领导下，投入了轰轰烈烈的民主改革和社会主义建设，连县跨进了一个崭新的历史时期。

第五章

连州的发展

第一节 连县国民经济恢复和社会主义改造时期的建设发展

一、解放初期经济发展

1949 年 10 月至 1956 年 9 月，是国民经济恢复和社会主义改造的历史时期。其中，1949 年 10 月至 1952 年 12 月，为恢复生产、巩固政权阶段；1953 年 1 月至 1956 年 9 月，为对农业、手工业、资本主义工商业进行社会主义改造和制定实施“一五”计划阶段。

1949 年，连县生产总值 1427 万元（已折算为新人民币，按当年价格计算，下同）。到 1957 年第一个五年计划完成时，生产总值达到 2461 万元，比 1949 年增长 72.46%。

1949 年，连县工农业总产值（按 1980 年不变价计算，下同）1846 万元。1950 年普查，全县有工业企业 7 家。1952 年，全县建成国营工业企业 5 家，工业总产值由新中国成立初的 140 万元上升到 303 万元。工农业总产值 2508 万元，其中工业产值占 12.10%、农业产值占 87.90%。新中国成立后，连县进行了大规模的经济建设，连州工业发展速度加快。50 年代，完成了对手工业的社会主义改造，全县工业企业从事皮革、纺织、土纸等手工业作坊 215 家，碾米、纺织、铁器、竹器、机缝等家庭手工业 4331 家，先后发展了轻工、机电、燃化、建材、矿产、冶金等工业，改造、扩建了一批工矿企业。

1953 年 1 月至 1956 年 9 月，连县在巩固人民民主政权的基础上，迅速发展生产，制定和实施“一五”计划，经济和社会事业有较好的发展。同时，人民政府支持发展生产，帮助赈灾度荒，人民群众断粮问题得到解决，缺粮问题也得到基本解决，人民生活保障度有一定的提升。建设和发展中虽然存在经验不足、执行政策有偏差等问题，但连县各级党组织在错综复杂的情况下，克服困难，推进各项工作，特别是在土地改革、社会主义改造和“一五”计划的实施等方面都取得重大成就，为此后的建设发展打下了良好的基础。

二、经济结构

（一）农业所有制结构

新中国成立前，地主、富农占有全县耕地的 70% 以上，土地改革后，土地变为集体所有制。1957 年完成农业社会主义改造，大部分农户加入农业生产合作社，95% 的耕地为农业生产合作社集体所有；其余为社员自留地和县农场、林场用地。1961 年，农场经济体制由公社统一核算改为以生产队为基本核算单位，公社、大队、生产队三级所有。

（二）工业所有制结构

新中国成立初期，连县只有几家私营工业，1950 年有个体手工业工场 8 家，产值 2. 9 万元。1952 年，全民和集体经济逐步建立，当年工业产值 303 万元，此后，全民所有制工业逐渐占主导地位，1957 年工业产值 849 万元。1958 年后，个体工业被取消。1979 年起，重新肯定个体经济作为社会主义公有制的补充，个体工业有新的发展。

（三）连县的产业结构

连州自古以来以农业生产为主，但工业、小型手工业和加工业，在经济发展历史上一直占有很重要的地位。1949 年，农业产值占全县生产总值的 40. 20% ，第二产业占 55. 90% ，第三产业占 3. 90% 。1970 年，国民经济第一、第二、第三产业的比重为 45 ∶ 43. 10 ∶ 11. 90，农业超越第二产业成为第一大产业。直到 2000 年的三十年时间里，农业始终占据生产总值 40% 以上的比例，成为支撑连州经济的一个重要基础。

随着经济发展水平的不断提高，手工业和小加工业日渐式微，导致第二产业所占生产总值的份额一度下降，但在改革开放搞活经济的方针指导下，大力进行产业结构调整，发展大工业，淘汰落后生产工艺和生产方式，基本建设投资快速增长，乡镇企业蓬勃发展，产业结构得到优化。至 2003 年全县生产总值三项产业比重为 34. 70 ∶ 28. 70 ∶ 36. 60，产业结构调整已见成效，第三产业从 1949 年占生产总值 3. 90% 的微小比例开始，慢慢发展壮大，特别是 80 年代起贯彻改革、开放、搞活的方针，1985 年第三产业占生产总值 22. 90% ，首次超过工业，成为连县的第二大产业。至 2003 年，第三产业占生产总值的比重超过了农业和第二产业，成为经济发展的重要支柱。

（四）农民收入

新中国成立初期，农业生产落后，农民生活水平低下，1961 年，全县农业人口人均年收入 50. 26 元，人均年口粮 166 公斤；1978 年农业人口人均年收入 77. 80 元，人均年口粮 243. 50 公斤，十七年间，农业人口人均年收入增加 27. 54 元，平均每年只增加 1. 62 元；人均年口粮增加 77. 50 公斤，平均每年增加 4. 56 公斤。

（五）职工收入

新中国成立后，连县全民、集体经济逐步建立，职工队伍不断扩大，年末职工总人数从 1962 年的 9412 人发展到 1994 年的 28775 人。职工工资收入不断增加，1994 年，全县职工年平均工资4794元，比1978年增长7.70倍。2003年全市职工年平均工资13472元，比1994年增长1.81倍。

1956年9月至1965年12月，为开始全面建设社会主义的历史时期。其中，1956年9月至1966年5月的十年其间，是开始全面建设社会主义阶段。在十年全面建设社会主义的探索和实践中，虽然受到各种干扰和影响，但党在领导经济社会发展和党的建设方面仍然取得重大成就，积累许多经验和教训。第二、第三个五年计划期间，在“大跃进”、人民公社化运动中，受高指标、瞎指挥、浮夸风和“共产风”的影响，加上频繁的自然灾害，工农业生产大起大落，全县经济比例失调，生产下降。工农业总产值由1958年的4457万元，下降到1962年的3724万元。1965年工农业总产值升至5827万元，1962年至1965年增速56.68%。

第二节 “文化大革命”期间发展缓慢

1966年5月至1976年10月，是“文化大革命”期间。因受“文化大革命”的冲击，经济和社会事业发展缓慢，一些行业受到挫折。1966年全县工农业总产值5515万元，1976年全县工农业总产值15419万元。1976年10月至1978年12月，经济和社会事业的相关制度开始恢复。1978年，工农业总产值达到20141万元。

生活水平：农民的人均年收入1965年53元，1976年67元，十年才提高14元。人均年口粮1966年193公斤，1976年226公斤，十年增加33公斤。1976年，职工人均年收入535元。

一、农业的发展情况

1967年7月，组织干部到山西大寨参观学习，随后逐步在全县掀起农业学大寨高潮。建成了一批农田水利基础设施，改善了农业生产条件。1966年9月建成了潭岭水库，水坝长157米，坝高47米，坝宽5米，水库集水面积142平方公里，设计灌溉面积55050亩，实际灌溉面积40000亩。1970年10月建成水电厂，装机容量3.75万千瓦。先后建成麻子塘、庙前冲、东田冲、鱼田、老虎头、新立、成村等大中小型水库20多座，兴修水渠多条。1971年，从湖南江华大桥公社至连县清水公社水利工程建成，凿通了一条长744米、宽2米、高1.9米的隧道，开辟了19.5公里长的环山引水渠，引来大桥河水，解决清水、西岸两个公社20000多亩农田灌溉用水。

1974年，全县动员4700多人在龙坪公社围子灌区开荒造田，开垦方块田527亩。1975年作出全县农田基本建设规划。1976年，以改造山坑田为中心，全县掀起农田基本建设高潮。1977年组织“一百华里两条线”（连州半岭至西江、龙坪卡房至朝天五里冲）的农田基本建设大会战。1966年，全县水稻种植面积415628亩，总产量22379吨，至1976年全县水稻种植面积提高到468332亩，总产量36163吨。

二、“三线建设”促进了连县道路交通的发展

“三线建设”是中共中央和毛泽东于20世纪60年代中期作出的重大战略决策，它是在国防局势日趋紧张的情况下，为加强战备逐步改变我国生产力布局的一次由东向西转移的战略大调整，建设重点在西北。连州地处粤北山区，1966年起先后建起了一批战备国防工厂。有星江模具制造厂；利华厂，主要生产炸药；101厂，生产硝酸铵（厂址在保安镇）；701、702厂，主要生产4管高射机关炮（厂址在瑶安乡）；东方红拖拉机厂，主要生产电子元件（厂址在东陂镇）；岭南工具厂，主要生产子弹（厂址在九陂镇）；713厂，生产电子元件；714厂，生产水泥；385仓库，战备物资中转站（厂址在附城）；15号信箱，战备仓库（地址在大路边镇）；711厂，生产30航弹（由于工厂位置偏僻，难有发展，80年代后，全部搬出连州，大都由军工企业改为民用企业）。这些工厂的兴建，促进了连州公路建设发展。1965年动工兴建连州清水公社至湖南江华县公路，连县负责35公里。1965年5月13日保安至洛阳公路建成通车。1970年6月东陂至洛阳公路建成通车。1970年7月星子至洛阳公路建成通车。各人民公社修建了

一批乡村公路（沙土路），连州道路交通条件得到了一定的改善，促进了连州工农业生产的发展。

三、工业、能源的发展

一般民用工业门类，主要有农业机械修造厂，生产水轮泵、水锤泵、水轮机、齿轮机床、卷扬机、打禾机、生活热水炉等；电机修造厂，从事内燃机、拖拉机、汽车、电机的修理与装配，1969年后主要生产电动机、发电机、变压器等产品；造纸厂，1967年动工，两年后建成投产，厂区面积35000平方米，厂房建筑面积12300平方米，有职工300人，办厂初期，年产机制纸151吨；衡器厂，1970年建成投产，是当时韶关地区唯一的衡器厂。还有印刷厂、造船厂、水泥厂、砖瓦厂、松香厂、玻璃厂、火柴厂、橡胶塑料厂、氮肥厂、糖果厂、米酒厂、毛巾厂等多家工厂，这些厂后来均改制或破产。

能源开发。一是煤炭开采。1970年成立连县煤炭公司，1976年成立连县煤炭局，两块牌子一套人马，领导全县煤炭生产、产品销售和技术安全指导工作。九陂公社、龙坪公社、朝天公社、星子公社、清江公社、大路边公社、潭岭公社、保安公社、麻步公社、附城公社、东陂公社、西江公社、西岸公社、山塘公社都先后办过煤矿。开采的煤炭不仅能供本地使用，还在星子和连州双溪亭附近建立一个煤炭存储场，各公社把开采的煤炭运到煤场，再用船运到广州等地，连州生产的煤炭质量好，产品供不应求。

二是利用连州丰富的水资源兴建水电厂（站）。最大的水电厂（潭岭水电厂）位于大路边镇潭下村，1965年由广东省水电厅动工兴建，可安装3台1.25万千瓦水轮发电机，总装机容量3.75万千瓦，1号机组于1969年4月10日发电，2、3号机组分别于1969年11月和1970年10月投产，工程总投资2893万元，现年最高发电量2.48亿千瓦时。1991年1月1日起，潭岭水电厂管理权由省电力局下放给清远市人民政府和连县人民政府管理，1993年1月1日起，下放给连县人民政府管理。1971年底，首批装机容量100千瓦的马面滩、双车水口等电站并网投产。1975年建成星大、红旗、塘联、罗村洞等水电站。红旗电站，位于西岸镇三水村委会，1966年秋动工，1973年竣工投产，总投资200万元，装机容量1000千瓦（两台），年均发电量650万千瓦时。此外，各个人民公社或生产大队建成一批小水电站，解决本地群众的照明用电。

三是变电运行管理。1971年建成110千伏连州变电站（水井坪变电站），主变容量1万千伏安。连州变电站是连州、连南、连山的中心枢纽站，是连州最重要的变电站，担负着连州、连南、连山的电力供应和小水电上网。110千伏洛阳变电站，位于瑶安乡大营村雅鹊塘山坑，占地面积8834平方米，1970年3月动工，1971年8月建成投入使用，解决瑶安、保安、丰阳和“三线”厂生产用电和洛阳片小水电上网。1972年8月后，电网由小到大不断发展。

第三节 老区建设的发展

连州市革命老区，处于粤湘边远山区或瑶族聚居地区，地势险要，地形复杂，人口分散。连县人民，从大革命时期开始，直到抗日战争、解放战争时期，在中国共产党领导下，给红军或游击队当向导、送情报、掩护伤病员、解决部队给养问题、开辟游击根据地、参军参战、支援部队，为连县的解放事业、建立人民政权作出了历史性的贡献。在社会主义革命、社会主义建设和改革开放时期，连州市老区人民继承革命传统，发扬先辈精神，勇于改革创新，在振兴经济、加强基础设施建设、推动社会事业和精神文明建设方面作出了艰苦努力。新中国成立 70 多年来，特别是改革开放 40 多年来，在中国共产党和人民政府领导下，老区的面貌发生了翻天覆地的变化，人民的生活水平有了很大的提高。2015 年 12 月 23 日，中共中央办公厅、国务院办公厅正式印发《关于加大脱贫攻坚力度支持革命老区开发建设的指导意见》，中共连州市委、连州市人民政府更加注重革命老区的建设与发展。着力加快基础设施建设，有序开发优势资源，培育壮大特色产业，保护生态环境，推进民生改善，促进转移就业，实施精准扶贫精准脱贫、创新体制，推动革命老区经济全面发展。通过坚持不懈的努力，老区的环境设施、村容村貌、生活生产条件都发生了根本性的变化，人民生活水平不断提高。

一、扶持老区建设，解决群众“五难”问题

新中国成立后，党和政府十分关心老区建设工作。1990 年 4 月，连县补划革命老区，5 月成立连县老区建设办公室（简称“老建办”）和老区建设促进会（简称“老促会”）。面对老区人民行路难、读书难、看病难、食水难、用电难等问题，县老建办和县老促会协同农林、水电、交通、教育、卫生部门，分别制订帮扶规划，多方向省、清远市争取资金和物资，帮助老区人民建设家园。

1990 年，县政府争取外援资金 100 万元，老建办争取省卫生部门 15 万元、公路部门 50 万元、教育部门 25 万元、水电部门 25 万元、供电部门 5 万元，帮助红色根据地老区修建卫生站、公路、水渠，改造学校危房。1991—1992 年，县政府发动县内各单位捐献大米 500 担，衣服一批，捐款 3.50 万元；省、清远市交通、水电、教育部门投入 300 多万元，支援老区。1993 年，县财政拨款 22 万元、交通部门拨出 11 万元，修筑老区公路 44 公里；水电部门拨出 51 万元，架设山区供电线路 40 公里；卫生部门拨出 5 万元，建设老区卫生站 1 所；教育部门拨出 23 万元，建设老区小学校舍 5 间；民政、农委、林业部门共拨出 40 万元，购买化肥、水泥物资一批支援老区建设。1995 年，全市所有老区村庄均挂上市委、市政府制作的搪瓷金属“革命老区”牌子，增强老区人民的荣誉感和责任感。1995—1996 年，各部门筹集资金 560 万元，用于老区水电设施和卫生站建设。1997—1998 年，老建办争取省市出资 404 万元，连州有关部门支持 313 万元，钢材 52 吨，用于老区移民新村建设以及公路、水电工程。1999 年，争取省扶持资金 943 万元，其中 167 万元用于老区路桥建设，63 万元用于老区生产生活用电，135 万元投入老区人民食水工程，其余用于老区兴

建小学、卫生站等。2000—2003 年，老区部门争取各方资金 1097 万元，用于老区修筑公路 238 公里、水渠 167 公里，架设高压线 261 公里，建设卫生站 28 所、小学 7 所。经过多年努力，老区人民的交通、教育、医疗、用电、饮水等状况均得到不同程度的改善。

连州市采取倾斜政策，大力发展老区教育事业。连州市属于革命老区的镇（乡）有 13 个，有革命老区的村委会 80 个，总人口约 14 万，有老区学校初中 12 所，学生约 1 万名，小学 92 所，学生约 3 万名（2003 年乡镇撤并前）。近年来，在市委、市政府的正确领导下，连州市进一步落实教育优先发展的战略地位，特别对革命老区学校的建设，更是在人力、物力、财力等方面采取倾斜政策，在学校不断完善的基础上，巩固提高革命老区的“两基”成果，积极推进素质教育，大力提高教育质量和办学效益，全市革命老区的教育事业取得了显著的成绩。

（一）支持革命老区教育事业，解决老区子弟“读书难”问题

百年树人，教育为先。支持老区建设，首先从教育入手。实施教育扶贫首先突出抓好有老区的行政村小学教学楼危房的改造。

改造老区学校，改善办学条件。革命老区地处偏僻，受各方面因素制约，老区学校的建设滞后，阻碍了当地教育的发展。为了搞好老区学校的建设，连州市根据省、清远市有关改造薄弱学校的精神以及省、清远市老促会加强老区学校建设的要求，充分调动各革命老区镇（乡）、有革命老区的村委会的积极性和广大人民群众的办学热情，对改造老区学校做到大力度、大投入。截至 2002 年底，全市 104 所老区中小学校已完成改造。逐步完善各种教学设备设施，共依法筹措改薄资金 374 万元，积极争取到省老促会改造老区学校资金 876 万元。连州市政府在财政困难的情况下，不仅做到不拖欠教师工资，而且实现了财政对教育款的“三个增长”。在改造中，连州市首先抓好改善老区学校的办学条件。96所老区中小学基本实现了钢筋混凝土楼房化，新建校面积约5万平方米，小学基本实现“七室一场”，初中“十室一场”，教学仪器设备基本达到二类标准；体育器材配备率基本达到三类标准。学校的教学、行政、生活用房基本满足师生工作、学习、生活的需要。其次，抓好革命老区学校领导班子建设和教师队伍素质的提高，调整和充实了老区学校的领导班子和教师队伍。83所中小学的校长具备任职资格、持证上岗；专业教师学历达标率，小学达93.8%、初中达86%。办学条件的改善和领导、教师素质的提高，促进老区学校教育教学质量明显提高，德育考试率、中小学生的“三好”率、后进生转化率、学生学习成绩均有较大提高。此外，连州市还对学校布局作了合理调整，按规划撤销了老区教学点109个，通过调整学校布局，使教育资源得到充分利用，办学效益有了明显提高。

采取有效措施，巩固“两基”成果。连州市于1994年基本普及九年义务教育并通过了省的检查验收。由于多种原因影响，义务教育阶段学生的流失，特别是革命老区学校学生的流失较难控制，呈上升趋势。为此，市教育局通过多种渠道，并充分利用“普九”宣传月的时机，大张旗鼓深入宣传贯彻《中华人民共和国教育法》《中华人民共和国义务教育法》，使普及九年义务教育家喻户晓，进一步提高了广大干部群众的认识，增强依法送子女入学的自觉性。各镇（乡）继续实施和执行九年义务教育合同制度，落实了政府行为，加大了执法力度，使适龄儿童受教育的权利得到一定保障。对经济困难的学生，采取“减、缓、免”的收费办法，市政府、市教育局规定对贫困学生免收学杂费，免费面达15%左右，并建立贫困学生助学金制度。部分学校设立了贫困学生助学金制度，发动全校师生共同扶助困难学生完成学业。认真落实省对农村困难家庭子女免收义务教育阶段学杂费工作。2002年，争取到省扶贫资金304万元，全市共有8131名困难学生（其中老区学校中学1162人、小学2680人）得到扶助。此外，利用一切机会，通过多种渠道，通过“希望工程”“手拉手”“一帮一”等扶贫措施，积极争取社会各界的支持，组织多种形式的对口扶持工作。2001年开始，市教育局联合市政协，争取到香港黄大仙区热心人士的资助，每年捐资2.61万港元，解决了522名学生的入学问题（其中革命老区学校学生310名）；市“希望工程”办争取到社会各界助学款12万元，解决了608名特困小学生的入学问题（其中革命老区学校学生256名）。各校还通过加强对后进生的转化工作，完善学校管理制度，净化学校及周边环境，使学生入学后留得住，将学生流失率降到最低。同时，革命老区镇（乡）的扫盲工作和成年人教育工作也得到巩固和发展，镇（乡）成年人文化技术学校基本达标，各镇（乡）对劳动者开展全方位培训，为发展当地经济打下基础。

全面实施素质教育，促使学生全面发展。随着时代的前进，教育事业日新月异。为使革命老区的教育事业跟上时代的步伐，连州市全面贯彻、落实《中共中央、国务院关于深化教育改革全面推进素质教育的决定》以及有关“减负”工作的一系列规定，各学校进一步完善和落实校长任期目标和教师岗位责任制，在教育中加强了教育科研，认真实施《连州市中小学教学常规实施细则和评估方案》，强化教学管理，改革课堂教学模式，重视学习方法指导，提高学生独立思考能力和创造能力，面向全体学生，发展个性特长，大面积、大幅度提高教学质量，使学生进得来、留得住、学得好。同时，根据学生个性特长，活跃第二课堂，重视艺术课的教学教研，使学生得到全面发展。学校体育卫生工作进一步加强，中小学生体育达标率达到85%以上，中小学校健康教育工作已进入规范化管理。连州市还根据上级的要求，结合实际，于2003年秋季学期起，包括革命老区在内全市所有初中一年级开设信息技术教育课堂。为此，连州市为信息教育投入了约400万元资金用于添置设备；同时，全市逐步普及小学英语教育，小学三年级已经全部开设了英语课。通过以上各种措施，促使革命老区镇（乡）的学生能够全面发展。

2003年3月，中共清远市委办公室转发了《关于改建老区行政村小学教学楼危房的实施方案》的通知，连州市委、市政府做了以下工作：一是成立了连州市老区行政村小学教学楼危房改建领导小组，由市委副书记周永信任组长，市政府副市长余惠玲和市老促会理事长潘启廷为副组长，领导成员有老促会、教育局、建设局、设计局、审计局、地税局、供电局、气象局等领导，领导小组下设办公室负责具体工作；二是明确了领导小组、有老区的行政村小学危房改建任务所在镇（乡）和学校应负的责任，并下发文件到有关单位；三是市委、市政府召开了有关单位领导会议，再次学习贯彻连委办文件精神，要求这些单位大力支持这项工作，在办理有关手续和收费等问题上给予简化和照顾，争取9月1日开学前将急用的危房改建好，使老区的子弟按时开学上课。

做好2003年老区、山区行政村小学破烂教学楼改建准备工作。2002年底，连州市老促会接到清远市老促会《关于调查老区、山区行政村小学破烂教学楼情况的通知》后，立即召开了常务理事会议，传达学习了通知精神并研究了贯彻的办法，同时将通知精神向市委、市政府汇报，得到主管领导市委副书记周永信的重视和支持。市老促会正副理事长还主动与市教育局领导商量贯彻的做法，决定与市教育局联合发通知，召开教办主任和镇（乡）主管老促会的领导会议，贯彻清远市老促会通知精神，研究部署调查工作。经调查，当时连州市行政村小学破烂学校有54所（其中有革命老区的行政村小学27所、贫困山区行政村27所），课室441间（其中属有革命老区的行政村小学236间、属贫困山区行政村小学205间），总面积为33157平方米（其中属于有革命老区的行政村小学的18692平方米、属于贫困山区行政村小学的14456平方米），破烂课室441间（属于全部危房的341间、属大部分危房的100间），面积为8939平方米。将调查材料上报省和清远市老促会后，山塘中心小学、高山中心小学等5所学校获批为2003年改建的学校。

为了保证按时按质完成民心工程，市教育局和市老促会多次进入学校，深入了解核查，确定教学楼位置，较快解决了建设开工等问题。九陂镇白石小学校舍定位难、平整场地工作量大，为了解决这些问题，市老促会黄志德等人六进该校，副市长余惠玲、市教育局局长肖阳青也多次到学校解决定位问题。镇政府十分重视，拿出2.5万元平整场地，修挖斜坡，又用1万元拉挂好电线，当地群众不计报酬，献出了油茶树的林地一块，经过多方努力，终于完成“三通一平”工作。瑶安碧梧小学新选校址，需要拆公用祠堂，开始时，群众思想不通，经过市老促会和当地政府做工作后，群众思想通了，每户均签名同意拆掉使用多年的祠堂，扩大学校的场地。据不完全统计，当地政府出资共约12.5万元，献工献料不计其数。为了保证质量，市教育局和市老促会的同志多次深入工地检查，市建委和设计室的同志也把好每道工程关，市教育局还专门指定2人作工程技术指导。经过多方的努力，第一、第二、第三批共32所学校的改建工程基本竣工，学生有了新课室上课。

（二）支持老区电力建设，解决群众“用电难”问题

用电问题对老区群众尤为重要，涉及照明、农业加工、水利

排灌、农机耕作等。革命老区集老、少、边、穷于一身，地处偏僻，交通不便，用电历来困难。连州市委、市政府对老区群众用电问题十分关心，做了大量的工作。

竭尽全力，解决老区无电村“照明难问题”。早在 1989 年冬，连县委、县政府就明确作出决定，用三年时间解决县内各镇（乡）老、少、边、穷山区人民用电难问题，实现管理区通电奋斗目标，作为本届政府为山区人民办实事之中的一项政治任务。1990 年初，根据县委、县政府的决定，县农委组织了供电局、小水电公司人员组成调查小组，任务是对县内各镇（乡）老、少、边、穷山区的无电管理区、村进行实地调查，核实无电情况，找出用电困难的原因，提出解决无电村用电问题的实施规划和工程预算，向县委、县政府报告。

调查核实了全县无电村情况，全县 22 个镇（乡）已通电 21 个，未通电 1 个，207 个管理区未通电 18 个；经济社（村）1561 个，已通电 1443 个，未通电 118 个。全县农村 86288 户，已通电 83400 户，未通电 2888 户；总人口 404179 人，已有电用的 390638 人，没有电用的 13541 人。瑶安乡由于地处边远山区，距离电网远，架设电网投资大，造成全乡 4 个管理区、32 个村民小组，共 763 户 3688 人只靠当地山区修建微型水电站自发自用，生活、照明、粮食加工用电难以解决。县委、县政府为解决此问题，连年来打了四个歼灭战。

第一个歼灭战是从 1990 年至 1992 年，用三年时间解决了 1 个无电乡、10 个无电管理区、61 个经济社（村），共 1289 户 6923 人用电问题，架设 35 千瓦高压线路 22 公里、10 千瓦线路 81.389 公里、低压线路 16.2 公里，安装变压器 699 千伏安/44 台，总投资 3464665 元，其中省市补贴 1265000 元，连县 1487312 元，镇（乡）220400 元，群众自筹 378803 元，管理区

113150 元。

第二个歼灭战是 1994 年至 1999 年解决了 8 个无电管理区、36 个经济社（村），共 1039 户 4518 人用电问题，架设 35 千伏线路 4 公里、10 千伏线路 10.8 公里，安装变压器 540 千伏安/26 台，总投资 355.3 万元，其中省市补助 115 万元，连州市财政支付 152 万元，镇（乡）自筹 88.3 万元。

第三个歼灭战是 2000 年根据省、清远市提出的扶贫开发攻坚“两大会战”的要求，确保 2000 年“四通”（通车、通电话、通邮、通电）至村级目标实现。经过核查，至 1999 年底，连州市尚有 10 户以上无电村 7 个，这些村庄均地处偏僻山区，当地群众生活水平低，经济十分困难，所以多年来都无法筹集资金通上高压电。从 2000 年 8 月起，连州市供电局组织了 160 多名工程技术人员、施工人员进场投入紧张的施工，终于在 2000 年 12 月 14 日无电村通高、低压线路改造全部完成，如期完成无电村通电任务。

第四个歼灭战是 2002 年龙坪林场和云雾林场配电建设，对林场的配电建设，省政府曾有指示，确保在农网改造过程中优先解决老、少、边、穷林场的用电难问题。2003 年共抽调 100 万元用于龙坪林场和云雾林场的电网改造。通过努力，完成了 10 千伏线路 1038 公里、低压线路 13.18 公里，更换高损变压器 5 台，总容量 305 千伏安；安装用户电能表 639 个。通过几年来的艰苦努力，全市圆满完成了无电村庄、林场通电任务。

进一步完善农电体制改革，减轻老区农民负担。市政府下文决定将 21 个趸售镇（乡）供电所移交给连州市供电局直接管理。

从 2002 年 1 月 1 日起，又将农村住宅到户电价降低到 0.79 元/千瓦时以下，当年减轻农民负担 210 万元，平均每户减负 41.40 元。四年来减轻农民负担共 1450 万元，农电体制理顺后，减轻了农民负担，89250 户农民得到了实惠。

注入大量资金，进行城乡电网改造，实现城乡住宅用电同网同价。随后，连州市农网改造工程被列入广东省2000年农网改造计划，总投资为6500万元，其中10千伏电网建设2478万元，低压网改造4022万元。2000年3月，农网改造工程全面铺开。2001年5月底全部竣工，并通过了清远市有关部门的初步验收。连州市农网改造完成工程项目1351个，其中10千伏线路改造项目739个，新建改造线路470.25公里，新建台架456个，新建改造0.4千伏线路1187.6公里，更换高损变压器10732台/36510千伏安，改造配电房279间，改造农村台区737个。2002年仍投入3350万元对全市22个镇（乡）的农网和城网进行改造。实现全市村村通电，消灭无电村现象，供电网络逐年改造提高，供电正常。2018年，连州市供电量完成12.81亿千瓦时，同比增长1.75%，售电量12.57亿千瓦时，同比增长3.46%。

此次城乡电网改造赢得了政府和社会的支持，取得了良好的社会效益和经济效益，为实现城乡住宅用电同网同价打下了坚实基础，农网供电质量有了明显改善。2018年，城市居民端电压合格率达到100%，农村居民端电压合格率99.999%。

（三）加强老区公路建设，解决群众“行路难”问题

2018年，连州市境内公路通车里程3972公里，建成贯通南北的高速公路两条（清连高速、二广高速）共108公里，新建的广连高速正在施工中；国道4条（贯通南北的G107线、G234线、G537线，连接东西的G323线）。乡村公路形成网络。2018年，通过全市各级党委、政府和人民群众的共同努力，特别是抓住全省农村扶贫开发“两大会战”的有利时机，筹措资金1.8亿元，按四级以上路面标准新修或者扩建有老区的行政村公路109条，自然村公路363条，里程1867.3公里。实现了所有行政村通公路，自然村大部分通车，帮助13万多老区人民解决行路难问题。

2018年，连州市新农村公路路面硬底化建设项目25个，总里程45公里，撤并建制村通硬底公路建设项目21个，总里程共21.25公里，连州市公路管理局同时做好路网结构改善项目的建设管理。完成S114线城北大桥危桥改造项目；S114线大江桥、S346线大营桥、S259线观头洞桥等3座桥加固工程完工，S114线三水二桥完成桩基础。G107线、G323线、S259线、S346线4个项目基本完成施工建设。G323线洲水公路服务区竣工验收。

（四）发展医疗卫生事业，解决群众“看病难”问题

新中国成立后，连州老区卫生医疗事业有较大发展。建有县级公立医院5所（人民医院、中医院、妇幼保健院、慢性病医院、红十字医院），私立医院2所（恒生医院、北山医院），镇（乡）医院20所，农村卫生医疗机构健全、运作正常。1991年，连州县成立了“连县初级卫生保健委员会”，把实现人人享有卫生保健目标列入各级政府的议事日程，紧紧围绕2000年人人享受初级保健规划目标，经宣传发动、组织实施和加温加速发展几个阶段。全市保障每个镇（乡）建立一所完善的卫生院，落实“一无三配套建设”，新建或恢复有老区的行政村卫生站104所，稳定行政村卫生站从医人员105人，有效解决了109个有老区的行政村（609个自然村）群众“看病难”问题。2000年，连州市被省政府评为广东省农村初级卫生保健达标县。

2007年，按照广东省粤发〔2007〕9号文和省老促会印发的《广东省卫生厅工作会议纪要》精神，清远市老促会于2008年1月5日发出通知，要求各县（市、区）与卫生部门共同研究做好调查摸底工作。根据上级的工作部署，连州市主管卫生的领导召集市老促会与卫生部门研究协调，建立联系制度，由卫生局一名副局长、市老促会分工一名副会长专门负责这项工作。经过初步调查摸底，2008年1月20日，连州市老促会向清远市老促会汇报了连州市老区镇（乡）卫生院的建设情况。全市有7个老区镇（乡）的卫生院，需要改造的危房有7231平方米，特别是保安镇卫生院，危房面积达428平方米。市卫生局与市老促会研究制定了规划，五年内确定改造建设7所卫生院，维修2所卫生院。三年完成：2007年建保安卫生院；2008年建西江、朝天、朱岗卫生院，维修山塘、潭岭卫生院；2009年建丰阳、高山、清江卫生院。

2009年8月5日，根据清老促字〔2009〕1号文和清老促字〔2009〕3号文，经过进一步调查摸底，北湖医院，大路边、星子、龙坪、西江、九陂、东陂、保安、瑶安、丰阳、三水等12所卫生院有破旧危房面积达14425平方米，另有需补足用房面积8707平方米，需购置主要的医疗仪器设备：救护车4辆、X光机2台、B超机5台、心电图机9台、半自动生化仪5台、血球计数仪6台、尿分析仪4台、多普勒胎儿听诊器9台、产床9张、洗胃机11台。从2007年至2011年，在上级党委、政府，连州市委、市政府和有关部门的支持下，在市卫生部门和市老促会的协助和配合下，全市老区镇（乡）卫生院的危房改造建设面积达14425平方米，不足业务用房面积8707平方米，购置了一批仪器设备，为解决老区群众“看病难”问题创造了条件。

2018年，全市有医疗卫生机构261个，其中三级综合医院、二级中医院、二级妇幼保健专科医院、慢性病防治院、健康体检门诊各1所，乡镇卫生院22所（含分院10所），卫生站179个，个体诊所39个，门诊部4个，学校厂矿卫生室7个，社会办医3家，对内服务医务室8个，民营医院2所，在编在岗人数1340人，执业医师570人，执业助理医师251人，护士1328人。编制床位1795张，实际开放2635张，全年总诊疗196.02万人次，出院人数10.56万人，基本解决了老区人民“看病难”的问题。

（五）加大资金投入力度，解决群众“食水难”问题

新中国成立后，党和政府对老区人民饮水问题高度重视，解决了部分老区群众的饮水困难问题，尤其是1988年以来，连县根据省、清远市的部署，成立了解决农村食、用水难的专门机构，2000年“两大会战”和2002年解决石灰岩地区人畜食用水困难大会战，全市共投入资金2319.1万元，建造蓄水池165个共13411.4立方米，铺设饮水管道967.41公里，为443个老区自然村建造了食用水工程，使老区139673人饮上卫生安全水；再经过2003年冬奋战，全市老区村庄的群众基本解决了“食水难”问题。

2018年，连州市水务局推进连州市村村通自来水工程，力争到2018年末基本形成覆盖全市农村的供水安全保障体系，实现行政村村村通自来水覆盖率、农村自来水普及率、农村生活饮用水水质合格率均达到85%的目标。连州市2016—2018年村村通自来水工程建设规划涉及农村总人口数31.59万人，总投入30840万元。2018年完成项目22宗，受益人口7万人，完成投资5345万元。

二、老区建设加速发展

革命老区“五难”问题的解决，不仅大大改善了老区群众生产基础设施条件和生活环境，而且促进了经济建设和各项事业的发展，推进了贫困落后面貌的改变。据统计，2002年，全市老区生产总值为5.78亿元，比1987年的1.59亿元增加4.19亿元，增长2.64倍，其中：第一产业为3.64亿元，比1987年的1.15亿元增加2.49亿元，增长2.17倍；第二产业为1.81亿元，比1987年的0.18亿元增加1.63亿元，增长9.06倍。老区人均收入3768元，比1987年增加3199元，增长5.62倍，老区人民正向小

康迈进。

2018年，连州市实现生产总值156.89亿元，同比增长5.3%；三项产业比例23.9：21.8：54.3；完成固定资产投资50.77亿元，同比增长13.7%；规模以上工业增长值21.22亿元，同比增长1.8%；社会消费品零售总额56.74亿元，同比增长10.3%；地方一般公共预算收入6.76亿元，同比增长7.6%；地方一般公共预算支出39.55亿元，同比增长49.6%。居民消费价格指数同比增长2.6%，维持在合理区间。外贸进出口总额18.20亿元。综上，连州市经济增速与上年基本持平，经济运行稳定。

第四节 改革开放，成果显著

改革开放以来，国民收入〔20 世纪 90 年代中期后称人均国内（地区）生产总值，即 GDP〕随着经济发展不断提高。1980 年，全县 41.86 万人，国民收入（当年价，下同）10152 万元，人均国民收入 242.52 元。2003 年国内生产总值 253373 万元，人均国内生产总值 5748 元，国内生产总值比 1980 年增长 23.96 倍，人均国内生产总值增长 22.70 倍。2018 年，连州市全年实现生产总值 156.89 亿元，同比增长 5.3%。

在固定资产投资方面。1994 年，固定资产投资完成 82427.25 万元，其中基本建设投资完成 36405.25 万元，基本建设投资占固定资产投资 44.17%。2003 年，固定资产投资完成 577843 万元，其中基本建设投资完成 352427 万元，基本建设投资占固定资产投资 61%。1961—1994 年与 1995—2003 年两个时间段对比，后九年固定资产投资比前三十四年增长 6.01 倍，基本建设投资增长 8.68 倍，基本建设投资比重比前三十四年增长 17 个百分点。

一、连州市社会主义经济管理体制改革

1979—1985 年，首先在农村开始，推行以家庭联产承包责任制为中心的农村管理体制改革；推进包括城市工商业在内的综合管理体制改革试验。1986—1996 年，在工商企业中全面推行承包经营责任制，大力发展镇（乡）企业、发展规模工业，推动传统

经济向社会主义市场经济转变。1997—2003 年，农村全面落实了土地承包期再延长三十年的政策，各行各业开展以产权制度为核心的经营体制改革，逐步提高城市化、工业化、信息化和农业产业化水平。至 2003 年，全市共 98 家工业企业、流通企业，实施破产 31 家，整体拍卖 3 家，转制 2 家，股份制 3 家，遣散解体 41 家，其他形式 18 家。安置职工 7091 人，发放安置费 5677 万元，落实职工社会保险 3757 人。财政、金融、税务、保险改革全面展开。

1980 年 9 月，中共中央发布《关于进一步加强和完善农业生产责任制的几个问题》的通知后，全县普遍推行联产承包责任制，农业体制发生了根本性的变化。

1982 年初，全县 2685 个生产队（含包干到户前已独立核算分配的队、组），实行包干到户责任制的有 2551 个生产队，占总队数的 95%；到年底时，全县所有生产队实行包干到户的责任制即家庭联产承包责任制。承包土地总户数 89500 户，总面积 255450 亩。

1984 年，县委发出《关于认真做好延长土地承包期调整土地工作的意见》。针对原来大多数地方土地承包期一般是三年左右的实际，明确了将土地承包期延长至十五年以上。具体的方法和步骤如下：

（1）调整原则。以原有生产队为调整单位（包括包干到户前已独立核算分配的队、组），划分责任田以 1984 年合法人口为依据，解决各家承包土地零星分散为相对连片集中，以此为重点，民主协商，多退少补。对各户承包土地多年生作物、新挖鱼塘一般不调出。

（2）调整对象。对迁入迁出、娶入嫁出、死亡、计划生育、农转非、兵转官、兵转国家干部、大学生、中专学生等农户的土地要作调整。对超生人口已分责任田的，要退出。对区、乡企业人员、民办教师未分田，而本人要求承包土地的，应补给责任田。对一时难以作出结论的，可先留机动田处理。

（3）调整时间。全县统一计算调整土地人口的截止日期为1984年8月31日。逾期人口增减不再调整。

（4）调整方法。不搞“一刀切”，尊重群众意愿。根据土地远近、肥瘠、阳光、水利等条件，评定土地等级，以等定产，按产负担各项征派任务。一般土地定一至三级，不能超出四级，排好次序，以户“拾阄”（抽签）。对原土地承包基本合理，或者山区、自然条件复杂、田块地段差异较大，可采取不同办法进行调整。凡人口增减基本平衡的队，进出户双方协商，互相挂钩调整，或采用由队统一自报评议调整。凡调出多，调入少，除补足调进户外，多余部分土地留作机动田，标包到户。因人口增加或征用土地多，总面积减少调出，调入多的队“以出定进”调整。

这次延长土地承包期调整土地工作，从1984年9月1日开始，9月30日完成，全面进行土地登记造册，签订新的承包合同，按照新合同调整国家、集体各项任务。

80年代中期开始，连县在工业企业推行各种形式承包经营责任制。主要的形式有厂长（经理）负责制、厂长（经理）承包经营责任制、厂长（经理）岗位目标责任制，工资总额同经济效益挂钩等。

1990年10月，连县出台进一步完善企业承包经营责任制的意见，承包期限和承包办法：新一轮承包从1991年开始，对符合国家产业政策，已确定“八五”计划和技术改造规划的企业尽可能承包到“八五”期末；生产经营稳定的企业，承包期三年；生产经营不稳定的企业，实行一年一定；个别企业确不具备条件实行承包的，按照第二步利改税进行。承包上交国家利润形式：对经营稳定的企业，实行“核定基数，确保上交，超收分成，歉收自补”，企业当年实现的利润，减除基数利润后的超收部分，按企业、财政、企业主管部门 7：2：1 分成；对微利企业，实行上缴利润基数包干，超收部分按财政、主管部门、企业 1∶ 1∶ 8 分成；对亏损企业，实行亏损包干，增亏不补，盈利按财政、主管部门、企业 1：1：8 分成；对少数技改任务重的企业，采取“核定还贷基数，包死上缴利润，超收分成”或者“核定利润基数，递增上交，超收全留”。承包方和发包方：独立核算的企业是承包的主体；财政局和企业主管部门共同代表发包方，有关部门负责组织协调。承包的主要形式有：集体承包，即由企业领导班子集体向发包方承包；全员抵押承包，即由企业职工和承包者缴纳相应的承包风险抵押金；小型微利或亏损企业，试行租赁经营责任制。实行集体承包或全员承包，由厂长（经理）代表企业签订承包合同。承包基数的确定、承发包方的责任和义务、承包合同的确定、企业管理和收益分配等，由县体制改革办公室视每个企业拟定具体的意见。

实施承包经营责任制以后，企业经营效益和职工经济效益均不同程度地提高。但是，受当时的历史条件及制度不够健全所限，部分企业承包形式变样，有的承包者未按合同上缴承包款项，造成资金流失。

二、工农业生产大发展

（一）工业发展

连州以建设粤、湘、桂三省毗邻区承接产业转移优先地为目标，以民族工业园为载体，发挥本地优势，着力加强食品加工产业、生物医药产业、硅灰石和碳酸钙加工产业链招商的发展。

2018 年，连州市工业经济时质并提。全年推动开工建设工业项目24个，新增规上企业2家，规下转规上7家，规模以上企业38家，实现规上工业增加值21.22亿元，同比增长1.8%。规划建设连州市新材料产业基地，初步形成“一中心一园区两基地”格局，两证齐备非金属矿矿山23家，全年出矿370万吨，同比增长6.75%，“非矿”税收收入9500万元，同比增长6.44%。绿色能源产业维持良好形势，风力发电量3.55亿千瓦时，五、六、七期风电建设顺利进行，水电产业继续保持，规模以上企业水力发电量1.47亿千瓦时。

（二）农业发展

2018年，连州市现代农业进一步发展。加大实施清远鸡、茶叶、柑橘三大主导产业和连州菜心、连州水晶梨等地方特色产业发展行动计划，力促产业兴旺。全市新增合作社42家，总数达648家；新增认定家庭农场66家，总数达166家。推进农业“三品”工程，新增广东省名牌产品2个，广东省第三届“十大名牌”产品3个，“三品一标”认证1个。创新发展富硒功能农业，保安镇荣获广东省首个“全国合作经济特色小镇·富硒小镇”称号。成功申报连州菜心省级现代农业产业园等5个中央和省产业项目，获得奖补资金1亿元。全市实现农林牧渔业总产值60.21亿元，同比增长5%。

（三）现代服务业发展迅速

2018年，连州市服务业发展态势良好，初步完成《连州市全域旅游发展总体规划》编制工作，宣传片《乡村振兴看中国——夏游连州奇味多》在中央电视台国防军事频道《农广天地》栏目播出。成功举办桃花节、水晶梨节及国际摄影年展等节庆活动，全年接待游客1000万人次，实现旅游综合收入50.6亿元，分别同比增长6.69%、7.13%。电子商务交易总额1.2亿元，同比增长20%，连州菜心、水晶梨、腊味等农特产品形成良好的品牌效应。金融业平稳运行，金融本外币存款余额183.83亿元，贷款余额152.39亿元，分别同比增长10.9%、8.1%，连州农信社改制农商行各项指标持续达标。

三、主体功能区建设和城市扩容提质

2018年，连州市持续落实主体功能区战略规划。积极落实配套财政政策，主体功能导向更加明确。有效落实投资鼓励政策，投资环境不断优化。落实配套土地政策，土地利用更加科学。落实环保配套政策，推进环境保护差异化管理。全年，全市经济和环境基本保持协调发展。

2018年，连州市中心城区扩容持续发展。《连州市城市总体规划（2015—2035）》颁布实施。全力加快城镇开发建设，碧桂园、丽晶花园等一批住宅小区建设大力推进。连州摄影小镇纳入省级特色小镇培育库。中山路环境改造工程开始施工、PPP模式城市环境整治及基础设施工程纳入国家项目库。开展市政建设工程22项，城北桥排水管改道等5项工程已完成，市政消防栓建设工程基本完工，良江路和沿江路扩建工程、市区内街小巷改造工程均进入施工阶段。完善龙头山垃圾卫生填埋场运行监管，市区生活垃圾无害化处理率保持100%。整治城市“六乱”成效显著，城市面貌持续改善。

为了改善全市农村居住环境，大力开展创建美丽乡村，截至2018年，全市已建成美丽乡村604个，其中老区村232个。

四、交通运输和邮政通信的发展

（一）交通运输的发展

交通基础设施建设。2018年，清远市重点项目（连州市县城路网升级改造工程）方面，地下河旅游大道建设工程和X834线大路边至葡萄坳段公路改造工程于 12 月底完工，X391 线大田至高山段公路改造工程已完成总工程量的 62%；续建项目方面，X390 线满地至城西煤气站段改造工程于 8 月顺利完成，X389 线白石至龙潭路基失稳段改线主体工程已完成。年底完成全县总工程量的 98%。

交通运输行业发展。2018 年，全年受理办结行政许可事项 169 项，办结率 100%；经营许可证方面，全年提交许可换证申请并通过勘验的有维修业户 10 家。普通货运企业 1 家，提交开业申请并通过勘验的有普通货运企业 2 家。

城乡公共交通优化调整。2018 年，对全市公交线路进行优化调整。同时，在市区内新增 1 条公交线路（9 号线）：连州汽车站—北山中学—连州汽车站。新能源公交车方面，投放 50 辆新能源公交车，已于 12 月投入运行。

运输市场调整。2018 年，在道路运政方面，全年共出动执法人员到站、场、点稽查 4608 人次，出动执法车辆 1152 辆次，查处道路运政案件共 75 宗，其中查处非法营运案件 22 宗，班车客运 15 宗，其他案件 38 宗；路面治超方面，全年共出动交通执法 20088 人次，检查车辆 19703 辆次，共查处超限超载货车 291 辆次，卸载货物 6624. 6 吨，移交交警扣分 278 人次，驾驶员记分 1481 分，签订源头企业责任书 162 份，建立远程监控 17 个，处罚源头企业案件 7 宗；“六乱”整治方面，全年共出动执法人员 760 人次，出动执法车辆 152 辆次，处理各类路政违章 124 宗，有效地保障了公路的安全畅通。

农村道路硬底化建设。2018 年，连州市新农村公路路面硬底化建设项目共 25 个，总里程 45 公里。

撤并建制村通硬底公路建设。2018 年建设项目 21 个，总里程 21. 25 公里，12 月底全部完成。

公路建设与管理。2018 年管养的国道、省道公路总里程 255.10 公里，其中国道 189.28 公里、省道 65.83 公里。2018 年，完成 G234 线茅结岭至三村段 18.2 公里二级公路新（改）建项目工程、S346 线新铺至龙头山段 29.8 公里二级公路新（改）建项目工程、G323 线洲水经四方井至元村段改线项目工程可行性研究报告、G537 线连州至丰阳段 31 公里一级公路新（改）建项目的建设方案设计、G104 线三村至邓家洞段 14.8 公里路面改造项目、S346 线星子至大陂洞段 6.8 公里路面改造项目方案设计并获批准。2018 年，连州汽车客运站全年发运班车 74273 班次，发送旅客 50.33 万人次。连州汽车客运站加强客运经营管理，拓展运输业务。

（二）邮政通信的发展

2018 年，中国邮政连州分公司有邮政自办营业网点 9 个、邮政代办所 9 个、邮政报亭 9 个、村邮站 131 个、邮政信报箱群 41 个、农村电商邮乐购站点 215 个、农综改邮政综合便民服务中心站点 3 个。自办汽车邮路 2 条，日均邮运路程 320 公里；自办投递邮路市区 9 条、镇（乡）14 条，日投递邮路总长度 1240 公里，邮政普遍服务覆盖率达 100%。全年完成信件投递 63.72 万件，包裹快递投递 66.78 万件，报刊投递 429.17 万件；以“农村电商 + 金融 + 寄递”形式服务“三农”，夏季寄出水晶梨 3.75 万箱；建成 215 个“农村电商邮乐购”站点，为村民提供便捷助农金融服务。

2018 年，中国电信连州分公司结合电信企业实际，全年投入资金 300 万元，新增光端口 8000 个。截至 12 月，连州有光节点 9434 个，累计光端口达 7.45 万个，实现全市 163 个行政村、1120 个自然村全光覆盖，自然村光纤到达率 74.82%，全年投入资金 1000 万元，新增 800MLTE4G 网络覆盖站点 74 个。连州市 163 个行政村移动信号100%覆盖，在全清远市排名第二，为政府今后在“农业互联网”“旅游互联网”及“智慧城市”公共服务领域的信息基础建设提供有力的无线网络保障。投入300万元完成市区中心市场、金源市场及相关主干道的管道迁改以及7个镇（乡）的线路整治工作。

2018年，中国电信连州分公司以政务云、政府服务门户、农村电子商务、智慧旅游、智慧医疗、智慧教育为重要抓手，积极配合政府相关部门重点促进以云计算、物联网、大数据为代表的新一代信息技术与现代制造业、生产性服务业等的融合创新，全面推进连州智慧城市建设。

2018年，中国电信连州分公司推进网上受理，让客户实现“足不出户”完成电信业务查询和办理，让广大群众享受到互联网带来的快捷和方便。在连州市市区全面优化渠道网点布局，方便群众，在番禺路、慧光路、城西路、北山路投入资金100万元建设4个电信智慧社区服务点，切实解决客户日常生活中存在的实际问题。

2018年，中国移动连州分公司继续抓好4G网络建设，投入3000万元，对老旧设备进行升级改造工作，建设超过300个4G基站，全面实现全市行政村一级的4G网络连续覆盖，覆盖率达到100%，全市道路覆盖率达到98%以上，高速路、国道实现全覆盖。此外，加强市区4G深度覆盖，覆盖率高达99.8%，下载速率高达80Mbps（兆比特每秒）。2018年继续加大家庭宽带的建设。着重加强镇（乡）的全覆盖，投入1000万元，加大拓展家庭宽带预覆盖。实现家庭宽带业务稳健发展。

截至2018年11月，话费平均值降幅达6.2个百分点，另一方面，创建社交电商平台“岭南生活”，助力偏远山区脱贫致富，累计销售农产品40万元以上。

联合网络通信。2018 年，中国联通连州分公司采用的 4G LET－CDMA 制式是当今全球最成熟网速最快的网络，最高网速可达到 150 兆，可支持 4G 网络功能的机款达 2000 多种，4G 网络可支持手机高速上网、手机音乐、手机电视、手机邮箱、可视电话、手机支付和无线上网等业务。4G 网络已在连州市区、镇（乡）和高速公路全面覆盖，在全球 208 个国家和地区可实现漫游，5G 试验基站正在部分区域开通。

联通营销业务拓展。2018 年，沃家庭业务，3G、4G、5G 业务，融合业务和宽带固话业务是中国联通连州分公司主要业务，公司对营销队伍进行业务拓展、组织培训学习、加强业务拓展宣传，较好完成了全年目标任务。

五、商贸流通

（一）商贸流通业

2018 年，全市实现社会商品销售总额 67.83 亿元，同比增长 9.2%；社会消费品零售总额 56.47 亿元，同比增长 10.3%。其中：批发业 11.21 亿元，同比增长 17.3%；零售业 36.03 亿元，同比增长 8.5%；住宿业 1.00 亿元，同比增长 16.7%；餐饮业 8.23 亿元，同比增长 9.0%。

（二）市场开发服务

连州市市场开发服务中心管辖城区和镇（乡）共 19 个市场，占地面积 4546.67 平方米，建筑面积 27760.12 平方米，其中：城区市场面积 4714.5 平方米，市场摊位 522 个；城区其他市场面积 7700 平方米，市场摊位 780 个。2018 年全市集市贸易成交额 5.51 亿元，同比增长 1.66%。

（三）供销合作商业

2018 年，连州市供销社坚持服务“三农”，农村现代流通服务网络体系建设进一步完善，为农服务平台初显成效，供应稳定，市场经营秩序态势好转。全年完成商品总购进19670.5万元，其中农业生产资料采购7850万元；商品总销售20565.6万元，其中农资零售6018万元，实现净利润22万元。

（四）外经外贸

2018年，连州市共引进新投资项目52个，总计划资金154亿元，续建项目18个，实际到位资金21.5亿元。按建设进度统计，新引进的52个项目中，筹建项目8个、在建项目38个、试投产项目6个；连州市合同利用外资19341万美元，同比增长46.48%；外贸进出口总额为18.20亿元，完成清远年下达任务指标的88.35%。按产业结构统计，第二产业项目39个，计划投资59亿元，到位资金16亿元（含筹建项目7个、在建项目27个、试投产项目5个）；其他产业项目13个，计划投资额94亿元，到位资金5.3亿元。

（五）外资企业及港澳台资企业

2018年，连州市在册外资企业及港澳台资企业共42家。建滔连州信息产业科技园，位于连州市城北村清连高速公路旁，隶属于香港建滔化工集团，于2003年11月兴建，截至2018年12月，建滔连州信息产业科技园投资25亿元，年产值达45亿元。建滔（连州）铜箔有限公司，隶属于香港建滔化工集团，于2003年11月兴建第二铜箔生产基地。大部分产品远销欧美、东南亚等世界各地，成为世界上铜箔行业中工艺最先进、自动化最高、品种最齐全的电子工业生产基地之一，是2018年全球产量最大的铜箔生产基地。截至2018年12月，铜箔一期、二期、三期厂已全部投产，总投资12亿元，年产量达3.5万吨，年产值22亿元。每年为国家创税收1亿元。

东强（连州）铜箔有限公司，位于建滔工业园内。公司于

2009 年 11 月获批准成立，主要生产电解粗化铜箔，为香港东强有限公司投资设立的港商独资企业。公司建筑面积 3 万平方米，投资总额 8000 万美元。主要产品有 9—140 微米电解铜箔及高档电池铜箔。年产销量 10800 吨，年产值达 7 亿元，每年为国家创税收近 6000 万元。

建滔（连州）玻璃纤维有限公司，位于连州城北建滔工业园内，主要生产高级电子玻璃布。厂房占地面积 55000 平方米，总投资 4 亿元，年产 1.56 亿米玻璃纤维布，年产值 9 亿元，每年为国家创税收 9000 万元。

六、财政、税务、金融、保险的发展

（一）财政

2018 年，连州市一般公共预算收入完成 67618 万元，比上年增收 4766 万元，同比增长 7.58%；税收收入完成 43909 万元，同比增收 5954 万元，增长 15.69%（比上年同期增长 15.57%，提 0.12 个百分点）；非税收入完成 23709 万元，同比减收 1188 万元，下降 4.77%。一般公共预算支出完成 395514 万元，同比增支 131141 万元，增长 49.60%。财政运行预算情况基本正常，实现了财政与经济同步协调发展。

（二）税务

2018 年，连州市税务局圆满完成税收收入任务和减税降费目标，全年共组织税费收入 186311 万元，同比增收 31167 万元。其中，税收收入 127879 万元，社保费收入 54201 万元；县级收入 43909 万元，同比增收 5953 万元，增长 15.68%。累计办理出口退税 5019 万元，同比多退 4027 万元，增长 405.95%。

（三）金融

2018 年，连州市金融机构人民币各项存款余额 183.69 亿元，比上年增加18.06亿元，同比增长10.90%；贷款余额152.39亿元，比上年增加11.41亿元，同比增长8.09%；存贷比达82.96%。

（四）保险

中国人寿保险股份有限公司连州市支公司总保费收入9897.14万元，全年处理各险种赔（给）付款金额1992.65万元。中国人民财产保险股份有限公司连州支公司，2018年实现保费收入3837万元，同比增长30.6%，市场份额持续保持第一位，累计处理各类赔案4354宗，支付赔款1595万元，充分发挥保险的社会“稳定器”和经济“助推器”作用。

七、科技、教育、文化、体育、卫生的发展

（一）科技

历年来，连州市科技队伍保持稳定发展，科技成果不断出现。全市共有在职各类专业技术人员5194人，其中高级技术职务人员319人、农业专业技术人员67人。自主创新能力不断增强，规模以上工业企业研发机构6个，规模以上工业企业经费支出0.95亿元。全市专利申请数为119件，专利授权89件。

（二）教育

2018年，全市有各级各类学校（园）217所，其中：高级中学1所、完全中学1所、职业学校2所、初级中学6所、九年一贯制学校10所（其中民办学校1所）、特殊教育学校1所、完全小学46所、教学点75所、幼儿园63所（其中公办园19所、民办园44所）、成人文化技术学校12所。全市公办学校在编在岗教职工3496人，招聘教师95人。全市在校高中学生5069人，中职学生4351人，初中生12910人，小学生33579人，特殊教育学生23人，在园幼儿14828人。

教育创强工作。2018年9月25—29日，广东省教育强镇复评

督导验收组对连州市 10 个镇（乡）进行的强镇复评督导验收顺利通过。

教育创新。2018 年，连州市教育局在擦亮连州市第二中学“荔湾区广州一中实验班”帮扶工作亮点的同时，开设连州中学“真光班”，开展多种交流活动，大力扶助连州市学校的教育教学管理、骨干教师培训、教育科研等。连州市北山中学、连州镇实验小学、连州市第一幼儿园 3 所学校被授予“三宽家长学校示范校”，连州市成为广东省内首个挂牌示范校城市；连州中学创建成为省级“依法治校示范校”，连州中学等 6 所学校创建成为“青少年毒品预防省级示范校”，连州市北山中学等 4 所学校创建成为“积极教育”示范校。

强师工程。2018 年，连州市教育局向社会公开招聘教师 95 人，招聘保育员 96 人，连州市卫生学校公开招聘教师 19 人。全年连州市中小学校校长、教师交流轮岗 295 人。培训教师 8900 人次。落实中小学教师待遇，发放农村边远山区教师生活补贴月人均 1000 元，向在农村学校从教满二十五年并在农村从教至退休的教师发放终身岗位津贴。

学校基础建设。2018 年，创建广东省推进教育现代化先进市，新建改建扩建学校 37 所。修缮学校 48 所，建设塑胶跑道 123 个，学校办学条件进一步提升。年内投入用于创建广东省推进教育现代化先进市资金 5. 25 亿元。

中考高考成绩创新高。2018 年，中考成绩稳步提升，报考清远市第一中学的投档分数线位列清远市第三位，报考清远市华侨中学、清远市第二中学和清远市第三中学投档分数线居清远市第一位。连州市高考超过高分优先投档线 98 人，比上年增加 37 人；本科以上 558 人，比上年增加 133 人，专科以上上线率达 91. 5%，创八年来新高。

（三）文化、体育

连州市文化馆、连州市图书馆、连州市博物馆、冯达飞故居、连县抗战纪念馆、连州摄影博物馆和刘禹锡纪念馆，全面实现免费开放，全年接客量突破73万人次。

文化设施建设。2018年，连州市文广新局创建11个行政村（社区）综合性文化服务中心示范点和1个广东省镇乡（街道）广场示范点；2018年5月验收通过98个，累计完成112个，年末全市基层综合公共文化服务中心建设覆盖率达85.55%。全市有文化馆1座，图书馆1座（图书总藏量26.5万册），博物馆1座，广播电视台1座，电视基转台和广播调频台1座，地面卫星电视接收站2座，广播电视覆盖率100%。

体育设施建设。2018年，建设连州市东较场体育公园，项目占地面积18000平方米，设有室外篮球场、羽毛球场、乒乓球场、250米跑道、足球场、户外健身设施等，建设一个可容纳1500人的室内体育馆。优先为连州市村一级和贫困村增置健身路径72套，篮球架6副，补齐镇乡村一级体育场地基础设施。

文化活动。2018年，开展丰富多彩的群众文化活动，有春节晚会、乡村戏曲节、戏曲进农村、国际摄影年展开幕式等。全年组织送戏下乡266场；举办各类民俗活动92场；举办各类培训班99次，参加人员共4233人次；举办各类讲座202次，参与人员7393人次；举办常设展览57次，参观人员139464人次；举办短期及流动展览79次，参观人员221053人次；送展览19场。组建村（社区）文体活动队伍287个；文化活动投入资金494.2万元；2018年12月1日至2019年1月3日成功举办第十四届连州国际摄影年展，共展出作品5000幅，包括来自瑞士、法国、英国、挪威、意大利、荷兰、德国、巴西、新加坡、日本、波兰11国家和中国香港共34位摄影师的作品。

文化事业发展。2018 年，连州市公布古遗址、古墓葬、古建筑、石刻、现代重要史迹及代表性建筑等不可移动文物共 332 处，其中国家重点文物保护单位 1 处，省级文物保护单位 5 处，市、县级文物保护单位 54 处。有 1500 多年历史的连州慧光塔被列入国家重点文物保护单位，巾峰山摩崖石刻、大云洞摩崖石刻、燕喜山摩崖石刻和近现代重要史迹建筑遍布各地，冯达飞故居、惠爱医院旧址被列入省级文物保护单位。

2018 年，连州秦汉古道、崇岳堂、卧龙亭修缮方案经省文物专家审定通过，进行修缮工作，市电视台、市摄影家协会对现阶段连州秦汉古道东线、西线的 106 个文物点进行摄像、拍照保存。结合各个文物点的概况，收集资料，汇总共 27 篇 167 页，摄像资料 1 小时 42 分钟。

（四）卫生

卫生和人口计生。2018 年，全市共有医疗机构 261 间，其中三级综合医院、二级中医院、二级妇幼保健机构、慢性院各 1 间，镇乡卫生院及分院 22 间，卫生站 179 间，社会办院 3 间，民营综合医院 2 间，门诊部 4 间，个体诊所 39 间，对内服务医务室 8 间。连州市卫生系统在编在岗人数 1340 人（其中市直医疗卫生机构 633 人、镇乡卫生院 707 人），全市技术临时工 767 人，执业医师 570 人，执业助理医师 251 人，护士 1328 人。编制床位 1795 张，全年总诊疗 196.02 万人次，全年业务总收入 48299.94 万元，同比增长 3%；总支出 56452.84 万元，同比增长 5.28%。全年共接受无偿献血 4492 人次，献血量 989200 毫升。

卫生基础建设。2018 年 9 月，连州市人民医院改扩建工程项目和市妇幼保健院外迁扩建项目开工建设。市急救医疗体系建设项目二期工程与市人民医院急诊大楼一起建设。星子中心卫生院改建工程项目室内装修基本完成。市慢性病防治院外迁综合大楼项目、保安镇卫生院建设完工将投入使用，省财政扶持建设的7间标准化村卫生站完工。

卫生计生工作。2018年，连州市加强计生队伍建设，全市173个村（居）委会，配备175名计生专干，享受村“两委”干部同等待遇。

2018年，连州市抓好计划生育目标管理，全年全市户籍人口出生8058人，其中一孩出生2938人，二孩出生3976人，多孩出生1144人；政策生育率88.62%，政策外多孩生育率9.83%；出生人口男女性别比104.57：100；常住人口出生5270人；人口自然增长率6.22‰。

八、旅游业的发展

连州市首次入选“广东省旅游创新发展十强县（市）”并荣登“十强”榜首，“连州旅游”微信公众号连续三年荣获“广东省县（市）最具影响力旅游微信公众号”称号。2018年，连州市共接待游客1005.86万人次，同比增长6.69%；实现旅游总收入50.6亿元，同比增长7.13%。

2018年，连州有红楼宾馆（三星级）、连州国际大酒店、连州大酒店、皇朝大酒店、顺达大酒店、米兰时尚酒店、金都大酒店、金龙大酒店、花园假日酒店、阳光假日酒店、铂威国际酒店、乐居连锁酒店等社会旅馆100多家，总床位7500张。

旅行社有骄阳旅行社（连州）、粤北巾峰旅行社、青年旅行社3家本地旅行社和清远国旅分公司以及广东熊猫国际旅游有限公司连州分公司、连州门市部、清远诚信旅游连州营业部、清远中旅国际旅行社连州营业部、广东风光国际旅行社连州营业部、广州市金马国际旅行社连州营业部等营业部。

连州地下河（国家5A级）、湟川三峡—龙潭生态旅游区（国家4A级）、福山景区（国家3A级）、大东山温泉度假区、燕喜文化园、慧光塔（国家重点文物保护单位）、冯达飞故居等；正在开发的旅游景点有杨梅生态旅游度假区、曹屋生态旅游度假村、龙潭百果庄园等；开发的旅游资源有潭岭天湖旅游区、丰阳古村、石兰寨、秦汉古道、大云洞、中山南旅游购物一条街等。

乡村旅游资源。2018年，连州市旅游局结合美丽乡村建设和“千村百花”景观工程的开展，加快发展乡村旅游。指导东陂、石兰寨、李屋3个省级旅游扶贫重点村完善“八小工程”建设，同时指导“千村百花”、丰阳畔水村、三水新八村、农家乐、美丽乡村旅游点，有大路边黎水楼村、石梯村、大山地桃园、蓝石山庄、夏东村、旗美村等完善配套设施建设，并根据各个旅游点的建设情况分别进行市场对接，全年全市乡村休闲旅游接待游客120万人次，实现旅游收入0.54亿元。

连州有享誉全省的优良产品。连州最出名的土特产为蜜枣、黄精、龙须草，人称连州“三宝”。白茶、蜜枣、黄精酒又被誉为连州的“新三宝”。此外，潭岭的水晶梨、清江和山塘的白肉百合、东陂的马蹄、龙坪的孔塘烟、东陂腊味、丰阳的牛肉干、星子红葱、山塘九陂的油茶都是连州有名的特产。连州菜心是后起之秀，近年来享誉珠三角和港澳地区，连州市还每年举办一次规模较大的“菜心节”，对连州的经济发展和连州知名度的提高发挥了良好的作用。

2010年，清远市委、市政府把连州市定位为“清远北部区域中心城市”，增强了连州市加快建设区域中心城市的动力和信心。近年来，连州市以加快粤、湘、桂三省（区）毗邻区承接产业转移优先地、非金属矿产业基地、商品集散地、绿色农业产业基地、文化生态旅游目的地“五大基地”为着力点，按照主体功能区的发展定位，加快区域中心城市建设，推动连州振兴发展。

改革开放以来，连州市发展势头迅猛。近十多年来，连州荣获“中国长寿之乡”“中国生态旅游大县”“中国碳酸钙之城”“中国摄影之城”“国家 863 产业化基地”“中国红葱之乡”“中国水晶梨之乡”“全国造林绿化百佳县（市）”“广东省历史文化名城”等称号。

2012 年，时任中共中央政治局委员、中共广东省委书记汪洋到保安镇视察工作，对连州新农村建设给予充分肯定。此后，连州美丽乡村建设如雨后春笋。至 2019 年，连州共创建美丽乡村 604 个，其中革命老区村 232 个。

第五节　扶贫开发

连州市认真贯彻落实扶贫政策，抓好扶贫项目开发，努力实现全市脱贫奔康。2019 年，连州市有相对贫困村 66 个，其中：中央直属、省直属单位帮扶 8 个村，广州市帮扶 52 个村（其中荔湾区帮扶 35 个村），清远市帮扶 6 个村。截至年末，连州市有建档立卡贫困户 8214 户 16992 人，其中：一般贫困户 2590 户 7877 人，低保贫困户 3183 户 7028 人，五保贫困户 2440 户 2511 人，贫困发生率为 3.86%。有劳动能力的贫困人口共 3144 户 10532 人，占比 61.98%；无劳动能力的贫困人口 4870 户 6460 人，占比 38.02%。相对贫困村 66 个，共有贫困人口 4760 户 11528 人，占总贫困人口 67.84%；分散村 98 个，共有贫困人口 3254 户 5464 人，占总贫困人口 32.16%。2019 年，有劳动能力贫困户人均可支配收入 14101.83 元。财政扶贫资金累计下达 34513.68 万元，共计实施项目 959 个，其中产业项目 541 个，基础设施项目 368 个，其他扶贫项目 50 个。

2019 年，有 8014 户建档立卡相对贫困户已标识为脱贫户，相对贫困人口退出 7710 户，占全市相对贫困户的 96.21%，相对贫困村退出 58 个行政村，占全市相对贫困村的 87.88%。

一、扶贫开发措施

2018—2019 年，连州市成立脱贫攻坚指挥部，统筹开展脱贫攻坚工作，召开脱贫攻坚指挥部成员单位会议，协商解决问题，确保扶贫部门与行业部门之间的数据共享。全市形成各级党委、政府“一把手”亲自抓、负总责，以及市、镇（乡）、村“三级书记”抓扶贫的工作机制，坚持以问题为导向，深入推进脱贫攻坚工作的开展，出台一系列涉及“三保障、一相当”政策落实的文件。连州市扶贫办加强对各镇（乡）、驻村干部在贫困对象识别、建档立卡信息采集、数据录入、资金管理使用、数据清洗等方面的业务指导和培训，落实信息管理员制度，确保扶贫对象精细化管理，扶贫资源精确化配置，扶贫对象精准化扶持。加强分散村脱贫攻坚力度，在成立驻镇工作组的基础上，对分散贫困户超过50户的分散村落实与相对贫困村同等要求的干部驻村制度，分类指导，一户一法，多措并举，综合施策的原则，推动扶贫政策、资源、资金、措施、力量向贫困对象聚合。

二、产业扶贫

2018—2019年，连州市产业扶贫项目库规划项目共516个，规划投入资金26138万元。其中，已完成实施项目329个，投入资金18648.37万元，通过“农业公司（合作社）+基地+贫困户”等形式，开展贫困家庭分散种养、专业合作社规模种养、资产性收益投资、光伏扶贫等项目，带动贫困户参与产业发展，增加收入，解决务工就业。同时，连州市努力提高农业产业项目效益，结合帮扶单位资源平台，拓宽销售渠道，减少中间环节损耗，产品直销客户，使扶贫产品产生最大收益；积极探索农产品深加工，实施“腐竹厂”“腊味厂”“玉竹加工厂”等一批帮扶项目，让扶贫产品保值、增值，使贫困村村容村貌焕然一新；促进全市乡村旅游业的全面发展，贫困村贫困群众的农产品（水晶梨、番薯、茶叶、砂糖橘等）销量及收入均不断增加，使有劳动能力贫困户年人均增收2100元，形成较好的良性循环。

三、技能培训扶贫

2018年，连州市加强贫困户技能培训，激发贫困群众脱贫致富内生动力、能力，引导有就业意愿的有劳动能力贫困户转移就业和在家务农的贫困户扩大农业生产规模，增加家庭经济收入。全年全市开展贫困户技能培训班42期，提供技能培训帮扶803人。自2016年以来，举办精准扶贫专项招聘会12场，提供就业岗位24454个，引导有就业意愿的有劳动能力贫困户转移就业3294人，建设“扶贫车间”10家，共吸纳410名工人，其中贫困户劳动力49人，另安排贫困劳动力到政府部门的公益性岗位就业，就业人数254人。

四、政策保障扶贫

2018年，连州市强化政策落地，提供扶贫政策保障。抓好农村困难群众危房改造工作，完成2018年建档立卡贫困户危房改造1302户，把建档立卡贫困户人员全部纳入2018年医疗保障范围。抓好政策兜底工作，将不符合低保、五保条件的无劳动能力贫困户全部纳入基本生活保障金范围。落实教育保障政策，全市落实2017—2018年春季贫困户“教育补助”，补助困难学生2499人，落实率100%。

五、做好相对贫困人口、相对贫困村退出工作

加强学习，明确贫困人口、贫困村退出标准和程序。

严把退出关，确保贫困人口、贫困村有序退出。严格对照相对贫困人口脱贫“八有”标准，经镇驻村干部、村“两委”干部组成核查小组入户核实，拟退出贫困户认可，公示5个工作日无

异议，由镇（乡）政府组织相关部门成立复核组进行复核，全市相对贫困人口确认退出 7710 户，占全市相对贫困户的 96.21%；全市相对贫困村确认退出 58 个，占全市 66 个相对贫困村的 87.88%。

第六节 老区镇（乡）、村的发展及新中国成立后党组织建设情况

连州市现有老区镇（乡）12个，连州镇、大路边镇、星子镇、龙坪镇、西江镇、九陂镇、东陂镇、保安镇、西岸镇、丰阳镇、三水乡、瑶安乡。有行政村164个（含社区），其中有革命老区的行政村108个。在党的领导下，通过老区群众艰苦努力奋斗，新中国成立后，特别是改革开放40多年来，发生了翻天覆地的变化，农村的生活环境和基础设施建设日新月异，实现村村通硬底化公路和巷道硬底化，美丽乡村建设像雨后春笋不断涌现，截至2019年底，连州市共建成美丽乡村604个，其中革命老区村232个。老区人民的生活水平不断提高，通过扶贫攻坚政策的实施，2020年实现全部贫困人口脱贫。

一、老区镇（乡）的发展

（一）大路边镇

大路边镇（2003年底，原山塘镇合并到大路边）位于广东省连州市的东北部，北与湖南省临武县、宜章县交界，南、西与星子镇相邻，被称为“连州市的北大门”，距连州市区50公里。镇内有清连高速公路、省道S346线与S259线贯通全境，正在修建的广连（广州至连州）高速穿过该镇南北，该镇历来为军事交通要塞。全镇面积219.6平方公里，有耕地26625亩，其中水田17700亩、旱地面积8925亩，林业园地面积18000亩。下辖20个

村委会、107 个自然村（其中革命老区村 90 个），总人口 61835 人。

大路边镇人民有光荣的革命传统，早在五四运动后，就有一位在北京读书的青年成宪孟回家乡宣传反帝反封建的新思想，提倡新文化。党领导湘南暴动后，湘籍地下党员谢光庭在大路边一带活动，宣传革命思想，积蓄革命力量。1931 年春，邓小平、李明瑞、张云逸率领红七军东征挺进湘赣途经此地，在大路边的凤头岭粉碎国民党的阻击。抗战时期，中共连阳特支在大路边创建连县最早的农村党支部，成崇正（大路边村人）任党支部书记，领导掀起抗日救亡的农民运动。解放战争期间，在地下党的领导下，大路边先后爆发了三次武装起义，掀起了如火如荼的武装斗争，全镇人民群众积极支持游击队和解放大军的战斗，在解放大路边的战斗中，当地人民群众踊跃参军参战，支援前线，为取得这次战斗的胜利作出了巨大的贡献，在长期的革命斗争中，大路边人民英勇不屈，经受了锻炼和考验，写下可歌可泣的篇章。

新中国成立后，大路边村被连县人民政府授予“光荣之村”的光荣称号。1994 年 7 月被评为革命老区村。

1994 年 7 月，大路边镇被评为革命老区镇。在党中央的领导下，大路边镇历届党委、政府坚持全心全意为老区人民服务的宗旨，紧紧围绕带领老区人民发展经济、脱贫奔康这个中心任务，真抓实干，团结奋斗，做了大量的工作，经济建设取得了长足的发展，老区人民的生活水平有了很大的提高，基本解决了“五难”问题。

经济发展。2018 年，全镇种植各类蔬菜 3.9 万亩，其中规模种植菜心 2826 亩、生姜 2645 亩；种植百合、玉竹等中药材 2500 亩；种植皇帝柑 2000 亩；种植烤烟 800 亩；种植油菜达 10 万亩。成立 64 家农民专业合作社，发展 6 家家庭农场和 60 户种养大户。

全年林下环保养殖本地猪、山羊6000头，有效利用松树林面积6000亩。农业总产值达6.23亿元，同比增长5.8%。2018年，完成工业总产值1.91亿元，同比增长3.5%。其中，规模以上工业总产值7634万元，同比增长9.8%；规模以上工业增加值1568.2万元，同比增长6%。全年固定资产投资4246万元，同比增长27.7%；招商引资项目11宗，其中引进新项目3宗，计划总投资5600万元。本级税收820.59万元，同比增长30.98%。全年出矿59.05万吨，同比减少1.45%；“两矿”（硅灰石、粗晶石）税收完成入库2045万元，同比增长15.75%。2018年，大路边镇按照“旅游旺镇”的发展战略，大力发展“千村百花”景观工程和“农家乐”，在美丽乡村、传统古村落以及秦汉古道的拉动下，乡村旅游持续升温，成功打造游古村落、古华寺，走秦汉古道、南天门，赏林下花，感受风电荷兰风情，品当地“美食”，住美丽乡村的休闲旅游产业带，形成“一村一品”“多村一品”产业化经营模式，推动全镇的旅游发展。年内引进连州市莱德福投资有限公司打造黎水汉唐文化生态园，计划投资3000万元，已签协议。秦汉古道旅游度假区项目完成招标招商，预计五年投资1.5亿元，建设一个集休闲、徒步、怀古的度假旅游项目，以带动全镇农产品的销售。

基础设施建设。充分利用“一事一议”的奖补政策，2017年至2018年共投入243万元建设5个文化室；投入48万元完成9个村2.5万平方米的巷道建设；投入20万元维修山洲公路；投入250万元新建6条共6.29公里的通村硬底化公路，投入100万元扩建省道S259线至大坳村公路；投入639万元建设东大、顺泉等6宗村村通自来水工程；投入3170万元用于改造加固浦南水圳工程。

美丽乡村建设。截至2018年底，已通过验收的美丽乡村48

个，其中老区村 37 个，17 个村申报人居环境整治。开展“三清三拆三整治”。2018 年，拆除危旧房共 1700 间，清理村巷道、垃圾等 1130 处，整治污水禽畜污染 530 处，进行巷道硬底化建设 7300 平方米。

（二）西江镇

西江镇（2003 年，原高山镇和原龙潭镇的宝珠、铁坑两个村委会合并到西江）位于连州市的东南部，距离连州市区 26 公里，东南与阳山县相邻，西面与九陂镇交界，北面与龙坪镇接壤，国道 G323 线横穿东西，正在兴建的广连高速公路贯通南北。全镇面积 210. 3 平方公里，辖西江、耙田、外塘、大岭、山塘、大田、井塘、斜塝、铁坑、高山、宝珠 11 个村委会、114 个村民小组，其中老区村有 91 个，总人口 1. 8 万人。耕地面积 35353 亩，其中水田 14131 亩，旱地 21222 亩。

解放战争时期，中共连阳中心县委书记张彬传达了粤桂湘边区工委对组织地方武装起义的指示，于 1948 年 5 月间从西江分批派出成崇正等军政干部到阳山小江下坪参加武装起义。同年 20 日，发生了西江乡南坪反击战，歼敌 20 多人。6 月 23 日晚，阳山武装起义部队在西江乡地下党员王廷雄的密切配合下，成功袭击了国民党西江乡公所，活捉了敌乡长郭汗亭，敌自卫班 16 人全部被俘，缴获长短枪 12 支，文件、粮食一批。

1948 年 10 月第二次攻打西江乡公所，当时有东江村黄翼廷组织进步青年民兵 30 多人携枪弹加入了游击队，西江圩、外塘村青年学生 16 人把家里的枪弹带着参军。西江镇人民群众为解放事业作出了很大的贡献，新中国成立后被评为老区镇。

经济发展。2018 年实现农业总产值 29574 万元，同比增长 5. 9%；实现工业总产值 54463 万元，同比增长 29. 9%；规模以上工业增加值 6541. 2 万元，同比增长 25. 5%；固定资产投资完成

43443 万元，同比增长 140.5%；税收完成 3988.49 万元，同比增长 16.45%。2018 年，西江镇成立农民专业合作社 32 家，家庭农场 4 家，农业科技示范户 18 户。联合连州市东篱种养实业有限公司、连州市温氏乳业有限公司、连州市绿鑫林业发展有限公司和连顺公司观光农业基地，结合水晶梨、紫心番薯等特色农产品和银杏自然景观等特点，发展生态农业与旅游观光相结合的产业，促进农民致富增收。2018 年全年水稻种植面积 10478 亩；玉米种植面积 6991 亩；蔬菜种植面积 30312 亩，产量 48615 吨；水果种植面积 9004 亩，产量 16537 吨；造林绿化面积 480 亩。发放 113643 亩生态公益补偿款 279 万元。2019 年，西江镇招商引资项目有：博瑞格人造岗石项目、鑫鑫化工人造岗石建设项目、南港人造岗石项目，累计完成招商引资金额 53093 万元。重点项目有 7 个，总投资 5 亿元，计划建设 10 条生产线，年内完成投资 2.5 亿元，建成第一、第二、第三条生产线。完成 3000 万元的万仕达重钙超细粉体和人造岗石项目 2 条生产线试产。明利人造岗石项目年内完成投资 5000 万元，第一、第二条生产线已试产；连州绿鑫农林生态发展基地建设项目年内完成投资 3000 万元；裕丰钙业技术改造项目年内完成投资 3000 万元；恒兴粉体新增生产线项目年内完成投资 3000 万元；南港人造岗石项目年内完成投资 3000 万元。

基础设施建设。2018 年，进行 X391 线大田至高山路段改建工程投资 1900 万元，并投入 40 万元对沿线 11 个安全隐患点进行整改。完成拓宽 21.1 公里农村公路，路基加宽项目 7.3 公里，投资 141 万元完成西江村、铁坑、宝珠等 15 个自然村的村村通自来水工程，解决 3145 人食水难问题；完成八一水库、老莫洞水库维修加固、水圳三面光工程 5 条 4 公里。投入 30 万元建成面积 600 平方米的大田蔬菜大棚和 800 平方米的停车场。

美丽乡村建设。截至2018年底，通过美丽乡村验收的有51个村，其中老区村43个。

（三）丰阳镇

丰阳镇（2003年，原朱岗镇合并到丰阳）位于连州市的西北部，距连州市区32公里，北与三水瑶族乡接壤，南与东陂镇交界，东接瑶安乡，西邻湖南省临武县。二广高速公路（G55）和省道S114线贯穿全镇，交通便利。全镇总面积168.7平方公里，耕地面积35200亩，辖大富头、夏湟、丰阳、梁家、湖江、柯木湾、旗美、朱岗、新立、陂岭、夏炉等11个村委会，156个村民小组（其中老区村有75个），总人口31524人。

1939年开始，湖江人萧怀义回乡从事党的地下工作，发展中共党员，成立地下党支部，以“乡长”“校长”的公开身份为掩护，发展培养大批革命骨干，建立地下党的联络站——农民兄弟会和民兵组织。1948年1月，全镇发动170多人参加武装起义，并在山区坚持游击活动。1949年12月6日，丰阳镇的群众与连江支队第七团（团长萧怀义、政委黄漫江）配合南下大军在梁家水歼灭国民党交警残余部队600多人，获得战斗的胜利，为解放连阳全境奠定了基础。

新中国成立后，丰阳镇被评为革命老区镇。丰阳人民在中国共产党的领导下，开展了轰轰烈烈的生产运动，大力发展经济。2018年全镇农业总产值完成41105万元，同比增长5.7%；实现工业总产值11260万元，同比增长6.10%；固定资产投资2669万元，同比增长193.20%；工商税收185万元，财政自有收入完成190.48万元。

经济发展。2018年，丰阳镇水稻种植面积3.4万亩，蔬菜种植面积5523亩，烟叶种植面积450亩，造林绿化面积1200亩；禽畜规模养殖场（户）40个，其中生猪养殖场（户）36个，肉猪存栏1.35万头，出栏1万头，家禽存栏6万只，出栏9万只。全镇农作物生产和禽畜养殖实现质与量的增长。2018年，丰阳镇将美丽乡村建设与文化和旅游有机结合，发展乡村旅游业。畔水村乘借省级新农村连片示范建设主体村和精准扶贫两股东风，大力发展民宿、生态农庄、观光农业，致力打造成为连州首个国家AAA级旅游乡村。同时通过挖掘历史悠久的古宗祠、古屋古楼等古村落资源，成功举办2017年南粤古驿道定向大赛（清远·连州站）活动，促进丰阳新农村建设和古村落旅游发展。

美丽乡村建设。丰阳镇全力推动美丽乡村建设，至2018年底，有43个村创建美丽乡村通过验收，其中革命老区村34个。畔水和夏东2个村建成生态美丽乡村。2018年，广东省省长马兴瑞曾到夏东村视察。

基础设施建设。2018年，全镇投入3800万元进行人居环境整治，夏炉村委会新修公路1公里；陂岭、夏炉将5.5公里长公路的路面由4米改造为5米；对梁家水、夏东河、朱岗河、大水边河、白子楞河等8个河段进行治理；完成5项村村通自来水工程，受益1300人。同时开展“三清三拆三建”工作，拆除旧房屋（含牛栏、厕所等）3871间，19.8万平方米，清理垃圾822吨，村道硬底化25.8万平方米，建成乡村小公园48个，文化活动室58间、公厕58间，新增室外健身活动场所50个，绿化面积3.0万平方米。

（四）瑶安乡

瑶安瑶族乡位于连州市北部，距离连州市区50公里。东与星子镇为邻，南与保安镇相接，西与丰阳、东陂镇相连，北与湖南省临武县交界，全乡总面积226平方公里，下辖10个村委会、62个村民小组，革命老区村33个（其中有7个村是“二战”时期的红色根据地村，有26个村是解放战争时期游击根据地村），总人口13022人，其中新九、九龙、瑶安、田心4个村委会为瑶族聚居地，全乡共有瑶族人口4000人。有林地面积28.05万亩，其中生态公益林82995亩。森林覆盖率是98%。

1933年至1935年，湘南赤色游击队、湘赣红军独立团、红二十四师第七十一团先后来到瑶安的天光山等村进行革命活动，组织当地群众建立农会，成立苏维埃政权，发动瑶民起来革命，推翻国民党反动政权，在群众中打下了革命思想的基础。1934年12月12日，红五军团第十四师余部从桂湘边蓝山撤到连县三水瑶山一带。1935年1月初，红军90余人去黄洞山小东口休整，遭遇敌人的围攻，红军在牵牛岭占据有利地势，打退了敌军多次的进攻。这次战斗中击毙敌10多人，红军牺牲6人。1948年8月，连江支队一团来到瑶安发动群众，组织民兵建立游击根据地，在武工队的带领下开展反抗国民政府的“人头税”“大锅税”。当地群众为游击队带路，放哨，购买日用品，并和游击队并肩作战，护送伤病员，为中国的解放事业作出了巨大的贡献。新中国成立后，瑶安乡被评为老区乡。

新中国成立后，瑶安瑶族人民群众在中国共产党的领导下，开展了生产运动，因当地林地面积广，以发展林业生产为主，特别是在党的十一届三中全会以后，林业林地承包给农民各自耕种，经济发展起了翻天覆地的变化。2018年，全乡实现农业总产值9132万元，同比增长6.3%；工业总产值5706万元，同比增长3.9%；农民年人均纯收入9936元，同比增长4.5%；财政自有收入36.83万元，同比增长32%。

经济发展。2018年，瑶安瑶族乡围绕“农村稳定、农业发展、农民增收”，服务好“三农”工作，种植水稻5200亩，种植经济作物5100亩，植树造林3000亩。指导群众在山地发展林下经济，种植山茶650亩。随着交通条件的改善，瑶安乡的旅游业得到迅速发展，良好的生态环境（竹海、天光山十里画廊、田心村瑶族民宿）每年都吸引不少港澳和珠三角等地游客。

美丽乡村建设。截至 2018 年底，瑶安乡已通过验收的美丽乡村 23 个，其中老区村 12 个。2018 年，瑶安乡有 27 个自然村开展美丽乡村建设，14 个自然村开展人居环境整治，使乡村建设取得了明显的效果。投入 150 万元对乡区主次干道、村前路、市场及周边等重点位置进行拆违清障。推进乡区秩序与环境卫生管理长治有序。

基础设施建设。2018 年，瑶安乡投入 150 万元在 3 个村建设文化室，实施修护河堤、路堤项目工程；投入 171 万元开展 14 个自然村村村通自来水工程建设，解决 455 户 2295 人用水难的问题；利用少数民族发展资金 550 万元建设民族特色美丽小镇；投入 90 万元整治“一河两岸”环境；投入 45 万元亮化河堤路灯；投入 95 万元加固瑶安河道、新九河道和洛阳河道防洪；投入 200 万元建设的百里画廊观光配套设施木屋投入使用。投入 25 万元对瑶安卫生院进行修缮；投入 40 万元对农村公路进行养护；投入 391 万元修复新九村、田心村水毁公路。

（五）东陂镇

东陂镇地处连州西北部，距离连州市区 26 公里，北与丰阳镇接壤，东与瑶安乡相邻，西与西岸镇交界，东南毗邻保安镇。面积 109.5 平方公里，有耕地面积 31935 亩，林地面积 16.74 万亩。石灰岩地形显著，以神秘瑰丽的大口岩（地下河）最具代表性，丘陵地占总面积的 56.2%，其余是盆地和低谷地。东陂镇始建于明崇祯十七年（1644 年），是历史悠久的古镇，是抗日名将冯达飞的故乡，全镇下辖 9 个村委会、87 个自然村（其中革命老区村 45 个），总人口 33250 人。交通便利，省道 S114 线贯通全境，二广高速穿过境内，是广东省通行湖南省蓝山、嘉禾、道县、临武、江华等地的交通枢纽。

1931 年 1 月，邓小平、李明瑞、张云逸等将领和冯达飞将军一起带领的红七军经东陂留宿一晚后到连州县城，为共产党领导之后的革命活动，建立游击根据地创立了坚实的基础。

1947 年，在萧怀义、萧少麟、潘贤修等领导人的带领下，成立连县东陂人民抗征大队，举行了东陂武装起义，还组织成立“农民兄弟会”，宣传和带领游击队举行反“三征”革命活动，直到 1949 年 11 月 18 日东陂解放，东陂地下党支部书记潘贤修带领当地的地下党员和革命群众进行了艰苦卓绝的斗争，为全国的解放事业作出了巨大的贡献，新中国成立后被评为革命老区镇。

经济发展。新中国成立后，东陂镇的发展日新月异，2018 年，全镇农村经济总收入 43484 万元，同比增长 8.1%；农业总产值 33284 万元，同比增长 6%；工业总产值 1.02 亿元，同比增长 9.8%，其中腊味产业产值 3000 万元；固定资产投资 3834 万元，同比增长 19%；税收收入 30.32 万元，实现财政自有收入 70.89 万元。

生态旅游镇建设。2018 年，结合省级新农村示范片区主体村建设，打造旅游强镇。按规划设计内打造东陂主体村建设，围绕东陂石板古街 7 个重要建设节点及东陂村绿化景观，石板街修缮、装饰工程及河堤公园建设等项目，总投资 1040 万元。对冯达飞将军纪念馆、芝兰学校、谢氏宗祠等 23 间旧青砖房进行维修改造，打造古建筑群景点、卫民万亩果园观光采摘基地、大型葡萄园等采摘乐基地；推进“东陂上河大观园”“腊味生态文化园”“连州红色旅游生态产业园”“白家城龙山庄园”等项目，总投入 6.73 亿元，现正在规划建设中。利用东陂地下河 5A 景区的客源优势及品牌效应优势发展生态旅游和红色旅游，将东陂镇打造成为一个具有吃、住、行、娱、购的旅游综合体强镇。

美丽乡村建设。2018 年，东陂镇加快推进美丽乡村建设进程，改善农村人居环境的步伐，对美丽乡村建设进行增质扩容，美丽乡村 52 个，其中 27 个是老区村。实现全镇美丽乡村建设逐步遍地开花局面。累计投入主体建设资金 5000 万元，启动示范片主体村工程建设。

基础设施建设。2017 年，投入 200 万元，开展农村环境卫生基础设施建设；投入 18 万元，进行农村巷道硬底化和污水排放沟建设；投入 2000 万元进行小河堤流域整治；投入 140 万元进行石板古街、二广高速引线及省道 S114 线镇区路段的亮化工程建设。结合场地及道路增加绿化，建设公厕和一个篮球场。对东风街等 6 条街进行全面改造。

2018 年，投入 600 万元，建设镇区门户标志、入口广场、停车场、八角凉亭等项目，完成前江铺和前江段共 1.5 公里古驿道修复工程。做好东陂镇村村通自来水安全饮水工程建设，使 5 个村委 14 个自然村组共 5600 人的困难得到解决。

农村综合改革建设。2018 年，完善乡村治理机制、公共服务站的各项基础设施建设，设立政务服务自助终端，规范各项办事程序，为群众提供优质的代办服务。实现农村生产生活服务“五位一体”平台。推进“三个整合”，全年全镇有 6197 户农户参与土地资源整合，整合土地 10123 亩；特别是 45 个美丽乡村和省级连片示范主体村建设，整合涉农资金 210 万元；依托地下河旅游景区，整合东陂村和东塘村 700 亩土地。投入 1500 万元建设“锦绣山河”“百果园与牡丹谷”两个重点项目。成立专业合作社，以贫困户资金入股方式参与项目建设，给贫困户入股分红，实现产业脱贫。

2018 年，全镇种粮 2.1 万亩，引进无公害产品种养基地及科技示范户 22 个，农民专业合作社及家庭农场 59 家，注册资金

1845.5万元，发放农田补助资金342.3万元，公益林补偿资金（村集体）66.97万元。

（六）三水乡

三水瑶族乡位于连州的西北部，距离连州市区40公里，北与湖南省临武县接壤，东与瑶安乡相连，南与丰阳镇毗邻，西与湖南蓝山县交界，素有“连州北大门”之称。全乡辖4个村委会、32个自然村（其中革命老区村23个），总人口4252人（其中瑶族人口1673人），总面积137.21平方公里，耕地面积3400亩（其中水田1800亩、旱地1600亩），林地面积19万亩，森林覆盖率达90.9%。

1934年秋，红五军团第三十四师来到黄洞山（新八村委会）。1935年3月至5月，红第二十四师第七十一团到黄洞山开辟游击根据地，建立农会。1939年至1941年夏，中共地下组织领导人萧怀义以国民党乡长的公开身份作掩护，开展黄洞山和云雾洞等地区的革命活动，发展瑶民加入中共党组织，建立了“中共云雾洞党支部”。1948年1月，萧少麟、萧怀义领导云雾洞群众起义，成立“抗征大队”。1948年8月，连江支队司令员冯光、政委周明率领部队到三水瑶区，宣传土地革命的道理，开创游击根据地。从土地革命战争到解放战争，三水瑶族乡的瑶汉同胞支持和帮助红军，为游击队送粮，送情报，参军参战，为全国的解放事业作出了巨大的贡献。新中国成立后，云雾洞等11个村被评为红色革命根据地，三水乡被评为老区乡。

经济发展。新中国成立后，在中国共产党的领导下，三水瑶族乡开展社会主义建设，取得了可喜的成就。农村面貌发生了翻天覆地的变化。

2018年，乡实现工业总产值4169万元，农业总产值7584万元。

三水乡坚持以增加农民收入为主线，做强特色优势产业，基本形成林、茶、生态种植养殖和旅游为主的区域化生产、规模化经营的产业格局。全乡有林地面积19万亩，其中省级生态公益保护林6.6万亩，毛竹林2.3万亩；发展高端优质茶叶生产基地，种植本地野山茶叶2300亩，成立3个茶叶专业合作社，1个茶叶生产企业，引进6条茶叶生产线，年生产茶叶成品4000公斤，产值可达600万元。

美丽乡村建设。2017年至2018年创建美丽乡村11个，新八村成功申报省级红色村建设，打造一个集红色旅游、党建示范、红色教育于一体的美丽乡村。全乡集中开展“三清三拆三整治”行动，各村拆除旧危房、废旧猪牛栏、旧厕所等，建立健全长效保洁机制和垃圾处理机制，落实门前“三包”。

旅游业发展。2018年，三水乡结合新八省级红色村建设，科学规划，抓好挂榜瑶族非物质文化遗产传承特色乡村建设，发挥其特色旅游优势。建设挂榜村瑶族特色村寨和布袋木狮舞传承培训基地，完善少数民族特色浮雕围栏，升级“新八竹海”景区，结合红心村创建美丽特色村建设，举办“过大年”“采茶节”等民俗庆典；全民参股成立新八旅游开发有限公司，该公司集餐饮、娱乐、住宿于一体，更好地服务旅客。新八村年接待游客达12000人次，旅游收入达200多万元。

农村综合改革。建立农村综合服务站4个，实现群众办事“一站式”服务。同时推进“三个整合”（整合农村土地资源、整合涉农资金、整合涉农服务平台），全年27个村民小组共整合资金108万元，32个村民小组共整合土地资源1776亩。全乡4个村委会均按标准建设村级社会综合服务站，做到制度、人员、设施、场地、经费等有保障，全面建成市、乡、村三级管理服务平台，实现互联互通，网上办事大厅延伸到村，并开展代办服务。

基础设施建设。2018 年，投入 70.2 万元对新八公路进行加宽建设；投入 73 万元开展左里村公路安全防护工程建设；投入 95 万元建设右里河堤工程；投入 53 万元，完成右里村、挂榜村自来水工程。改建公厕 4 个，新建公厕 9 个，完成贫困户无害化厕所 10 户。

（七）星子镇

星子镇是原星子、清江、潭岭三个镇于 2003 年合并的一个大镇，有 99 个革命老区村（其中 1 个是红色根据地村），位于连州市东北部，北接大路边镇，西与湖南省蓝山、临武县交界，东与湖南省莽山风景区接壤，南和龙坪、保安镇相连。清连高速、国道 G107 线和正在修建的广连高速公路贯穿全镇南北，省道 S346 线横跨东西两翼，形成便利的交通网络，距离连州市区 36 公里。下辖 20 个村委会和 1 个社区，总人口 71235 万人，全镇总面积 471.61 平方公里。

1929 年前后，湘粤边工委领导潭源锡矿工人地下党举行兵变起义。1931 年 1 月，红七军过星子留宿一晚，星子人民筹集军饷及粮食等物资支援红军。1933 年，湘粤边赤色游击队在孝林领导下转连县的山河、田家等地开展活动。是年冬，湘赣军区独立第四团团长李宗保、政委周汉杰率领部队经连县山洲、田家乡的敬母坳和周家岱，收缴地方反动武装的枪械，并在周家岱与前来“追剿”的国民党粤军第一集团军独立三师及连县县警 300 多人，冒雨激战几个小时，击毙敌军官 1 人，红军牺牲 1 名女卫生员。战斗结束后，在当地宣传革命宗旨，开展土地革命活动，创建革命根据地，为革命活动打下了群众基础。抗日战争和解放战争时期，在地下党领导人成崇正、黄孟沾等领导下，成立了“星子区武委会”和“星子人民抗征大队”，领导星子地区地下党员和游击队举行了多次武装起义，开展了轰轰烈烈的武装斗争，为革命成功作出了重要贡献。新中国成立后，原清江、潭岭镇被评为革命老区镇。

新中国成立后，星子镇掀起了社会主义建设高潮，取得了可喜的成就，人民的生活水平不断提高，特别是在改革开放以后，社会各方面的建设日新月异，农村村容村貌发生巨大的变化，正在进一步抓好美丽乡村建设工作。

经济发展。2018 年，全镇完成地区生产总值 11. 96 亿元，同比增长 4. 22%；工业总产值 20619 万元，其中规模以上产值 7215 万元，同比增长 8. 52%；农业总产值 98646 万元，同比增长 5. 9%；固定资产投资 6981 万元，同比增长 12. 1%；完成财政自有收入 986 万元，同比增长 55. 39%；完成本级税收 823. 4 万元，同比增长 4. 2%；非矿产全年税收 974. 86 万元，同比下降 11. 81%。

特色产业和林业的发展。2018 年，粮食种植面积 3. 83 万亩，优质稻 2. 95 万亩，经济作物 2. 94 万亩，其他农作物 8. 35 万亩。红葱种植面积 15040 亩，产值 19806 万元；水晶梨挂果面积 19806 亩，年产量达 24612 吨，产值 2. 29 亿元；黄姜种植面积 2410 亩，年产量 4348 吨，产值 5217. 6 万元；烤烟种植面积 4032 亩，年产量 677 吨，产值 1794 万元。农作物的发展大幅提高农民收入。全年完成新增造林绿化 5000 亩。

农村基础设施建设。2018 年，投入 1463. 2 万元对 11 个村 84 个村民小组的自来水进行升级改造，村村通自来水 17 宗，惠及人口 32517 人；投入 250 万元对赤塘、新村、内洞 3 个村的山塘水库进行维修加固；投入 1000 万元对清江片区进行高标准农田建设；完成村道硬底化 13 宗 3. 63 万平方米，拓宽村道 11 条 43 公里。

2018 年，建设文化室 25 个；完善 36 个自然村 8 万平方米的巷道硬底化建设；潭岭、清江公路修复完工；上庄、清江村公路拓宽工程竣工，4 条共长 10.2 公里的通村硬底化公路通过验收；镇区道路改建工程顺利推进；投入 600 万元完成镇区的自来水工程改造；小流域河流工程峰园河段、潭源水河段正在施工。

农综改工作。2018 年，星子镇扎实推进“三个重心”下移和“三个整合”，整合土地 49976 亩，整合涉农资金 153 万元。全面完成 21 个村（社区）公共服务站建设，为群众提供便利、贴心服务。推进土地确权工作，完成土地确权面积 42062.43 亩，做到“颁实证，确实权”。完成发证 12486 户，完成 97.1%。

美丽乡村建设。截至 2018 年，创建美丽乡村 75 个，其中革命老区村 30 个。

（八）龙坪镇

龙坪镇（2003 年，原朝天镇、麻步镇的垦区和大岭村委会合并到龙坪镇），有 71 个革命老区村（自然村），位于连州市东北部，东与西江镇接壤，西与连州镇、保安镇为邻，北与星子镇相接，距市区 15 公里。2003 年撤并镇，把原朝天镇、麻步镇 4 个村委会并入龙坪镇，全镇总面积 420.21 平方公里，下辖龙坪、东村、乌石、元壁、朝天、松柏、石桥、凤凰、太坪、沙坳、青石、孔围、垦区、麻步、黄芒、袁屋 16 个村委会、228 个村民小组（其中革命老区村 71 个），总人口 41209 人。

农业的发展。2018 年，龙坪镇实现农业总产值 68944 万元，同比增长 6.1%。全年农作物种植面积 117244 亩，其中优质水稻 19881 亩，产量 7189 吨；蔬菜 53466 亩，产量 93229 吨；水果 25978 亩，产量 20189 吨。龙坪镇积极引导农民以品种调优及产量增收为主，发展高效农业、特色农业、观光农业和标准化农业，形成“专业合作社 + 基地 + 农户”产供销一条龙服务的产业化经营模式，如水晶梨、鹰嘴桃、龙坪菜心、荷花等当地特色农产品，形成黄泥塘鹰嘴桃园、孔围蔬菜合作社、平顺水晶梨基地等一批有影响力的大型种植基地。

工业发展。2018 年，龙坪镇工业投资规模近亿元，落实投资金额超 8000 万元，增加产能 50 万吨。其中，五岭硅灰石有限公司年产 20 万吨，年内完成投资 4500 万元；广源碳酸钙有限公司年内完成投资 3000 万元，增加产能 30 万吨。

旅游业发展。2018 年，龙坪镇实施“旅游活镇”发展战略，坚持以农促旅、农旅融合，发展乡村旅游业。重点打造李屋村百亩连片生态摄影基地、曹屋村特色民宿、九耀水村花卉世界、英红九号观光生态园、水路田村百亩花园等十大资源项目，初步形成“一村一品”产业化经营模式。3 月，在孔围黄泥塘村及龙坪的大田坳村举办桃花节；6 月，在青石村举办连州水晶梨节，使农产品节庆成为龙坪农业发展的“名片”。

美丽乡村建设。2018 年，龙坪镇完成投资总额 669. 95 万元。建成美丽乡村 54 个，其中革命老区村 14 个，完成上年“一事一议”建设项目 13 个，获市拨付给村资金 100 万元。

基础设施建设。2018 年，龙坪镇建设镇区过境公路亮化工程和老公路、教育路主干道硬底化工程；建设卫生示范的自然村 36 个；旱改水建设投入 1500 万元垦造水田 318 亩；村村通自来水工程、人民文体广场启动实施。

农村人居环境整治。2018 年，打造 50 个人居环境整治示范村，计划到 2020 年基本覆盖，全面改善龙坪人居环境，拆除危旧泥砖房 1281 间 26523 平方米，同时，修建污水处理池 39 个，铺设排污管网 38110 米，安装路灯 942 盏，铺设、修整巷道村道 37100 米，改善农村出行环境。

（九）九陂镇

九陂镇（2003 年，原龙潭镇的新民和六三村委会合并至九陂镇）位于连州市的南部，东南与阳山县黎埠镇接壤，西南与连南瑶族自治县三排乡相邻，北部与连州镇连接。地势东高西低，主要地形为丘陵和盆地，属石灰岩地区，省道 S114 线和清连高速公路贯穿全镇，交通便利。全镇总面积 162.66 平方公里，总人口 32940 人。下辖联一、双塘、岩头、四联、白石、高相、新墟、爱民、龙岗、新民、深冲、龙潭、南石塘 13 个村委会、154 个村民小组，其中有 51 个自然村是革命老区村。

经济建设。2018 年，全镇经济保持平稳发展。实现农业总产值 44590 万元，同比增长 5.9%；工业总产值 24362 万元，同比增长 19.40%，其中规模以上工业增加值 7329.3 万元，同比增长 29.2%；固定资产投资同比下降 35.9%；税收收入 434.6 万元，同比增长 197.55%；招商引资额 3298 万元。

农业林业建设。2018 年，九陂镇农作物种植面积 106762 亩，其中粮食作物种植面积 23909 亩，经济作物种植面积 13675 亩，蔬菜种植面积 52957 亩。全年完成造林面积 4200 亩，其中连片 20 亩以上面积 3800 亩。全年全镇遴选 24 户农业科技示范户，确定 16 个主推农业品种和 10 项主推农业实用技术。

农村环境整治。2018 年，全年镇财政投入 50 万元，通过市场化经营方式实现农村垃圾清运处理全覆盖，建立健全镇区保洁监管机制，完善“户分类村收集镇清运”垃圾处理机制，彻底解决垃圾围村困境。154 个村安排 162 名保洁员，实现对全镇 7000 户群众每户发放 2 个分类垃圾桶，实行垃圾分类处理，投入 100 万元用于环境卫生综合整治。

美丽乡村建设。2018 年，九陂镇按上级总体要求和创建标准，扎实推进美丽乡村建设。科学规划，广泛宣传动员，创新破难，全面改善农村人居环境，提升新农村建设水平。全年完成 58 个美丽乡村建设验收工作，其中有革命老区村 20 个。

（十）保安镇

保安镇（2003 年，原麻步镇的种田、万家两个村委会并入保安镇）位于连州市中部，距离连州市区 19 公里，面积 181.10 平方公里，辖16 个村委会、125 个村民小组，其中有11 个自然村是革命老区村，总人口 43107 人。

保安镇属低山丘陵地区，土地资源丰富，以种植水稻、瓜菜为主，是连州市的粮产区和菜篮子基地之一。

经济建设。2018 年，保安镇实现工业总产值 23468 万元，其中规模以上工业产值 3558.8 万元；农业总产值 40705 万元，同比增长 5.8%；本级财政自有收入 123.5 万元。

农业发展。2018 年，保安镇坚持农业农村优先发展，推进农业结构调整和转型升级，推进质量兴农，品牌强农，不断提高农业发展质量效益和竞争力，继续打造“富硒”绿色优质农产品，实施“一村一品”“一镇一业”，将“富硒”品牌做大做强。12 月，荣获全国合作经济发展工作委员会颁发的“富硒”小镇称号。种植优质水稻面积 33587 亩，产量 1211 吨；蔬菜面积 28358 亩。

农村基础设施建设。2018 年，保安镇完善农村水利基础设施，抓好中小河流治理和水利薄弱环节建设，为农业增产、农民增收提供保障。全年投入 554.59 万元，建设村村通自来水工程 39 项，涉及 15 个村委会，39 个自然村，受益人口 12320 人。投入 75 万元完成大陂头和卿罡水圳建设项目；投资 3000 万元，修建熊屋至湾村、水口村防护堤；投入 1750 万元建设小溪水利工程（卿罡、黄村、新塘、水口），投入 97 万元完成栋头、万里、城水、熊屋等乡村道路拓宽工程共 5 公里和修建候车亭；投入 514.5 万元，对崩江冲至东坌、县道 X385 线至湖口水、大冲至龙岩头共 24.5 公里乡村道路实施硬底化建设。

美丽乡村建设。2017 年至 2018 年，建设美丽乡村 61 个，其中老区村 3 个。

生态文明建设。2018 年，全年发动群众植林造林 1500 亩；投入 21 万元委托广东省岭南综合勘察设计院规划保安镇“森林小镇”建设（2018—2020 年），做好镇辖内的工业、农业、土壤、生活污染的防治；修建村级污水池 10 个共 260 平方米，拆除养殖场 10 间 5827 平方米，发放奖补资金共 356. 42 万元。

（十一）西岸镇

西岸镇（2003 年，原清水镇并入西岸镇）位于连州市西北部，距连州市区 19 公里，东北与东陂镇相邻，东南与保安镇相隔，西南与连南县小龙林场相接，西北与湖南省江华县码市镇交界，北与丰阳镇相连，交通便利，二广高速，省道 S114 线，县道 X388 线、X390 线、X836 线从镇内通过。全镇面积 211. 03 平方公里，辖冲口、河田、溪塘、东江、石兰、东村、西岸、马带、七村、奎池、三水、清水、石马、小带 14 个村委会、164 个村民小组，其中革命老区村 18 个，总人口 53441 人，耕地面积 47303 亩，其中水田、旱田面积 31324 亩，出产优质水稻、蔬菜、水果，有连片多个品牌的蔬菜、水果通过国家无公害农产品认证。特色农产品有贡柑、脐橙、砂糖橘、连州菜心和优质稻。

经济发展。2018 年，全镇实现农业总产值 75412 万元，同比增长 5. 9%；工业总产值 8659 万元，同比增长 12. 5%；地方财政收入 67. 06 万元，同比增长 209. 8%；固定资产投资 8061 万元，同比增长 20%。

农村综合治理。2018 年，西岸镇以“冲口—河田—七村”为重心，推进农村耕地整合治理工作，全镇规划具备改造条件的土地达 5500 亩，完成 3500 亩的耕地整治任务。全镇 14 个联合社、167 个经济社全部完成清产核资，资产总额 15975. 06 万元，确认成员身份52510人，完成6227份份额量化，量化经营性资产590万元，完成造林绿化面积1500亩。

精准扶贫工作。2018年，以“集中产业扶贫”“公司+合作社+贫困户”的模式，从多类型、多途径为村集体、贫困户增收，改善村容村貌，为赢得脱贫攻坚战的胜利和美丽乡村建设打下坚实的基础。全镇贫困户实现脱贫摘帽有899户1651人，严格落实低保、五保政策，全镇享受低保437户847人，五保户331人。

美丽乡村和基础设施建设。截至2018年，全镇建成美丽乡村94个，其中示范片核心村2个、示范村38个、整洁村54个。实施村收集、镇转运、市处理的垃圾处理模式，配备4辆垃圾清洁运输车、1辆垃圾转运车，并成立农村保洁专业队，聘用农村保洁员157名。投入40万元进行内街小巷建设，投入150万元进行西池线3.4公里和东保线2.9公里的道路建设，完成石兰站、马带站、东田站、溪塘站等4个候车亭建设。

发展乡村旅游业。2018年，西岸镇古建筑群多，而各具特色，积极争取古村落建设项目资金开展古村落中石板路、古门楼的修复，全力开辟一条以古村落文化为核心的“黄花坪—东村—石兰旅游线路”，吸引游客前来观光旅游，增加农村经济收入，同时，还举办一年一度的“端午节”扒龙船竞赛活动，吸引游客前来观赏，提高西岸镇的知名度，促进旅游业的发展。

二、革命老区村的发展

（一）丰阳镇朱岗村委会

朱岗村委会有县道X836线经过，交通便利。村委会下辖朱岗、圩坪、畔水、社坪、水美塘、南坪共6个自然村，其中水屋塘村、畔水村、南村是革命老区村，总人口3249人；朱岗村一个党总支部分 6 个党支部，共有党员 108 人。全村有耕地面积 3433.5 亩（其中水田 2400 亩、旱地 1033.5 亩）。

新中国成立后，全村群众在党的领导下，发展农业种养生产，农村建设不断进步，村容村貌有了较大的变化。特别是改革开放后，农村实行联产承包责任制，农业生产和农民的生活水平发生了翻天覆地的变化。村道硬底化建设、村内环境卫生整治取得显著成绩。2015 年，朱岗村委会被列入省级示范片建设，现有 6 个自然村都开展了美丽乡村建设。同时群众自发成立了农民专业合作社和家庭农场，开展规模化种植或养殖，基本实现机械化耕作，而且调整了种植农作物布局，种植优质稻、花生、砂糖橘为主的经济作物。

为了实现快速脱贫致富，朱岗村委会在上级有关部门和帮扶单位的大力支持下，认真做好发展村集体经济和帮助贫困户脱贫致富工作；大力发挥扶贫互助的作用，实现村集体经济和居民人均收入增收。

其中畔水村依靠合作社经济，整合整治 1000 亩土地集体经营，种植特色农产品，如优质水稻已经成为一大特色。2017 年，村集体经济收入达 45 万元，村人均收入达到 31200 元，比 2014 年增长了 4 倍。畔水村以基层党建为核心，大力发挥村党支部的战斗堡垒作用和村民主体作用，紧紧围绕乡村振兴战略“二十字”方针，成功创建清远市生态美丽乡村和省级新农村示范片核心村，打造生态宜居美丽乡村；打造畔水花海和建设 19 间古香古色房间的特色民宿，发展乡村休闲旅游产业；建设优质稻谷生产基地，升级传统农业。畔水村已成为丰阳镇田园综合体、美丽小镇和创建省级乡村旅游示范点的一面旗帜，村容村貌和村民精神面貌焕然一新，畔水村逐步迈向村美民富新时代。

（二）三水乡新八村委会

新八村位于连州市西北部，距离三水乡政府所在地 51 公里，距离连州城区 68 公里。全村人口 703 人，8 个村民小组，全是革命老区村。全村有中共党员 35 人，党总支部 1 个，党支部 4 个。村辖区约 46 平方公里，平均海拔 750 米，超过 98% 是山林面积。交通不便、资源匮乏，是典型的“老、少、边、穷”山区。

新八村在新一轮“精准扶贫、精准脱贫”工作中被定为省扶贫困村，在省委组织部和帮扶工作队的支持帮助下，做出了较大成绩，主要有如下几方面：

经济发展。新八村成立了 5 个合作社和公司，主要实施了茶叶种植项目、“大宅门”民宿项目、瘦身鱼及家禽养殖项目等。现在乡村旅游及茶叶已粗具规模，基本可以确保每个贫困户年增收 2000 元。同时鼓励 90% 有劳动力的贫困户实现了稳定务工。并通过党员带头，党总支部指导，实施“合作社 + 基地 + 贫困户”和大户带动等模式。新八村创业青年吕伟强和赵礼华是中共党员，他们筹集资金 100 多万元实施办农家乐和建民宿等产业致富项目，营造全民创业氛围，带动新八村经济持续发展，使全村贫困户年人均收入达到 14000 元，实现脱贫。

另外，新八村把发展“茶叶和竹海游”作为主导产业，通过乡村旅游带动民宿、农家乐及特色养殖的发展。目前，已成立连州市新八旅游有限责任公司，实现了“资源变资产、资金变股金、村民变股民”。

2016 年已注册了“竹福茶坪”商标，连州市新八生态茶叶专业合作社和连州市新东茗农产品专业合作社吸收了 95% 的村民及所有贫困户成为社员，种植面积已超过 2000 亩，茶叶品质优良，受到客户的欢迎和称赞，使这些经济项目增加了经济效益，带动村民增加经济收入。

新农村建设。通过充分发挥村民会议、村民理事组织的作用，完善村规民约，群策群力制定美丽乡村建设规划，积极开展人居环境整治。建设村道硬底化；实施村容村貌卫生保洁员制度，同时推行垃圾分类工作；完善文体休闲娱乐设施场所；发展农民专业合作社，不断优化村庄人居环境。村民自筹加政府财政资金600余万元，将红心、茶坪、小东口3个老区自然村打造为美丽乡村（特色村）。同时新八村被评为省级卫生村。

红色村建设。省委组织部划拨500万元，将新八红心村建成全省首批红色党建示范村。建设了陈列馆、烈士纪念碑、红军亭、红色舞台、中草药基地、小东口战斗遗址等项目，与乡村旅游结合，增加旅游景点项目。红色党建示范村建成后村的旅游收入增加，2018年，新八村接待游客12000人次，旅游收入达200万元。

制定长期发展措施。一是坚持把发展产业作为致富的根本之策，进一步优化“一村一品”产业。完善新型农业经营主体与村民的利益共享机制，示范带动脱贫。二是继续利用帮扶单位清远市交通运输局的资源优势，进一步优化进村道路，并力争开通公交线路，切实解决群众及游客出行难的问题。三是增加贫困群众自我发展能力，大力开展贫困劳动力职业、技能培训和农业实用技术培训，认真做好贫困人口的职业技术教育、务工技能培训和创业培训，做到既要“授之以鱼”，更要“授之以渔”。

（三）龙坪镇松柏村委会

松柏村位于连州市的北部，距离连州城区27公里、龙坪镇政府7公里，交通比较便利。全村有17个自然村，其中16个村是老区村654户，总人口2657人；总面积22.8平方公里，其中耕地面积3000亩。

松柏村是革命老区的村。过去，村的经济建设和基础设施建设比较落后，村的集体经济年收入1.6万元，群众的生活比较困难，在新一轮精准扶贫、精准脱贫中被定为省帮扶的贫困村，通过三年省扶贫办的帮扶和指导，松柏村发生了很大的变化，主要有以下几方面：

经济建设。省扶贫办投入资金到潭岭电站和李屋常龙有限公司的蔬菜基地，对贫困户实行入股分红，达到脱贫的效果，贫困户每人每年能拿到分红 4000 元。同时，各村党支部号召党员带头，通过村里的劳动致富能手进行宣传发动，加上政府政策推动及邻里互动，激发村民和贫困户的热情和积极性，因地制宜，大力发展经济。例如，李屋村种植百亩荷花观赏基地和民宿木屋，2017 年龙坪镇举办了荷花节，吸引游客前来赏花，由此为村集体创收。曹屋村引进外资创建蔬菜基地、民宿和农家乐。水路田村种植百亩紫薇花已具规模，每年 6—9 月盛花季节可供游客赏花观光，把李屋、曹屋、水路田几个村连在一片，创造绿色旅游片区，使游客在松柏村游玩，食宿在村里，留住游客，为当地创收，增加村集体和群众的经济收入。

新农村建设。松柏村以基层党组织为核心，充分发挥村党支部的战斗堡垒作用和村民主体作用，紧紧围绕乡村振兴战略，通过党支部、理事会和村民代表大会，学习、宣传、贯彻党的方针、政策，同时学习其他村的先进经验，激发村民建设美丽乡村的热情，在各村开展公共设施和环境卫生整治等建设工作。2016 年至 2018 年，创建了美丽乡村 11 个，其中特色村 2 个（曹屋和李屋），示范村和整洁村 9 个。实现了村村通硬底化公路和村巷道硬底化，村容村貌和环境卫生发生了很大的变化。

三、新中国成立后党组织的建设与发展

1949 年 12 月 8 日，连县全境解放。1950 年 1 月 10 日，中共连县委员会成立，蔡雄为书记，萧少麟为副书记。

1956年连县的党员人数发展到2974人。同年6月召开中共连县第一次代表大会，选举产生中共连县第一届委员会。1958年11月，连县、连南、连山、阳山四县合并成立连阳各族自治县，同时成立中共连阳各族自治县委员会，设第一书记1名、书记10名。1961年10月，恢复中共连县委员会。1961年11月29日，中共连县第二次代表大会召开，选举产生中共连县第二届委员会。“文化大革命”期间，县委工作一度瘫痪，由县革命委员会代替其职能。

1980年9月29日，中共连县第四次代表大会召开，选举产生中共连县第四届委员会，委员31名、候补委员6名。中共连县四届一次会议选举产生连县第四届委员会常务委员11名，其中书记1名、副书记3名。

1984年至2018年间，中共连州市（县）委员会分别召开了第五至第十三次代表大会，每次代表大会，选举产生中共连州市（县）委员会。全市至2018年发展有25个基层党委、49个党组、2011个党支部，党员从1949年的86人发展到2018年的23041人。

附　录

附录一 大事记

1921 年

冬，县长何诗迪招抚匪首邓石喜、骆瑞琪，将其队伍变为游击队两个营，邓、骆分别任一、二营营长。邓、骆后来又上山为匪。

1923 年

1 月 14 日，桂军周日卿派出陈春光率数百人，洗劫东陂白家城村，枪杀村民 3 人，掳去 50 多人，焚烧房屋数十间。

1924 年

5 月，东陂青年冯洵（冯达飞）由西江讲武堂选送黄埔军校第一期深造，同年夏参加中国共产党，成为连县籍的第一个共产党员。

5 月，滇军师长王均率部来连剿匪，计擒匪首骆瑞琪及匪众 20 多人并予正法。

1925 年

8 月，原同盟会会员莫辉熊筹办连县三江乡农民协会。

1926 年

3 月，连县三江乡农民协会正式成立，农民协会宣传队在梅村、城西、寨脚、沙子岗、陈巷、龙口及三排等地宣传“耕者有其田”等主张，实行“二五减租”。

1929 年

3 月，连县开办县立乡村师范学校。

4 月，开始建筑韶（关）连（县）公路。后因资金不足而拖延，至民国 27 年建成。

5 月，活动于湖南临武、宜章、连县边境的共产党员在临武靠连县的大塘庵成立中共湘粤边工作委员会。

9 月，在连州城隍街成立中共连州特别支部。

1930 年

修筑连州至三江公路和连（县）阳（山）清（远）公路，连（州）星（子）公路和连（州）东（陂）公路告成。

1931 年

1 月中旬，邓小平、李明瑞、张云逸率领的中国工农红军第七军由江华入县境石马、东陂，经星子入连州，进驻连州外城。县政府闭城抗拒，双方相持 5 天。红军在连州进行了革命宣传、筹款和展开攻击内城的战斗。

1932 年

是年，以星子为工程起点，延续修建连（县）坪（石）公路。

1933 年

夏，中共领导的湘粤边赤色游击队，由江华进入连县石马乡活动。

1934 年

春，中共湘赣军区红军独立第四团 300 多人，从宜章黄沙进入连县凤头岭，经荒塘坪、周家岱进入天光山。

12 月，红五军团第十四师（原第三十四师）余部由蓝山荆竹进入连县黄洞山、天光山活动。

1935 年

3 月，中共赣南军区第二十四师，从蓝山进入连县三水黄洞山和天光山，开辟游击根据地。

1936 年

9 月 8 日，广东省划分为九个行政督察区，粤北为第二区，设专员公署，驻地曲江（现韶关），连县在其辖区内。

1937 年

是年，连县划为 27 个乡、4 个镇，开始实行保甲制度。第二、第三、第四区区公所分别改称联乡办事处。

1938 年

7 月，北方流亡学生组成的“中华民族解放先锋队”以及“广东青年抗日先锋队”等抗日团体陆续抵连县宣传抗日救亡。同时，连县成立民众抗日自卫团，编成 19 个大队。

秋，广东省银行在连县设立支行。

10 月，广东省政府以连县为战时第二根据地。省政府主席吴铁城、高等法院院长史延程、各厅局以及大专院校陆续疏散来连县，加上广东沿海沦陷区商人、难民涌入，连州人口骤增10 万。

10 月，中共广东省委常委、军委书记尹林平在连州建立中共连阳特别支部。其后特支分别在东陂、星子、水口等地发展党员，建立党的组织。

11 月，日军飞机连续空袭连县县城。6 日（农历九月十五日），18 架日机对城内常平社学和城外老人桥一带进行轰炸，炸死民众 85 人，炸伤 110 人，毁屋 37 间，损失财物达 5 万余元。19 日，3 架日机再度轰炸连州南轩书院及南门外街道，死伤 20 余人。

是年，日军进犯广东，国民党省政府机关先迁韶关，再迁连县，因大量人口涌入，连县商业骤然繁荣，从广东挑运到湘南各县的货物有食盐、纱布、火柴、煤油、凉果洋杂，全县盐铺百多家。本县船运广州有粮食、竹木、生猪、牛，还有湘货粮、油、猪、苎麻、花生、莲子、药材等。经星子、东陂粤湘古道的挑夫每天约 2000 人。

1939 年

2 月5 日（农历 1938 年十二月十七日），6 架日军飞机复炸连州南门外一带，死伤 10 余人，烧毁铺户数十间。

夏，县立中学改为省办，称广东省立连州中学。

9 月，中共连（县）连（山）阳（山）乳（源）四属工委成立。工委归中共北江特委领导。

1940 年

3 月，中共连阳中心县委成立。

是年，全县撤销第四、第五两个区署，缩编为 31 个乡、2 个镇（即县城内的升德镇和联兴镇）。观星、三联、浦上、田家、东十、滂塘、山河、东和南和水口等乡，先后成立农民协会。

1942 年

3 月，中共连阳县委制改为特派员制。

6 月，广东省政府及各机关因曲江局势紧急，复撤来连。

冬，因中共粤北省委遭破坏，全省包括连阳党组织奉命停止组织活动。

1943 年

是年，连阳党组织停止活动期间，连阳地区正、副特派员钟达明、李信仍留在连阳学校教书；当地共产党员之间仍保持个人联系。

1944 年

6 月，日军发动湘北战事，广东省政府及有关厅、处、局、会，再次从曲江迁来连县。

10 月 23 日（农历九月十四日），日军 3 架飞机在三江香花坳投弹 10 多枚，炸伤妇女 1 人。

10 月，连州原民众会场改建为中山纪念堂竣工。

1945 年

1 月 10 日，日军第四十师团二十二联队“山岳突击队”千余人由湖南蓝山侵入县境东陂区烟竹坪至横江山、里茶山，连县国民兵团及建新、夏湟乡自卫队与之战斗。12日，第二批日军突击队第一师第八团由湖南江华金竹、麻江入境。13日，日军至云雾洞，与连县民团及建新、夏湟乡自卫队战斗了3个小时。是日，日军由洛阳九曲岭抵星子区塘梨、篆盘岭，遭湖南省特务团、连县民团和田家乡自卫队袭击，日军死23人，伤数十人，中方牺牲3人，伤15人。16日，日军第十一师团二十二联队主力近3000人到星子区山河乡磊角岭，遭湖南特务团攻击，双方有伤亡。

5月，恢复中共连阳中心县委。

7月17日（农历六月初九）以后，盟军飞机为制止民船运粮食给日本人，先后在连江上空轰炸扫射。17日，盟军飞机3架，在连州双溪亭背投弹两枚，并以机枪对停泊河面船只扫射，炸沉盐船8艘，死1人，伤2人。22日，盟军飞机4架，在连州城外将军庙排角面投弹2枚，炸毁民房2间、小艇1艘。26日，盟军飞机3架在水口、麻步、滂塘乡等处河面，投弹数枚，并开机枪射击，死伤十多人，多艘船只沉没。

是年，基督教会在连州正河村背岗岭重建惠爱、博慈两医院，又开设民望、光惠两所小学，均由美国籍神父监管。

1946年

1月8日，春夏大旱，引发全县大饥荒，民众以野菜充饥，饿死者众。

9—11月，县内发生流行性疟疾和赤白痢疾，死数千人。

1947年

1月，张彬接替魏南金任中共连阳中心县委书记，组织部部长和宣传部部长仍分别由冯华、杨重华担任。

8 月，中共粤桂湘边工委派遣萧少麟、黄孟沾从广宁回连县筹备武装起义。随即建立连县武装委员会，东陂、星子两区分别成立武委会。

1948 年

1 月 15 日，在中共连县武委会领导下，东陂区朱合、建新、夏湟等 3 乡爆发农民武装起义，约 280 人组成连县东陂人民抗征大队，开展反对政府征兵、征粮、征税的斗争。16 日，星子区浦上乡大路边爆发农民武装起义，110 余人组成连县人民抗征大队星江区队，向天光山进军，开展游击战争。

6 月 5 日，星子大路边举行第二次武装起义，起义人员 60 余人袭击浦上乡公所，随即与星江区队会合。

9 月，中共粤桂湘边工委领导的连江支队第一团，从阳山东坪翻过大东山，到达连县潭源洞，经清江、天光山转到黄洞山区从事游击活动。

11 月 5 日，广东连县与湖南临武县再次确定县界，并竖立标文界石。

1949 年

4 月，中共连县临时工作委员会成立。10 月，转为县工委。同时，星子、东陂的游击武装进行扩编，成立连（县）宜（章）临（武）边人民抗征大队、连（县）临（武）蓝（山）边人民抗征大队、连（县）蓝（山）江（华）边人民抗征大队。

8 月 5 日，《广东人民解放军连江支队成立宣言》公布。

9 月 1 日，粤桂湘边纵队连江支队发表《我们的十一年奋斗史》。

10 月 7 日，连江支队司令部和连支一团、八团、十团指战员在连县田家乡盘海村，召开军民大会，公开部队番号。支队下辖12个团和3个大队。其中连蓝江边人民抗征大队编成第七团，连宜临边人民抗征大队编成第八团，连临蓝边抗征人民大队编成第十团。

11月5日，解放军第二野战军第四兵团第十三军第三十七师第一〇八团，在连江支队第十团配合下，攻打盘踞在大路边的交通警察第十七总队，毙伤交警100余人，俘虏300余人。解放军55人及连支十团2人牺牲，负伤数十人。

12月7日，解放军第四十八军一四三师四二八团在连江支队第七团配合下，在丰阳梁家水围攻交通警察第二总队十八团，毙伤交警200余人，俘虏440余人，解放军牺牲22人。当天，星子、东陂两镇相继解放。

12月8日，连县宣告解放。

附录二 革命遗址、纪念场馆

连州市革命遗址纪念场馆名录（截至2018年）

序号	革命遗址名称	地点	现况	发生时间	基地级别	保护单位
1	冯达飞故居	东陂镇东陂街达飞巷	完好	清末	省级	
2	杨青山故居	九陂镇四联杨屋村	完好	清末	县级	
3	詹宝华故居	连州镇中山南敦仁里11号	存在待修	清光绪年间	县级	
4	馥园药社——中共湘粤边秘密联络点旧址	大路边镇荒塘坪村	残旧	1928年		
5	惠爱医院——红七军伤员治疗处	连州镇双喜山	待修	1931年	省级	
6	城隍街观音堂——红七军军部驻地旧址	连州镇城隍街	改为学校	1931年		
7	星子关帝庙——红七军驻地遗址	星子镇中心小学内	改为学校	1931年		
8	南门头——红七军救火处	连州镇南门头大街	已废	1931年		
9	红七军凤头岭战斗遗址	大路边镇凤头岭	存在	1931年		

（续表）

序号	革命遗址名称	地点	现况	发生时间	基地级别	保护单位
10	红军周家岱村战斗遗址	星子镇周家岱村	存在	1933 年		
11	红军牵牛岭战斗遗址	瑶安乡田心牵牛岭	存在	1934 年		
12	红军二十四师休整地遗址	三水乡小东口瑶寨	存在	1935 年		
13	邓如森祖屋——中共连阳特支（工委）旧址	连州镇西城脚 8 号	已废	1938 年		
14	明远楼——中共大路边支部据点旧址	大路边镇大路边村	存在	1939 年		
15	熊标玲祖屋——保安镇水口支部旧址	保安镇水口村	倒塌	1939 年		
16	黄氏宗祠——中共连县妇委会支部旧址	连州镇古屋巷	待修	1940 年		
17	邓官发老宅——中共连阳中心县委旧址	连州镇菜园坝村	倒塌	1944 年		
18	晨光小学——中共西朝支部旧址	龙坪镇朝天晨光村	待修	1946 年		
19	丰阳尚卢寺——东陂抗征队攻打国民党政府粮仓旧址	丰阳镇夏湟村	已废	1948 年		
20	阳山抗征队攻打国民党西江乡公所旧址	西江镇西江街小学巷 12 号	已废	1948 年		

（续表）

序号	革命遗址名称	地点	现况	发生时间	基地级别	保护单位
21	星子起义攻打浦上乡公所旧址	大路边镇大路边村	改建学校	1948 年		
22	连江支队司令部旧址	大路边镇山洲村	存在	1948 年		
23	晨光保卫战战场遗址	龙坪镇朝天晨光村	存在	1949 年		
24	大围保卫战战场遗址	龙坪镇朝天大围村	存在	1949 年		
25	冲子岩——西江民兵坚持战斗 80 天旧址	西江镇大岭村	存在	1949 年		
26	麻步革命烈士纪念碑	保安镇万家村	待修	1954 年	县级	
27	连州革命烈士纪念碑	市郊区巾峰山麓	完好	1958 年	县级	
28	大路边革命烈士纪念碑	大路边镇大路边村	完好	1958 年	县级	
29	梁家水革命烈士纪念碑	丰阳镇梁家水村	完好	1958 年	县级	
30	大岭革命烈士纪念碑	西江镇大岭村	待修	1958 年	县级	
31	寺前坪革命烈士纪念碑	星子镇溷坪村观恒山	完好	1992 年	县级	
32	杨登烈士纪念碑	九陂镇双塘老厂村	完好	1999 年		
33	连蓝江边革命烈士陵园	丰阳镇丰阳村西面	完好	2000 年	县级	

（续表）

序号	革命遗址名称	地点	现况	发生时间	基地级别	保护单位
34	连江支队宣布番号纪念亭	星子镇盘海村	完好	2006 年		
35	星子地区烈士陵园	星子镇四甲村后山	完好	2007 年	县级	
36	朝天革命烈士纪念碑	龙坪镇石桥晨光村	完好	2007 年	县级	
37	田心牵牛岭红军烈士墓	瑶安乡田心村	简陋待修	2015 年		

附录三 历史文献和资料

一、南韶连同学会的建立

1924 年 6 月 8 日，北江各县在广州读书的学生，于广州高等师范礼堂举行恳亲会，筹备和成立南（雄）韶（州）连（县）旅省同学会。选出南雄的曾昭秀为执行委员，委员和联络员有连县的成仕选、关以忠，佛冈的朱念民，英德的张景优、张炳鎏，还有郑树华等共十二人。活动地点在广州四排楼云台里南韶连会馆内。南韶连同学会出版刊物《北江潮》。每逢星期天或节假日，旅省同学都来会馆聚会，议论时政，集结乡谊，探讨救国救民的真理。不时联络各社团，深入工厂、街区宣传民众。

（中共韶关市委党史研究室编：《中共韶关党史大事记》，广东人民出版社 1992 年版）

二、广东省农民协会北江办事处报告议决案

1925 年 5 月 1 日，广东省第一次农民代表大会在广州召开，正式成立广东省农民协会。7 月，广东省农民协会派农民运动特派员侯凤墀、刘胜侣赴曲江，协助丘鉴志组织农会。

1926 年 1 月，广东省农民协会北江办事处在韶关成立，领导曲江、乐昌、仁化、乳源、翁源、英德、南雄、始兴、阳山、连县、连山十一县的农民运动。主任丘鉴志，书记韦启瑞，委员侯

凤墀。2月23日，广东省农民协会召开全体执行委员及各属办事处会议。北江办事处主任丘鉴志报告了北江农民运动情况。会议通过了《北江办事处报告议决案》：

“请政府解散压迫农民之武装团体，严禁重利剥削农民；整顿各级农会，改造曲江县农会执委；注意铁路沿线农村及连县、南雄、乐昌等农会的发展，使农民运动由此直达湖南，伸张国民革命势力于中原，以为号召全国之准备。”

（中共韶关市委党史研究室编：《中共韶关党史大事记》，广东人民出版社1992年版）

三、连县三江乡农民协会召集瑶民代表演讲三民主义（1926年）

1926年农历三月十五日，在三江街文昌宫正式成立了连县三江乡农民协会，以韦衍广为农民协会委员长，后由莫辉熊继任。

（载1926年《中国农民》第4期）

连县三江乡农民协会召集瑶民代表开会，宣传土地革命（摘录于1926年《中国农民》第4期）

1926年8月，广东省农民协会会员证（摘录于《红色征途》）

四、北江办事处会务执行决议案

1926年5月1日，广东省第二次农民代表大会在广州召开。大会通过了《北江办事处会务报告决议案》：

“应注意各县农会之发展，使所有农民尽为协会会员。”“边陲之乐昌、连县、南雄、始兴等县农民，急宜从速严密组织起来，以便伸张国民革命势力于中原。”“要武装起来，组织自卫军，为农民利益及农会发展的保障。”“要积极设法取消田主苛利及高利贷，减轻农民经济压迫。”

（中共韶关市委党史研究室编：《中共韶关党史大事记》，广东人民出版社1992年版）

五、中共连州特区（特别支部）

1928年湘南暴动失败后，湘南一些共产党员转移到连县活动。1929年5月，一部分湘南党的领导干部，在临武连县边的大塘庵召开会议，成立中共湘粤边工作委员会，领导宜章、临武、连县边界地区的革命斗争。不久，在湘粤边工委的领导下，成立中共连州特区（特别支部）。特区书记：何汉。委员：何汉、徐行（组织）、李秀（宣传）、范卓、徐书玉等。

［中共韶关市委组织部、中共韶关市委党史研究室、韶关市档案（馆）编：《中国共产党广东省韶关市（地区）组织史资料》，1996年3月］

六、湘粤边工委致杨子达、谷连、余经邦的信

（1930 年 10 月）

杨子达[①]、谷连[②]、余经邦[③]转列列同志：

现有重要的几点，向你们征求意见。

（1）自太平杨家会议后本有着落，但行动委员一时不能召集，且员处召集以致近来变成边委会负责者，昨开临时边委执委会议。议决二件：a. 在最近期间派人赴广东省行委接洽，报告过去工作，确定将来计划；b. 否定前次湖南活动分子会议所成立的浪漫的湘南行委会。在未得上级正式指令组织湖南特委以前，暂仍以边委名义行使职权，以利进行。

（2）青连方面，我们正努力进行，但因该部纯属土寇性质，一时难以完全养化。现在分两方面进行：a. 由李兆甲[④]与钟同志尽量吸收党员，并派遣同志至该地当匪，以备有事时可任意指挥。b. 由胡同志提取枪支 20 余支，边委承认开拨费至某地，游击后即与李兆甲等一部份联合，并与李锦泉[⑤]通一声气，至牛崀营[⑥]附

---

① 杨子达（1893—1930），湖南宜章人，中共党员，宜章农民协会委员长。湘南暴动后随朱德上井冈山，任红二十九团营党代表，后回湘粤边工委工作。

② 谷连，谷同志，即谷子元（1908—2003），湖南耒阳人，湘粤边工委委员，宣传部部长。后任湖南省政协副主席。

③ 余经邦（1895—1932），湖南宜章人，1927 年入党，宜章农民自卫军大队长，湘粤边工委委员，活动于梅花、连阳一带。

④ 李兆甲，湖南宜章人，湘粤边工委委员，活动于连县星子潭源和朝天、西江一带。

⑤ 李锦泉，阳山地方军阀，“护商大队”大队长。活动于连阳矿场、交通线。

⑥ 牛崀营，也称牛子营，即阳山秤架的旧称。

近驻扎游击（此件工作由一星期内发动）。

（3）边委现正筹划大规模军事运动，受护党救国军委为游击团，在民间与土劣接洽，可得枪支200余支，你们能指挥的枪支前并有300余支。我们的计划，你们可组织两营，由杨同志担任一营，由余经邦同志及张×等担任一营，暂时确定组织，该团部成立后，即派人带出竖旗。

上三件仰即详细讨论，于最短时间来报告，表明一切（至迟不能过一星期）。又闻广东行委于10日内有看视员来调查边委工作，仰努力进行！

前谷同志来此，说北江来公函一件，内容长篇大作，不知该件内容究竟如何？仰即妥交来人带来。

你们的工作情形怎样？湘赣边境的事情，我们已经知道了，正在设法应付。

赤边委

丁明　杨吉

10月26日

（此件藏湖南省博物馆，时间1930年）

七

“在山地住三日，一面作群众工作，一面休息兵力。但结果敌邓辉团不经此路，而是由星子出发经开口岭到连州，以致失掉一大好机会。因为在力量来说消灭该团是有把握的。”部队经朝天入星子驻扎一晚，30日离开星子，继续北上，“到黄沙堡果有湘军千余把守”（宜章程绍川“铲共义勇军”），前锋一个冲锋，击溃敌军，红军即到岩泉宿营，经梅花激战后，强渡乐昌河，进入湘赣苏区。

（邓小平 1931 年 4 月 29 日《七军工作报告》，载《党的文献》1989 年第 3 期；《中共围城记》，载《连县志》，1949 年版）

八、代电坪石莫咨议伯贤营长罗坤就近协商郴永宜九县团防指挥会同剿匪文

（1933 年 10 月）

分送乐昌县坪石莫咨议伯贤罗营长坤钧鉴：现准湖南清乡司令部郴永宜九县团防指挥王炽昌支代电开：穿据宜章县保安团李世英代电称：据我部第一大队长程绍川报称：我奉命开抵黄沙，据探确报，赤匪首李兆甲、刘汉、彭良[①]及粤匪首常狗狗、邓石玉等聚众四百余，长枪 180 余支，短枪 80 余支，聚集粤边称［秤］架一带，声势极猖，企图蹂躏县属黄沙笆篱堡等区，现正分派所部及该区义勇队扼要防堵等语。查粤湘边层密险峻，绵亘数百里，非联络粤属各边区会剿，殊难彻底消灭。议电恳钧部转咨粤方转饬乳源、阳山、连县等县定期会剿，以结匪患，而靖地方等情。据此，除指令准予照转外，相应电请贵公署烦为查照，并希之复为荷等由，准此，除电复外，仰即就近协商会剿可也。

委员李元　印

（《广东西北区绥靖月刊》第七期，1933 年 10 月）

九

红一、九军团刚过连县不久，1934 年 11 月下旬，担任长征

---

① 彭良，湖南宜章人，湘粤边工委委员，当年活动于星子、朝天、西江和天光山一带。

后卫的红五军团（董振堂部）第十四师（原第三十四师）在全州、灌阳一带，完成掩护长征红军渡过湘江潇水任务后，遭强敌阻截，伤亡惨重，无法前进，于是返程迂回撤往湘粤边境。途中，师长陈树湘壮烈牺牲。12 月初，红十四师余部 100 多人由参谋长王光道率领，进入宁远、嘉禾、蓝山、连县三角地带的崇山峻岭分散游击。12 月中旬，杨海如团长带领十四师 94 人，由蓝山荆竹地区进入连县三水黄洞山，不久入湘，尔后又复入连县天光山，意欲寻找长征留下来的湘赣红四军与之会合。12 月 25 日以后，红军辗转于三水黄洞山的烟竹坪、挂榜山、云雾洞、老茶坪、半冲一带，曾在小东口休整 5 天，后遭敌重围，经大定坑、牵牛岭战斗后转移，继续与敌人周旋。直到 1935 年春，红军重由天光山出临武西山，此后逐返宁远、蓝山，上了九嶷山。

［载《中共党史资料》第 21 辑，中共党史资料出版社 1987 年版；《广东人民武装斗争史》第二卷，广东人民出版社 1995 年版，第 45 页；朱光梅：《英雄的红军第三十四师》，载《中国共产党广东地方史》（第一卷），广东人民出版社 1999 年版，第 350 页］

十、红二十四师到粤北

一九三五年二月……中央分局和中央革命根据地军区根据中央指示，决定将部队分九路向外突围，开展游击战争……由龚楚、石友生率红二十四师的七十一团（约九个连）从南安江、油山转自湘南，收容红三十四师（即十四师）失散队伍，并在该地发展游击区……七十一团从于都南方突围，经南康、油山、大余、北山等地，到达粤北……

（陈丕显：《赣南三年游击战争》，载《中共党史资料》第二辑，中共中央党校出版社 1982 年版）

十一、伪二十四师残部已深入黄洞山[①]

——将由天光山窜临武

（本报蓝山特约通讯）共匪伪二十四师残部……已由小洞直入黄洞山。又以此山为湘粤交界之岭，跨连县、蓝山、临武三县，纵横数百里，人烟稀少，进剿颇感困难，且此山与天光山相连，匪部难免不由天光山而出临武之文昌坪……

（湖南《大公报》1935 年 4 月 4 日第六版）

十二、伪二十四师残部出没蓝山县境

（本报蓝山特约通讯）共匪伪二十四师残部，由黄洞山窜入天光山……不料本日上午八时，义勇总队部忽接草鞋坪电话报警，共匪四百余人，由黄洞山斜出草鞋坪。该地驻防义勇枪兵一班，与匪稍有接触，因众寡不敌，退守碉堡待援，该匪在草鞋坪逗留约二小时，即向大桥方向窜去……

（湖南《大公报》1935 年 4 月 6 日第六版）

十三、伪二十四师残部出没蓝山江华边境

（蓝山特约通讯）据最近探报，窜扰蓝江边境之共匪伪二十四师残部，约三百余人，有化整为零计划，分为三个游击司令，

---

① 十一至十四件资料，文中的“伪”“共匪”“匪”“窜扰”等语，均为国民党反动派对共产党、红军和革命群众的诬蔑之语，为保留历史资料原貌，均不作删改。

出没蓝山、江华地及连县交界的瑶山内，宣传赤化，希图煽惑瑶民，并构筑工事，现我军团将联络友军围剿云。

元因　四月十六日

（湖南《大公报》1935 年 4 月 23 日第六版）

十四、伪二十四师残部窜蓝临边境

（蓝山特约通讯）日蜍共匪伪二十四师之一股……又绕道经八仙下棋朱楼门等处而出大麻营，致有三区区董黄际时被掳之惨剧，闻匪众在罗家洞大麻营宿一夜后，又经半山铁钉寨而至浆洞堡，当与驻防该地之团队，稍有接触，现匪部已到大水源。期与黄洞山方面之匪相联络。观其形势，并无西窜之意。将以黄洞山及荆竹源为其根据地，以遂其赤化湘粤边区之计划。……

（湖南《大公报》1935 年 4 月 26 日第六版）

十五、广东连县的大众也怒吼了

龙贤关

中华民族解放的战争已揭开了序幕，每个不愿做奴隶的人们都投身于救亡的洪流中。我们聚在连县的几个青年伙伴，感觉到敌人无情的炮火虽已惊醒了全国沉睡着的同胞们，可是对炮火威力未曾射到的内地人们，仍需要做种种激发他们抗战情绪的工作。我们知道用集体歌咏来怒吼，是一种很有力的宣传方式，于是就筹备组织“救亡歌咏团”。征求团员的启事才在城门口张贴，就有不少的从不相识的年青友伴很踊跃地加入。还表示了新中华的儿女：都抱着一颗赤诚的忠勇的为挽救祖国危亡而尽力的心，也呈显出民族解放战争的胜利的前途，我们工作的精神也就越更兴奋。

大家举行过一次谈话会后，就进行组织，从开始筹备到正式成立，还没超过一个星期。我们为要加强歌咏力量，于是伸出热诚的手，欢迎各小学音乐教师加进来。有些小学教师虽因时间及距离关系，没有经常来参加练习，可是大多数的青年伙伴，风雨都止不住他们热跳的心，每晚都从或远或近的跑来，只一个星期的练习，干部训练班就训练完成了。他们于是分返各自学校转教小学生们。连平常都深抱要为救亡而献力的孩子们知道这次是为唤醒大众而歌唱，兴奋得蹦跳起来！当学习时表现了惊人进步的成绩，就在国庆节的前午，大伙儿在民众会场举行了一次歌咏大会。

太阳虽是那样逼射，人们都像狂涛样的涌来。有朴实的农夫，辛勤的工人，惯静坐在铺里的商人，勇武的士兵，天真的孩子……几乎挤满了整个会场。当散发歌唱节目（印好歌词的）的时候，千百只手伸来争取，这显得我们内地的同胞，也怎样地关切救亡工作呀！

四百来人不应作奴隶的孩子和青年，排成阶梯式的队列站在戏台上下，真象一座“坚强的肉的长城”！指挥员的手一挥动，几百颗愤慨的心便齐声怒吼了！歌声是那样勇敢、雄壮、热烈，观众们的情绪也跟着紧张起来！要是给敌人或汉奸听了，一定会吓破他们的心胆的。

歌唱完毕，大伙儿接着排成长蛇似的队列，举行“歌咏大巡行”。

“四万万大众起来……被压迫大众起来……把敌人赶出国疆，争取大众自由，争取民族解放！”

向来沉静的连县街头，今天，因为救亡呼声所震撼了！尽管太阳毫不宽恕地蒸晒着，而我们千百人的心却忘却了饥渴，也忘却了疲倦，燃烧几年来被敌人压抑住的愤火，高唱着：

“中国要拯救人类！中国要解放自己！”

“中国啊！怒吼！”

炮声般的歌声打进每个从巷里店里跑出街头来的大众底心坎里。有谁不为这英勇的伟大的行列，热烈的悲壮的歌声而昂奋起救亡情绪来呢？

看！歌声到处，每个大众的心都愤激起来了！咬着牙齿似乎在发誓——我们要怒吼！我们要赶出敌人！

十月十七日于广东连县

（《救亡日报》1937 年 11 月 2 日）

十六、火炬照耀着的连州——纪念“五四”速写

龙贤关

“‘五四’运动，是争取民族解放的先声！”

“纪念‘五四’，要学习‘五四’的革命精神！”

千百个的连县青年学生，在这样正确的认识下，在民众会场中，自动的举行了“五四”运动纪念大会。

太阳从阴霾的天空中伸出头来，她在欣快地接受这一群渴求光明的青年的敬礼！每个青年、孩子，都显出活跃兴奋的精神！

有络腮胡子的老头儿，中年绅士，少年战友……都不放松这一伟大场合的发言机会。

虽然有点地位人在歪曲“五四”的革命意义，可是勇于正视现实和历史的青年，都明确地指出“五四”运动是“反帝反封建”的新兴力量的成长！

尽管来宾中还有人弹出“救国不忘读书，读书不忘救国”的老调，可是当于革命精神的青年人却在高呼着：“我们现在所受的教育是不够应付抗战时需要的。一面我们要努力争取实施战时教育，同时热诚希望社会人士给予我们赞助，使我们多学习些战时知识，以贡献于民族国家！”

临了，一个女孩子跑上台：

“在国难严重的今天，我们青年学生，要学习‘五四’精神，来负起救国责任!”

（《抗战大学》第1卷第8期，1938年6月）

十七、广东青年抗日先锋队发起宣言

1938年1月1日，《广东青年抗日先锋队发起宣言》：“组织和训练广东青年，推动发展各种救亡工作，而以发动青年自己的游击队及协助正规军队，武装民众的政治训练及各种作战需要为主要工作”，北江地区的学生、青年、工人、农民、妇女抗日救亡团体逐步建立起来。

（摘录于中共连州市委党史研究室编：《革命战争时期历史文献资料（1924—1950）》，2017年8月）

十八、关于中共连阳特支成立情况

王炎光

1938年10月底，中共连阳特别支部在连州西城脚8号邓如淼祖屋正式成立。这是自1935年中共湘粤边工委和连州特支停止活动以来，在连阳地区重建的党组织。特支归中共广东省委领导，特支书记王炎光，副书记兼统战委员杨克毅，组织委员张尚琼，宣传委员陈枫。中共连阳特支负责开辟连县、阳山、连山县党的工作。

（中共韶关市委党史研究室编：《中共韶关党史大事记》，广东人民出版社1992年版，第75页）

十九

1939年4、5月间，徐沂（陈国宝、徐毅平）、邓如淼参加省委党员干部训练班结业，调连县负责工作。同年9月，日军进犯粤北，曲江危急，国民党省政府部分机关再度迁连，中共北江特委也奉省委指示，由特委书记黄松坚率领迁到连县，在邓如淼祖屋设特委机关。1939 年 9 月，奉北特指示，成立中共连（县）连（山）阳（山）乳（源）四属工作委员会，书记徐沂，组织委员吴震乾（前）、周锦照（后）、宣传委员邓如淼、工委委员钟达明。工委管辖连县、连山、阳山和乳源侯公渡地区的党组织（但实际上工作未管到乳源）。

[中共韶关市委组织部、中共韶关市委党史研究室、韶关市档案局（馆）编:《中国共产党广东省韶关市（地区）组织史资料》，1996 年 3 月，第 59 页]

二十、1940—1946 年连县党组织活动情况

张江明

1940 年 3 月，随着省属大专院校迁到连县，为了便于领导青年工作，中共北江特委青年部迁到连县。这时，徐沂调离连县，中共连（县）连（山）阳（山）中心县委成立，由北江特委青年部长张江明兼任中心县委书记，周锦照任组织部长，成崇正任宣传部长，钟达明任县委委员。中心县委机关仍设在连州镇，归北江特委领导（8 月以后归北江特委领导），管辖连县、连山、阳山县的党组织，分工陈枫和吴震乾负责阳山，罗耘夫负责连山县的工作。

[中共韶关市委组织部、中共韶关市委党史研究室、韶关市档案局（馆）编:《中国共产党广东省韶关市（地区）组织史资料》，1996 年 3 月，第 60 页]

二十一

1941 年 2 月，成崇正、吴奇勋参加后北特委在清远举办的党

训班结业，派回连县工作。3 月，周锦照调“后北”工作（仍分工联系连阳工作），连阳党的工作由成崇正、吴奇勋负责。这时，鉴于国民党开始掀起反共高潮的严峻形势，党组织领导体制开始实行特派员制，成崇正任中共连阳特派员兼组织工作，吴奇勋任副特派员兼宣传工作。

[中共韶关市委组织部、中共韶关市委党史研究室、韶关市档案局（馆）编：《中国共产党广东省韶关市（地区）组织史资料》，1996 年 3 月，第 67 页]

二十二、“三八”节献词

刘德容

“三八”——伟大的国际妇女节，全世界妇女的战斗日降临了。这一天，我们全世界妇女已然兴奋热烈地欢迎它，也应严肃地来检阅自己的阵容。

今天，在世界上明显地划分了两大阵容——反侵略与侵略的，这已告诉我们，“三八”它底历史使命是更重要了。

是的，今天是匪徒法西斯蒂，更猖狂地向着世界各民主国大肆掠劫，而就是我们民族更负担着艰难的时候。但我们相信，只有民主集团的胜利，民族才可独立，我们妇女才得解放。故我们要求自身的解放，便先要争取民族的解放；要争取民族的解放，便先要集中火力，消灭那世界匪徒法西斯。

朋友，我们要完成我们这伟大而艰巨的使命，我们更要广泛地深入地动员我们的基层工作，是不应忽略下层的妇女大众。中华民族的解放，是少不得我们半数妇女的力量；世界民主集团的胜利，也不能缺少全世界妇女的力量。唔！团结我们周围的妇女，团结全世界被压迫的妇女大众。只有大团结，我们才有力量，只有大团结，我们才能摧毁法西斯强盗，而使民族独立，自身解放。

朋友，时候是不容我们再缓，只有现在的努力，才能获得预期的胜利。今天，伟大国际妇女节的今天，我们应该严格地再来检阅自己阵容。

（《动员日报》1942 年 3 月 8 日）

二十三、回忆连县地下党活动

钟达明　李　信

1941 年发生了“皖南事变”，国民党在全国掀起了第二次反共高潮，形势开始逆转。1942 年 3 月，国民党反共逆流全面袭至粤北。根据党中央关于在国统区实行“隐蔽精干，长期埋伏，积蓄力量，以待时机”的方针，粤北各县包括连阳在内的党组织，全面实行特派员制，党员实行单线联系。后北特委任命钟达明和李信（李琳）分别担任中共连阳政治特派员和副政治特派员。

［中共韶关市委组织部、中共韶关市委党史研究室、韶关市档案局（馆）编：《中国共产党广东省韶关市（地区）组织史资料》，1996 年 3 月，第 58 页］

二十四

1946 年 1 月，由粤北党政军委员会派张江明到连阳地区工作，同时受广东区党委领导。一方面在连阳地区建立党领导的武装部队，争取和掌握国民党的武装队伍，并改造其他绿林队伍；另一方面，在适当时机，准备西北支队和北江支队派部队到连阳来创立根据地。于是，在连阳地区建立党的小北江特派员制（包括连县、连山、阳山、英德、乳源、乐昌和清远一部分，宜章、临武和八步、贺县作为发展方向），任命张江明为中共小北江地区特派员，李福海、李信为副特派员，直接与粤北党政军委员会和广东区党委联系。李信仍兼任连阳中心县委书记，李福海仍兼任英德县委书记。

（中共韶关市委党史研究室编：《中共韶关党史大事记》，广东人民出版社1992年版，第110页）

二十五、目前连阳局势和工作报告

魏南金

1946年9月，李信、唐北雁调离连县，原粤桂边特委常委魏南金来连，组成新的连阳中心县委。中共连阳中心县委书记魏南金，组织部长冯华，宣传部长杨重华，妇女部长张慧明。

［中共韶关市委组织部、中共韶关市委党史研究室、韶关市档案局（馆）编：《中国共产党广东省韶关市（地区）组织史资料》，1996年3月，第93页］

二十六

中共粤桂湘边区于1947年8月，派遣连县籍党员萧少麟和黄孟沾先回连县，发动群众，筹备地方武装起义，以便配合粤桂湘边部队北挺第一大队（代号“飞雷大队”）挺进连阳，开辟新区。萧、黄返回连县后，即根据工委决定成立中共连县武装委员会，由萧少麟任书记，黄孟沾任委员，中心县委书记张彬也参加了县武委的领导工作。经中心县委和县武委研究决定，以靠近粤湘边境的东陂（三区）和星子（二区）两区划为武装活动区，并分别成立区武委会。东陂区武委会由萧少麟兼书记，委员有吴循儒、吴立贵。星子区武委会由黄孟沾兼书记，委员有成遂满、张乡文、成来凤。

（中共韶关市委党史研究室编：《中共韶关党史大事记》，广东人民出版社1992年版，第120页）

二十七、华南分局祝捷电

（1949 年 4 月 1 日）

梁嘉同志并转粤桂湘边全体同志：

你们艰苦的坚持广宁斗争，发展了小北江与桂湘边工作，有力地配合了南方各地的春季攻势，望以继续粉碎残敌进犯中巩固自己，以与整个南方胜利解放战争配合起来。

中共中央华南分局　四月一日

（摘自《中共中央华南分局文件汇集》，载中共连州市委党史研究室编：《革命战争时期历史文献资料（1924—1950）》，2017 年 8 月，第 142 页）

二十八、广东人民解放军连江支队成立宣言

（1949 年 8 月 5 日）

本军于一九四九年八月一日，奉中国共产党华南分局粤桂湘边军事委员会准令，成立广东人民解放军连江支队，现特发表宣言如下：

一、本军接受中国共产党的领导，全心全意为解放连江区人民而奋斗，一切政策行动，以毛主席、朱总司令所颁布的约法八章为准绳，对中国共产党的每一主张和中国人民解放军总司令部宣言及每一命令指示，均当具体而坚决的执行之。

二、联合连江区工人、农民、知识分子、华侨、工商业家、开明士绅、民主党派及不反对我党现行政策的地主富农和一切社会力量，集中火力，彻底消灭国民党反动派残余势力，推翻封建官僚买办资产阶级国民党反动派的独裁统治，配合全国人民解放军，为彻底解放全中国建立新民主主义的新国家而奋斗。

三、彻底废除国民党反动派政府的三征暴政及一切反动法令

政令，推翻其反动政权，建立人民的民主政权。

四、实行减租减息、交租交息、救荒救灾、保护城市工商业，发展农村生产合作及一切有利于人民生计的福利事业，以改善人民生活。

五、保护人民利益，安定社会秩序。凡遵守约法八章，遵守本军政策者，不分贫富，不分阶级，不分党派信仰，一律保障其生命财产之安全。

六、对国民党各级政府大小文武官员，乡保甲长及地方反动分子，按“首恶者必办，胁从者不问，立功者受奖”的原则宽大处理之。凡不持枪抵抗，不阴谋破坏本军革命工作，即使过去曾经反对过我们，但现已决心改过自新立功赎罪者，一律宽大，不加俘虏，不加逮捕，不加侮辱。倘真心诚意愿为人民服务者，准予量才录用，不使游离失所。凡能起义立功者，按情奖励优待任命。

七、凡属本区各种起义部队，倘能绝对服从我党领导，忠诚执行我党政策，严格遵守我军三大纪律八项注意，自愿加入本军，或愿与本军诚意合作者，一律欢迎。倘有假冒我党我军名义，招摇撞骗，投机取巧，违反我党我军政策，破坏人民利益者，决予严办！

八、凡国民党反动政权，已被我军推翻，或已趋向瓦解的地区，由本军各团区秉承本部命令，会同该区各阶层公正开明人士，组织临时军事管制委员会或动员委员会，加紧筹备人民民主政权；人民民主政权尚未正式成立之前，一切保护人民利益的行政事宜，及一切友军民兵起义部队的整编改造，和迎接南下大军的一切动员工作，俱由本军各团区或军管会承本军政治部命令统一处理之。

长沙已经解放了，我人民解放大军正分数路向两广边境进军，不久便可到达本区，连江区人民就快解放了，全华南人民就快解放了。

国民党反动政府各大小文武官员及地方反动分子，应即停止一切反人民的罪行，实行缴枪投降，将功赎罪；应严守约法八章，听候本军接收收编。倘仍怙恶不悛，顽抗到底者，则坚决、彻底、干净、全部歼灭。

全连江区革命的人民群众，各阶层人士，一致动员起来，为支援本军迎接南下大军，彻底解放全华南全中国而奋斗。

本军全体指挥员战斗员同志：我们必须团结一致，提高战斗力，坚持执行命令和政策，严格遵守三大纪律八项注意，坚决勇敢的歼灭敌人，广泛的唤起民众，组织民众，加紧准备好迎接南下大军的一切工作，为完成彻底解放连江区人民的光荣任务而奋斗。

司令员兼政治委员周明

副司令员马奔

副政治委员蔡雄

政治部主任陈奇略

副主任司徒毅生

一九四九年八月五日

（摘自中共连县委党史研究室历史档案）

二十九、连宜临边人民抗征队布告

政字 012 号

本队是连（县）宜（章）临（武）边的人民子弟兵，是人民的革命队伍，坚决为人民利益奋斗，兹将本队宗旨政策宣告如下：

（一）联合工农兵学商各被压迫阶级，及地方开明士绅、地主富农，共同反抗坏政府征兵、征粮、征税，减轻人民负担。

（二）打开坏政府的粮仓、金库，发还人民，分给贫民，救济灾民、难民，改善人民生活。

（三）保护商旅交通，维持地方治安，保障人民利益，扶助工农商业，增进人民福利。

（四）尊重教师及知识分子之地位，并尽力之所能，帮助改进教育事业，及改善其待遇。欢迎其参加本队为人民服务。

（五）承认境内苗瑶各族之平等自由，尊重其生活习惯和信仰，诚心诚意帮助其改善生活。

（六）对坏政府的犯罪人员，按其犯罪之轻重，分别处理，首恶者必办，胁从者不问，立功者受奖。凡属过去曾危害本队，现已决心悔过自新者，决本宽大，不再追究。

（七）对自动放下武器的蒋军，及伪地方团队官兵，一律不杀不辱，愿留者收容，愿去者遣送；对起义加入本队，或拖枪来归，或公开或秘密为本队工作者，一律予以适当的奖励。

（八）欢迎坏政府的各级行政人员乡保甲长自动辞职或停职，倘一时未能摆脱者，则欢迎他与本队秘密共商，设法应付伪政府的各种无理压迫。

（九）地主、富农、殷户，倘能遵守本队一切法令，不受坏政府利用，不危害人民，不破坏本队，愿与本队公开或秘密合作，或严守善意中立者，一视同仁，并保障其身家生命财产的安全。

（十）对为生活或为坏政府压迫，铤而走险的绿林豪杰，本队抱与人为善的态度，勒令其立即停止劫掠人民财产的生涯，鼓励并帮助其找寻合理的出路。如确能立定重新为人民服务之决心，愿与本队诚意合作抗征者，一律欢迎。

本队是人民自己的部队，一切行动均以人民的利益为依据，诚心听取人民的公意。军行而至，纪律严明，买卖公平，不妄取群众一针一线，尽力为人民做好事。仰各界人等，切勿误信坏政府及其反动败类的造谣中伤，切勿惊惶骚动，更勿为坏政府所利用，以致贻害地方，自招罪累。仰各周知，安守所业！

队长：成崇正

中华民国三十八年六月十一日［印］

（摘自中共连县委党史研究室历史档案）

三十、连江支队司令部致连支七团的指示信

七叔[①]、老秘[②]、振[③]诸兄：

你们来信已收到。

敌人正在扫荡星区[④]，我们拟在此打了之后就推过你们这边来，我们的意图和计划，由江[⑤]兄面告。

我们决派干部和部队去展开桂东，由红旗[⑥]派一班桂东的同志与江浩去，请设法补充一下这班同志的被服，并加强准备过去的各项工作。

关于提升了一些干部，我们觉得国江、叶文、黄辉快一点，传你们已经宣布，那就算了，但须加上代理两个字。以后凡提升连职以上干部，必须经我们同意才可宣布。

我们希望能迅速过来，但无熟识的人和向导，我们已派人与黄洪[⑦]联络，你们也即派人来与我们联络。

---

① “七叔”，七团团长萧怀义。

② “老秘”，七团政委黄漫江。

③ “振”，七团作战参谋黄振。

④ “星区”，星子区。

⑤ “江”，七团一连连长江浩。

⑥ “红旗”，红旗中队。

⑦ “黄洪”，七团二营副营长兼三连连长黄雄。

我们认为黄振可负责第十九营（即你们之七团第一营）副营长之职，但不用负团的作战参谋之职，现时你们只先行编一个营，不用编第二营了。

关于何同志过桂东使用，请你发给，并请你们准备抽黄水祥同志回怀集工作，他之继任人选请准备。

周①、家②、林③

10 月 7 日④

（摘录于中共连州市委党史研究室编：《革命战争时期历史文献资料（1924—1950）》，2017 年 8 月，第 172—173 页）

三十一、正告连县反动分子

自从去年一月东陂、星子二地人民武装起义后，你们那时以为我们力量弱小，而外地的解放军又未能前来应接，于是你就妄想用“围剿”、屠杀、分化、恐吓等手段来消灭我们。可是事实证明你们妄想毕竟是妄想，在十六个月之后的今日，我们不但没有被消灭，而且巩固了，发展了，并且壮大了。

过去你们认为蒋介石的反动统治稳如泰山，你尽可以靠着这个泰山来作一切压迫人民的坏事情，你们又曾经认为长江是一条天堑，纵使解放军扫荡了华北反动派之后，也不能飞渡长江，“南北朝”的局面至少维持三四年，可是事实已证明了你们的错误，蒋介石的统治并不是一个泰山而不过是一座冰山，人民这太阳会使他崩解，长江也决不是天堑。四月北平和谈破裂，毛泽东、

---

① “周”，连江支队司令员兼政委周明。

② “家”，连支副政委蔡雄。

③ “林”，连支组织部部长萧少麟。

④ 时间，1949 年 10 月 7 日。

朱德总司令即于二十一日下总攻击令，军随令，人民解放军马上大举渡江，江阴、芜湖、南京、杭州、苏州等江南重镇，瞬即解放。今我大军且已攻下南昌，围歼蒋主力李延年兵团等匪军，另一路则已拿下武汉，正沿粤汉铁路南下，旌旗所指敌匪望风披靡，至今短短期间内，我华南人民武装定必配合南下大军，坚决、彻底、干净、全部消灭华南一切反动匪军，解放华南，解放广东，解放连县。

在当前的形势下，你们或者妄想“美援”及“第三次世界大战”爆发来挽救你们垂死的命运呢，可是你们也想错了。过去六十亿美元的巨量“美援”既然无济于事，今后的美援纵有，也嫌太少太迟了。“第三次世界大战”爆发也不会实现，在以苏联为首的世界民主力量积极反对战争之下，“纸老虎”般的美帝国主义虽然想发动战争，但有心无力，始终不敢玩弄危险的战火。

因此你们的希望已经绝了，或许你们是妄想在蒋朝垮台之后，用你们的一切污脏手段，摇身一变，化成民主政府的“新贵”或“二朝元老”——正如袁世凯之由满清的封疆大吏摇身一变而为民国总统一样，你们这种想法已说明了你们的荒谬无知。须知未来的民主政府是人民的政府，有了数十年革命经验的中国人民与中国共产党，决不会上你们反动分子的当，如果你们不马上“洗心革面”将功赎罪，那么，将来一定会缉拿你们归案，交付人民公审的。

或许你们还有“逃之夭夭”的最后一计吧，你们还想学匪首蒋介石等逃往外洋吗？可惜你们无此本钱，你们想隐姓埋名远走他乡吗？可是在解放后的中国，无论你逃到哪里，都是迷不了人民雪亮的眼睛的，你们想逃入大龙山当政治土匪吗？但是周围都是反对你们的人民，就是不打死你们也会饿死你们的。

你们的一切幻想都破灭了，如果还不马上改过自新，你们只有注定灭亡。

假如你们是识时务，决心改过自新的话，那么我们还是一本宽大之旨，给予自新的机会。但是你们应即向我们表明态度，马上停止一切反动行为，并且要立即暗中派人和我们联系，暗中帮助我们，如果敢于起义反正的，就应该立即起义反正。

时势紧迫，给你们考虑的时间已经不多了，“顺势者昌，逆势者亡”！其善抉择之。

萧怀义、成崇正　1949 年 9 月

（此件藏广东省委档案局）

三十二、连江支队司令部致连支十团领导的信

讯[①]兄并转杨[②]谢[③]诸兄：

接讯谢二兄的来信，带给我们许多兴奋的消息，谢了你们！

阳山扫荡，星区[④]又有扫荡的象征，而我们这里也正挨着连蓝[⑤]联合的全面扫荡，这证明了反动派尤其是白匪为了要扫净他退回桂的退路，已在粤湘边向我们展开全面的扫荡，照我们的估计和根据，敌人在连蓝边大路一带的兵力部署，如我大军未到达本区前，敌人的扫荡是比较长期的。

本区的扫荡是在本月一日开始的，东陂方面由关以忠亲自出马带两个队配轻机三挺、汤武生四支，于一日上午八时到达沙坪。同日蓝山李匪可才（保十一团团长）亲带两个营和一个自卫中队

① “讯”，“黄讯”，即黄孟沾，连支十团团长兼政委。

② “杨”，杨雄，十团营长。

③ “谢”，谢平，连支七团四连指导员。

④ “星区”，星子区。

⑤ “连蓝”，连县、蓝山。

分两路，李匪自带一路二百余人，配有轻重机及炮，数量不明，由蓝山到所里，现仍分驻所里长铺。另一路百余人，以自卫队为主，无机枪，只配四支汤武生，亦由蓝山出发经长铺到米山入刘门水（前一天我大队驻此，派出一排在米山收税，晚间全部转移了），复出米山驻，第二天又由米山入小牛皮河过水当出浆洞，此路敌在水当遇我第五连黄标队展开战斗，因我占优势地形，战二十分钟后，敌即向史家坪溃退出长铺。

今天的消息，沙坪敌人与米山敌取得密切联络，准备联合扫荡我山区。现我们为了应付敌人的扫荡，已分兵活动，将军①与黄标队准备坚持在大路两侧山区，我们则靠黄洞山区，必要时向大水园靠。

讯兄所提的意见插到东陂去这是最好的，但因缺乏民众关系，现黄洪队也因缺此条件和队伍的新骨干较弱，同时不知道我们正遇扫荡，而靠了回来。东陂的民众畏缩不前，是因统治力特强的原故，敌人之所以如此嚣张，又因我们过去从来未建立过军事威信所致。

机枪预备好，请交来人（得心②）带返为盼。

黄洪、士卫③等都要调回，现只留下远得与谭杰的武工组共三十余同志暂时在那个区坚持活动，黄洪等则在弄清一些队内问题后，尽快也要派回去工作的，你们如派出武工队在那边活动时，请通知与远得取得联络，刚写到此又接情况，知雷孟炎④部下之李错部与唐盛治等，已到了大水园，李过去是与我有联络的，但

---

① “将军”，即黄振，七团参谋。

② “得心”，黄得新，七团武工队队长。

③ “士卫”，邱士惠，七团三连副连长。

④ “雷孟炎”，湖南临武县县长。

因雷被扣后，他的态度恐也变了。

你们如能向洛阳展开猛烈的活动，东陂大路的敌人马上可以打下来，黄洞山区及大路的扫荡可解围矣，未知你们那边最后的情况怎样？可否向洛阳推进，希赐告！

有一封信是给小陈①兄的，不知怎样竟由池林带了回来，现请你代转送回他吧。

周、家

1949 年 10 月

（中共连州市委党史研究室编：《革命战争时期历史文献资料（1924—1950）》，2017 年 8 月，第 174—175 页）

① “小陈”，陈奇略，连支政治部主任。

附录四 重要革命人物

冯达飞

冯达飞（1901—1942），字洵，乳名文孝，连县东陂镇人。九岁入私塾，后就读芝兰小学、文望高级小学。1914 年，考入县立中学。1919 年 9 月，中学毕业后，考入广东陆军测绘学校，1921 年秋毕业后，转入粤军第一师在肇庆举办的西江讲武堂学习。毕业后，任中尉军官。

1924 年，考入黄埔第一期，同年加入中国共产党，毕业后，留校在教导团任职。1925 年入广州飞行学校学习，后又被派往苏联莫斯科航空学校深造。再后又被派往德国炮科研究院学习。

冯达飞（摘录《红色征途》第 25 页）

1927 年回国，参加共产党领导的广州起义。起义失败后，按党的指示秘密回到连州家乡待命。

1929 年夏，奉命去广西从事兵运工作。不久，担任广西警备第四大队机枪连连长。参加了邓小平、张云逸领导的百色起义，任中国工农红军第七军第二纵队第二营营长。1930 年任红七军第二十四师五十八团团长兼教导队队长。1931 年，百色起义的红七军到达连县，冯达飞在家乡东陂宣传党的主张和政策，赢得父老乡亲的信任、拥护和支持，部队攻占了县城连州，筹集了军饷四万光洋，充实部队给养。

1931 年，到达中央苏区后，任湘赣军区河西教导队队长。1932 年初，先后担任中国工农红军第四分校校长、红独立第三师师长、红八军代军长。1934 年 10 月，随中央红军参加二万五千里长征。

1935 年 11 月，红军学校成立，担任炮兵科主任教员。1936 年 6 月，红军大学成立，继续担任军事教员。1937 年，红军大学改为中国人民抗日军政大学，冯达飞先后担任第二大队、第四大队大队长。1938 年秋，冯达飞担任国民革命军陆军新编第四军教导总队副总队长兼教育长。1940 年，任新四军第二支队副司令员。

1941 年，蒋介石发动皖南事变，“围剿”新四军。冯达飞在突围战斗中负伤后被捕，囚禁在江西上饶集中营西山监狱，1942 年 6 月英勇就义，年仅 41 岁。

詹宝华

詹宝华（1901—1927），字汉秋，连县连州镇升俊街人。他从县立中学毕业后，于 1925 年夏考入黄埔军校第四期学习，同年冬加入中国共产党，后又入“农民讲习所”学习。是年底，受中共广东区委派遣，前往顺德领导农民运动，兼农工干部学校校长。1927 年春，带领顺德农民军在反击民团进攻、保卫农会的战斗中牺牲，年仅 26 岁。

詹宝华（摘录《红色征途》第 16 页）

邓如淼

邓如淼（摘录《红色征途》第51页

邓如淼（1912—1942），连县水口人。幼年就读于县城养正小学，1927年进入仲恺农工学校学习。1937年加入中国共产党。1939年任中共连阳工委宣传部部长。抗战时在连县政府任督导员，1941年任中共清远县委书记兼组织部部长，1942年因工作劳累过度病逝，被追认为烈士。

邓国英

邓国英（1917—1942），抗日英雄，连县西岸龙凤迳人。1938年8月到延安中国人民抗日军政大学（简称“抗大”）学习，1938年12月参加中国共产党，曾任八路军总政治部组织干事，1940年参加百团大战，1942年5月，与左权将军一起，在山西长治反日军“扫荡”战斗中壮烈牺牲。

黄云波

黄云波（摘录《红色征途》第64页）

黄云波，连县石角水东村人。1938年秋，与同学邓国英一起入延安“抗大”学习，同年参加中国共产党，毕业后入八路军第一二九师，在太行山进行抗战斗争。在解放战争中，指挥解放粤北、连阳战役。解放后任江西省军区司令员。

李振生

李振生（摘录《红色征途》第 64 页）

李振生，连县连州街人。1938 年到延安“抗大”学习，在延安加入中国共产党。毕业后在八路军总部任后勤兵教导员，参加华北抗战。后参加东陂征战至连县解放。新中国成立后，李振生任北京理工学院副院长。

陈先信

陈先信（摘录《红色征途》第 52 页）

陈先信，连县水口人。1938 年加入中国共产党，是抗战时连县水口党支部发展的首批党员之一。城关区地下党开拓者，水口党支部在连州城郊建立一块农村革命根据地，在抗日战争和解放战争中作出了较大的贡献。

邓炎汉

邓炎汉（摘录《红色征途》第 53 页）

邓炎汉（1908—1948），又名邓文耀，连县西岸龙凤迳人。广州中山大学文学系毕业，1938 年参加中国共产党，连县抗战发展的首批党员之一。长期隐蔽在连县政府内任科长、区长、连县抗日总动员会秘书长。“白皮红心”，为党工作。1948 年 1 月，参加连县武装起义后被捕，关押在韶关国民党监狱，当年 6 月牺牲。

成崇正

成崇正（摘录《红色征途》第 52 页）

成崇正（1909—1993），连县大路边村人。1938 年加入中国共产党。历任大路边党支部书记、连阳中心县委宣传部部长兼星子区委书记、连阳特派员，解放战争时期任星子人民抗征大队长兼政委，1949 年任连江支队第八团团长。新中国成立后，曾任连县副县长，连南县委书记兼县长。

萧少麟

萧少麟（摘录《红色征途》第 59 页）

萧少麟（1920—1968），连州市丰阳镇湖江头村人。1938 年，任连县少年抗日工作队队长，1939 年 1 月加入中国共产党。1945 年 10 月以后历任清远县特派员、中共连县武委会书记、东陂武装起义领导人、连江支队第七团政委、中共连县临时工委书记。新中国成立初期，任中共连县委副书记。

黄孟沾

黄孟沾（摘录《红色征途》第 59 页）

黄孟沾（1921—2013），1921 年生于广东省连县星子区田家乡（今连州市星子镇姜联村委会）盘海村。1936 年考入广州广雅中学。1937 年抗日战争全面爆发后，黄孟沾便转学回到连州中学。1938 年 12 月，黄孟沾加入中国共产党。1949 年 4 月，连临蓝边人民抗征大队成立，黄孟沾任大队长兼政委。

1949年10月7日，黄孟沾任粤桂湘边纵队连江支队第十团团长兼政委。12月20日，连县人民政府成立，黄孟沾任副县长。1954年到广东省委党校工作，后调到广东省委统战部工作，1984年离休。2013年9月18日在广州病逝，享年92岁。

萧怀义

萧怀义（1912—1996），连州市丰阳镇湖江头村人。考入广州美术专科学校深造。1938年加入中国共产党。1948年，先后担任东陂人民抗征大队大队长、连（县）蓝（山）江（华）边人民抗征大队大队长、连江支队第七团团长。

萧怀义（摘录《红色征途》第52页）

1950年1月10日，中共连县委成立，任县委委员、公安局局长。1952年调韶关北江区署工作。1958年，任凡口铅锌矿党委副书记。1996年病逝，享年84岁。

黄菘华

黄菘华，1926年出生，连县星子镇盘海村人。中山大学文学院毕业，获文学士学位。1942年参加中国共产党。抗战时期，曾在连县、英德、佛冈等地以教书身份为掩护，从事党的秘密工作，后转东江纵队工作。抗战胜利后，由东江纵队派回广州从事爱国民主运动，是广州地下党及其外围秘密组织领导人之一。新中国成立后，历任广州市团市委

黄菘华（成培堪摄）

学校团委书记、学生部部长、宣传部部长、秘书长，广州市黄埔区副区长，中共广州市委党校教育长、副校长。1983 年至 1993 年，先后担任中共广州市委常委、宣传部部长，中共广州市顾问委员会副主任等职。

黄漫江

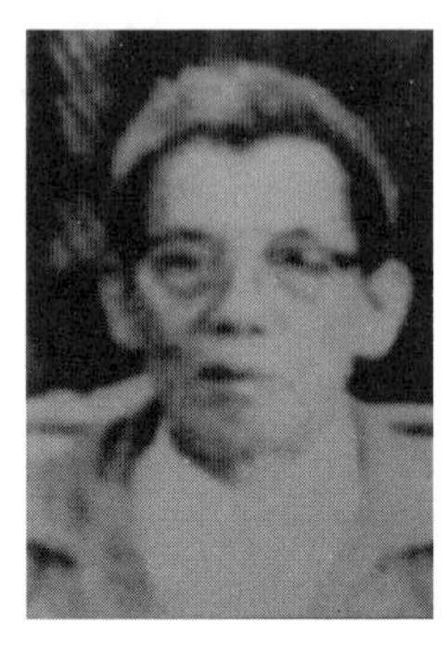
黄漫江（摘录于《中国共产党连县地方史》）

黄漫江，连州市丰阳人。1947 年 7 月后历任连阳挺进队第三中队指导员，北挺第一大队（代号“飞雷大队”）三中队指导员，英西人民抗征自救队队长、连（县）蓝（山）江（华）边人民抗征大队副政委兼政治部主任，连江支队第七团政委（后）。

成冠

成冠（成一兵提供）

成冠（1929—1971），连县大路边村人。1944 年，在东江纵队参加抗日战争，1945 年加入中国共产党，1955 年被授予少校军衔，转业后调中共中央办公厅机要局任科长、副处长等职。

成崇实

成崇实（1925—1949），连县大路边村人。1943 年在粤秀中学读书期间，参加了进步学生组织秘密读书会。1946 年在广州由地下党同志介绍，参加了党的外围组织“青年民主同盟”。1946 年下半年至 1947 年秋，遵照地下党的指示，先后到广州西场省机械总工会第十分会工人子弟小学和番禺谢村小学教书。边教书边向群众宣传革命道理。1948 年初，成崇实带着粤桂湘边纵队领导人梁嘉的指示信给星子起义领导人，准备发动第二次起义。在敌人的多次“围剿”中，他总是冲锋在前，英勇战斗。1949 年 4 月，在寺前坪突围战斗中英勇牺牲，年仅 24 岁。

资料来源：中共中央党史研究室科研管理部编：《中国共产党革命英烈大典》下册，红旗出版社 2001 年版，第 1648—1649 页。

附录五 重要革命事件记述文章

一、让革命装上翅膀

——红军将领冯达飞“飞”的故事

苏　宁

人们都有自己的理想，像彩虹动人，时隐时现，人们常常为它的消失而叹息；人们都爱玫瑰，它香，可是培植不容易，而且带刺。玫瑰是现实生活，人们常常为了爱看彩虹，把脚下的玫瑰踩碎了。广东连县有个冯达飞，他爱虹霓，更爱玫瑰。他有理想，要飞，但更热爱生活。为了理想，为了现实生活，他为中国革命献出了宝贵生命。当革命已经装上了翅膀的时候，一位元帅诗人还为他的牺牲而唏嘘叹息。

1925 年 3 月，冯达飞正在跟随黄埔军校师生在广东东江前线作战的时候，他接到调令，命他到广东革命政府航空局报到，想飞的愿望达到了，他把名字改成达飞。这是他第四次进军校，头三次是在陆军学校。在黄埔军校第一期毕业后，他留在那边工作。当军校师生在同军阀作战时，眼看步兵孤军作战，没有空军和炮兵的配合，每一次战斗都要付出重大代价，他发誓要当个出色的飞行员。所以当广东革命政府要在军队中选拔航校学生的时候，他第一批报了名，并凭着他学过陆军测绘，天文、地理、物理、数学无所不通的基础知识，他说服上级，革命政府终于把他选拔到广州飞行学校。

接待他们的是一个苏联的老飞行员，中国名字叫李维，他是广东革命政府的航空局长，同时在座的还有几个苏联同志，也就是后来的飞行教员。李维的年纪比冯达飞大不了许多，他说中国革命要在全国胜利，就要有强大的空军，但是现在必须快培养，每个飞行航校的学生都必须快马加鞭，加紧学习。李维逐个询问了这第一批学生："你们有信心吗？我们要在六个月内学会初级飞行"。冯达飞霍地站起来说："报告校长，我们保证学会飞！"达飞已经是个老军人了，他懂得回答上级的问题要简单明了。其实他的话多着呢，他读过三次陆军学校，"三操两讲"，摸、爬、打、滚，再苦的日子也挨过了。在陆军测绘学校的时候，日晒雨淋，爬山涉水，扛着经纬仪，天天过的是铁脚神仙肚的生活。凭着自己连州高中的高材生，测绘学校的数、理基础，冯达飞是满怀信心的。

然而飞行学校的生活完全出乎冯达飞的想象。航空局和飞行学校是两个招牌一个摊子，主要的工作人员就是苏联来的几个同志，有人教飞行，有人教保养飞机，有人教基础课。李维是局长又是校长，还是飞行教练。航空局设在大沙头，飞机场就在二沙头。当年二沙头不过是珠江岸边的一个长条沙洲。沙洲上有几架教练机，白天推出来摆在沙洲上，分外映眼，晚上推回一个竹棚里，也就算是飞机库了。至于学生，更是少得惊人——八个！比全校教职工还少，同苏联同志差不多。至于飞行课就更特殊，在讲了几天飞行知识之后，教练便带飞了。教练让学生从实践中学习飞行。每天要飞 4 个起落，然后是下午三个小时的理论课。

第一次上天空有点心惊，虽然冯达飞日日夜夜盼望着飞行，然而当他东望着远处的东江平原，想到那边浴血奋战的战友，心情便变得激动。当他返航时看到机翼下缓缓流着的珠江，他心情平静了。只要胆大心细，飞行也不过是这么回事，一定能够学好。

但人到底不是铁打的，每天飞四个起落，还要上理论课，晚上还得做体育锻炼，这比陆军学校的“三操两讲”消耗体力多得多。每天从飞机场回来已经精疲力尽，下午还要听课，晚上的锻炼有时撑在翻滚的虎伏（滚轮）里，实在不想动了。一个月下来，个个都变成火眼金睛，只见眼睛有神，面颊却瘦下来。很明显，连伙食供给比学员好的苏联同志，也都瘦了。

怕苦吗？不，我们是中国飞行员的第一批种子，再苦也要熬下去！带着疲劳的连洗澡擦背也没有气力的身体，同学们倒在床上便呼呼入睡。第二天早上，八个生龙活虎的汉子又出现在二沙头的沙洲上，迎接初升的太阳。

然而，有一天晚上，冯达飞再也不能入睡，他接到家里来信说是母亲病危，催他回家见母一面。宿舍里同学的鼻鼾声，打断不了他的思路，在连县，他迎接过“五四”运动的洪流，最后投笔从戎，决心为人民做一点事。然而由于没有一个强大的革命军队，革命的人民始终不能吐气扬眉。学飞行，就是让革命装上翅膀。如今一个月过去了，筋骨更硬了。教官说争取把六个月的初级飞行课三个月学完。如果现在请假回连县，来回至少半个月，只要母亲大病不死，日后见面有期，万一不幸，回去也见不着，而飞行课拉下来，要补也补不回来了。冯达飞不是达飞，只是个丘三啊！丘三不就是落伍的兵吗？这真是忠孝不能两全。冯达飞原来名叫文孝，考上黄埔军校后，他把名字改为冯洵，意思是以身殉国，这下子要达飞就不能尽孝了。

在如雷的鼾声中，冯达飞下床来决定给好友树勋写信请他就近照料母亲，说他达飞心切，念母之心，只好自慰自解了，这封信经过几十个春秋如今还保留下来，它不仅是一种珍贵的革命文物，而且是一个革命者坚强的象征，他爱彩虹但更爱玫瑰，虽然玫瑰是有刺的。

功夫不负有心人，广州飞行学校的第一批学员，用三个月的时间学完了初级教练的飞行课。

广州的教员和设备不能满足这批种子飞行员的学习要求，1926 年 7 月，冯达飞等又被送到莫斯科学习高级飞行。冯达飞在莫斯科进了航空学校。然而就在他毕业的时候，中国革命失败了，革命政府解体，革命工农许多惨死在血泊中。革命需要装上翅膀，但是目前更需要枪杆子和大炮，在党的安排下，冯达飞又进了苏联高级步兵学校，毕业后被送到德国炮兵研究院将校组学习。

但是冯达飞没有飞起来，也没有恃着党培养他的才干向党讨价还价，冯达飞拿着飞行员的证件和中级炮兵军官的资格回到广州，以普通一兵的身份参加了广州起义。从战友的尸堆里爬出来，回到连县隐蔽了一年多，冯达飞于广州起义两周年时在广西参加了百色起义，从此，冯达飞同中国革命军队结了生死缘，从西江打到黔江，从黔江打到赣江，冯达飞当过连长、营长、团长，但都没有飞，用一双铁脚跟着革命前进。冯达飞更多的时间不是带兵，而是教导队长、军校教员。

出人意料的倒是在艰苦的中央苏区，冯达飞真的飞起来了，人们只知道第二次国内革命战争时期，1930 年 4 月 16 日鄂豫皖根据地缴获敌机一架，改名“列宁号”，这是革命军队的第一架飞机，还用这架飞机炸过敌机，扔下两颗迫击炮弹，但是人们不知道飞行员是个敌俘，他是在两支驳壳枪的监视下起飞和轰炸的。人们很少知道冯达飞是第一个带上炸弹炸敌人的红军飞行员。

1932 年 4 月，在冯达飞广州学飞行后的第 6 个年头，红一军团在打福建漳州时，缴获一架飞机，驾驶员被打死了，机身弹痕累累，有谁能把这架飞机驾驶飞回后方呢？总部深知有许多学过飞行的同志正在默默无闻地做步兵到地方工作。总部发出通报，要找会驾驶飞机的同志。这时候，冯达飞正在红军大学任特科教员，他看到通报后马上报告校部，骑上快马便匆忙出发了。

冯达飞日夜兼程赶到漳州，见了军团首长后便要马上检查飞机。首长要他休息一晚明天再检查，反正太阳也快下山了。冯达飞只好在军团部住下。因为飞机离城还远，要去也无法检查。这一夜，冯达飞翻来覆去，哪里睡得着，他想起这几年的战斗生涯，哪一件是按常规办事办成功的？非常时期该用非常办法。1930 年红七军主力回师百色，只剩下三发山炮弹，是他把炮拉近敌人工事，用平射把敌堡摧毁的；1931 年部队饥寒交迫攻下江华城，是男人穿上女衣裳，才把队伍拉到桂岭的。种子飞行员飞不上天，就只好在地面跟着队伍打游击。广东人有句老话："马死还得落地行。"这次来漳州，不仅是对他作为飞行员的考验，而且是作为兵工专家的考验，冯达飞设想过许多困难，万一飞机坏了，能不能把它修好。他想起 1929 年秋天在南宁，那时张云逸的警备大队接收了广西省政府的军械库，政委邓小平指示要把仓库里的军械往右江转移，可是打开库房，尽是些废枪烂炮。冯达飞建议先修好一部分加强部队火力。张云逸接受了这个建议，并把任务交给达飞，达飞在修械所工人的协助下，拼拼凑凑，日夜不息，修好了几门山炮和迫击炮、几十挺轻机关枪，用的都是拆东墙补西墙的办法。明天要是飞机坏了，机场就只有这一架飞机又怎么办呢？他无法睡了，干脆起来抽烟。天已经蒙蒙亮，但是这个小城静悄悄得连鸡啼也听不到一声，倒是部队晨操的跑步声却此起彼落。新的战斗的一天开始了。

这里是闽南的富裕地区，部队给养比中央苏区好得多。在军团部参谋处吃过早饭后，军团部便派一个参谋陪他去机场了。

在飞机场边缘的一棵大树下，冯达飞看到了飞机。这是一架容克式战斗机，当年他在德国学炮兵时见过多次。很可能是汉登堡政府卖给蒋介石的退役飞机。飞机的双翼没有弹痕，但座舱两侧弹痕累累。滑轮完好。飞行员座椅上还有血迹。显然这是由于奔袭机场的部队运动迅速，敌军驾驶员刚入座舱，引擎还来不及发动便被打死了。冯达飞本能地用手扳动一下螺旋桨之后，便到飞机底部查看机身，发现底部完好，没有漏油，翻身打开机头的盖子，也没发现有枪伤痕迹。冯达飞再次爬入座舱，经检查电源油路都没有损坏。他决定请守卫的连队帮忙把飞机推入飞机场，冯达飞坐在舱里把电门油门打开，一按驾驶杆，螺旋桨转动，马达轰鸣，站在一旁的部队欢呼起来了，欢呼和马达齐鸣。冯达飞让飞机在机场的草地上行了几十米便关了油门。这是一个简易机场，没有正规的指挥起落的机构，要飞上天还得重新组织，但是飞机的完好却出乎冯达飞的意外，连油箱也是装得满满的。冯达飞同军团部参谋交换意见后，决定将飞机继续隐藏，回到司令部请示下一步的工作。冯达飞骑在马上，像飞一样跑回司令部。

军团司令部经过研究，决定临时组织一个指挥起落的班子，搞一些指示起落的白布铺在机场上，让冯达飞带上传单去轰炸赣州。飞机是战斗机，带不得炸弹，而且飞机场根本就没有存留炸弹，熟悉炮兵作业的冯达飞决定带两枚迫击炮去当炸弹。这些准备工作很快就完成，因为让革命装上翅膀是全体红军的愿望。达飞到漳州后的第三天，天气晴朗，碧空无云，腾飞的日子来到了，达飞操纵着驾驶杆，机身有点摇晃，这不仅因为他多年来已变成步兵，甚至是不接近飞行器很少摸机器的游击战士，更重要的是他没有操纵过容克战斗机。虽然昨天他专门在飞机上研究了容克机的各种仪表，但达飞毕竟是一位中国的优秀飞行专家，飞机起飞后很快便趋于平稳，飞机转向西北方后便继续爬高，飞过武夷山后转向西飞，不久便远远看到一条由南到北延伸的河流，赣州在望了。冯达飞操纵飞机下降，飞机掠过赣州机场，机场上的人正向他打旗语，因为机身上漆的是国民党的党徽，敌人做梦也不会想到上面坐着的是红军飞行员。

炸弹应该扔到哪里呢？扔到飞机场，那里影响不大，而且还要散发传单；扔到城里去，又不知敌人的司令部和兵营在什么地方，杀伤了老百姓反而会弄巧成拙，冯达飞决定把迫击炮弹扔到大较场，在拉起机头时顺便散传单。当地面的人群听到炸弹声惊慌失措的时候，冯达飞返航了。

这时候他感到胜利的喜悦，一支熟悉的歌仿佛伴着引擎的节奏在唱着：

你听，马达高唱着走进云霞，

它轻轻地旋飞又抬头向上，

向上排成队，用力飞，用力飞，

…………

冯达飞多少年没有听到这歌声了。想不到如今在战斗的土地上，他驾起了猎获的战机。只要航向正确，装上翅膀的革命飞得更高，飞得更快。冯达飞低头看着那苦难的土地，玫瑰花在盛开，但那是带刺的。

（摘录于中共清远市委党史研究室编：《征途》，1991 年 7 月出版。有删改。）

二、詹宝华烈士与顺德农军干校

苏福征

第一次国内革命战争时期，我党领导的农民运动从海陆丰直卷到顺德，各处纷纷建立农民协会和农民自卫军，向着数千年的黑暗统治势力展开猛烈的扑击。一九二五年，詹宝华同志（连县人）刚从黄埔军校第四期二团八连毕业，由中共广东区委派他和黄德治同志（湖南长沙人）来顺德工作。他们两人来到以后，很快地就创办了顺德农军干部学校，校址在大良西山岗三元宫里。各乡农会听见创办了农军干校，革命情绪更加高涨了，纷纷选送优秀的农民入学受训。霞石农会主任冯德臣同志派我去参加第一期的学习，就因这样，我初次认识了这个性情刚毅、意志坚强的农军干部学校校长詹宝华同志。

当时学校有二百多人，一共分成四个班。进校第一天，詹宝华校长就给我们全体学员进行了一次亲切的讲话："……你们现在是革命军人了，对敌人要狠，对人民要爱。……所以一定要学好本领，才能打倒帝国主义和封建势力。我们还要有革命军人的纪律，使我们成为群众最可亲可爱的人。……你们是农民送来学习的，不要辜负千百万受压迫农民的期望啊！……"他那激昂的语气和亲切诚恳的感情，给了我们深刻的印象，每一句话都深深感动了我们，一字一句都打在我们的心坎里，永远也不会忘记。以后，我们真的过着严格的军人生活了。大家穿着灰色的军装，佩戴犁头作标记的、上面写着"顺德农军干校"的校章。我们这批自由散漫惯的大老粗，初时总感觉不习惯，可是尽管生活不习惯，但只要忆起詹校长的讲话"我们是人民的军队"，大家都自觉地互相督促遵守纪律。

说实在的，当时我们的生活环境是十分艰苦的，每天都是餐粥餐饭地过生活。除上课外，还要翻山越岭地锻炼，整天辛勤的詹校长也和我们一同生活，一同吃住，从来不会摆架子。虽然每天的伙食是这样差，但詹校长和我同在一桌食饭，我对詹校长说："你整天辛苦地指导我们，应该多找些有营养的东西吃，否则会损坏了身体的。"这时他看看我，笑了笑说："损坏吗？不会！我们革命军人是铁做的。再说大家都应该同甘共苦，我决不应特殊。"当时我们很受感动，个个都在暗地里宣誓，詹校长尚如此艰苦，难道我们不成吗？一定要好好学习，多为人民出力。

我们在学校里，每天都是“三操两讲”的。太阳刚一露面，就由詹校长带领着我们爬山越墙，到野外去进行演习射击。詹校长每次都亲作示范，当我们练习的时候，他总是不倦地围着我们直打转。当发现谁动作不正确，就耐心教导。当我们做对了，他就高高兴兴地连连向我们赞好，把我们的劲头鼓得足足的。在休息时，他就爱和我们谈话、唱歌。只要詹校长在旁边，我们心里就乐开了花。

詹校长的政治修养真好，他从不骂人也不打人。记得有一次，有几个刚从乡间来的同学，走进农军干校不久，经不起这样艰苦的学习环境而逃跑了。这事情给我们的詹校长知道了，我们以为校长一定发怒了。

可是，他说：“我们责任还未尽到啊！”当天晚上，他就亲自下乡找这几个同学，耐心地教育他们说：“我们为什么以前总受财主、土豪、劣绅的压迫剥削呢？就是欺负我们没有自己的武装。现在我们虽然建立了农民协会，但敌人还是极力破坏我们、威胁我们的。难道我们就让他们永远骑在我们头上吗？不！我们要革命！但若果人人都像你们这样，革命又怎能成功呢？……”这几个同学被他感动了，痛悔地跟他一起返回学校里继续学习，成绩进步得很快。经这事情后，詹校长更加和我们接近了，每逢下操、下课、饭后都跟我们一块儿谈心，发现了错误的思想后，就耐心地教育和帮助我们。

1926 年，国民党右派虽然表面上伪装和我们合作，但大量的反动豪绅看见我们整天叫着要打倒土豪劣绅，看看来头不对，便暗中收买了当时挂着“革命军”招牌的陆新苏和苏延概这两个反动武装部队，从中迫害和破坏我们农军学校，迫令我们离开大良。詹校长忍辱负重地和我们一起转移到羊额，继续进行训练，决心要把这支农民军骨干训练好。这时候我们的环境更恶劣了，可是，我们每天仍然紧张地进行学习，除上军事知识课以外，还上政治课。詹校长向我们讲述农民翻身的道理，并经常对我们说："一个革命军人，应该随时准备以自己的血肉来换取人民的幸福自由。"有几次他领导我们出击土匪，协助农军镇压反动农团。在他的英勇指挥下，每个学员都像小老虎似的，吓得敌人有时不敢交锋就逃跑了。1926 年下半年，我们大部分同志被分配返乡搞农军训练，只留下部分同志继续学习。我这时也返霞石进行培养农军工作。

在革命武装的保护下，农民运动发展很快，反动劣绅却恨得要命，极力伺机报复。1927 年农历正月初三，不幸的日子到来了。这一天，詹校长正带领我们参加二区农会的授旗典礼，会议正在开得热烈，忽然县农会派人来通知，古鉴等地主、土豪、劣绅武装集中起来，攻击新滘农会。詹校长便立即紧急集合二区农军百余人，前往救援。他把二区农军分成两路出发：一路由年龄七十余岁、须发皆白的熹涌农军队长梁子朋带领，由大东桥赶至新滘口救援；另一路由詹校长带领我们全体学员，经过仕版，准备直捣匪巢。走到鲤鱼岗对岸，遇上大河拦道，我们没法过河，适有龙眼圩渡船驶过，詹校长便和我们高声招呼他们过来，载着我们渡过了河。过河后，詹校长指挥我们扑向古鉴，刚踏进古鉴村，就有大队土匪和民团由古鉴里冲出来，向我们迎头射击。詹校长命令我们迅速散开迎敌。伏在塘边用密集的火力猛烈地压着这批土匪及民团。当时敌人多于我们数倍以上，但在詹校长沉着的指挥下，使敌人无法冲出。战斗持续了两小时有多，我们援军仍然未到，敌人的队伍却不断增加。在敌众我寡的情况下，我们逐渐被包围，四面受敌。詹校长眼看这个形势，如果再不突围，则有全军覆没的危险。所以，他急速地一跃而起，手持左轮手枪向我们一挥手，大声喊："冲呀！"我们附近的学员看见詹校长带头冲锋，也就捏紧手中枪，迅速直往古鉴冲去。但古鉴里的敌人一阵射击，陆球等几个同志倒下去光荣地牺牲了。詹校长见状急忙命令我们重新伏下射击。及后，等到敌人的枪声渐渐疏落下来，他就把旁边号兵手里的马号夺过来，站起来吹起振奋人心的冲锋号。随着冲锋号角响起，我们全体学员都喊杀连天向敌人冲锋，直闯过敌人包围，随着詹校长转至鲤鱼岗，可惜就在这时候，迎头窜出黄连土匪大傻汉这班家伙，朝我们直打枪。由于防避不及，詹校长被迎面而来的敌人击中，在鲤鱼岗边壮烈牺牲了。我们全部学员都非常悲痛，立即愤怒地向敌人冲杀，击退敌人的包围。冯德臣同志亲自背着詹校长的遗体突围重返至熹涌，把詹校长安葬在大东桥畔。全体学员当下悲愤填膺，高呼要为詹校长报仇。

（摘录于中共连州市委党史研究室编：《连州市党史资料汇编》（内部资料）2011 年 11 月，第 1—4 页。有删改。）

三、南坪激战

谢　平

1948 年 7 月，连江支队司令员冯光、政委周明率领一团挺进新区。同志们精神抖擞，斗志昂扬，经过一个多月，走了上千里的崎岖山路，从广宁山区到达连阳地区。我当时在第二中队第二小队任政治服务员。

8 月 19 日傍晚，我们飞雷队和阳山农民武装起义队伍的一部分，从阳山县黄坌乡高陂村转移到西江乡南坪村宿营。这里，国民党统治相当严密，群众对我游击队还不大了解，而且，这里距离国民党西江乡公所才 20 华里左右，全队同志更要提高警惕。我们一到村，立即向周围派出兵，锁道路，近敌人的方向和交通要道，哨位推得更远些。我们的营地分驻三个点，形成犄角之势。部队的布防虽然很周密，但到底是新区，我们人地生疏，一个反动透顶的国民党保长，派人偷越我们的警戒线，去西江国民党乡公所告密。

我们游击队是随时准备打仗的，第二天天未大亮，部队就已打好背包，吃过早饭，全副武装坐着休息，讲故事，说笑话。大约六点半钟，黄垐方向坳头突然响起了枪声。敌军六七百人，分三路向我们进攻。部队首先接触的第一路，是阳山县县长李谨彪亲自率领的阳山县保警大队的300多人；接着到来的第二路，是连县保警大队彭仁杰带的一个中队和西江乡自卫队，约200人；第三路是连县保警大队长黄坤山带领的部分队伍和朝天乡自卫队，200多人。

当第一路敌人与我哨兵接火后，冯司令员立即带一中队第一小队抢占坳头岭顶，抗击敌李谨彪部，其余随同大队部、手枪队登上后龙山；第二中队第一小队小队长吴体志带一个班登上左边走贼岭；第二小队由指导员麦永坚带领登上走贼岭外面墩仔岭尾，迎击黄垐方向之敌；第二中队中队长杨洪带一个机枪班，与阳山起义部队的一部分，登上佛仔坳外面墩尾岭，迎击西江方向来敌；第三中队登上村右边的狗骨寨和水竹寨两个山头，迎击朝天方向来的敌人。

那天早上大雾迷蒙，敌人来到很近哨兵才发现。敌人见我哨兵人少，直冲过来，制高点坳头岭顶被敌人抢占了。敌人处于有利地形，居高临下，我军全面受敌威胁。接着敌向我后龙山指挥阵地扑来，像一群鸭仔一样正向下冲，我指挥阵地以猛烈火力还击，打退了敌人的冲击。敌人改向走贼岭进攻，这时，我第二中队第一小队小队长吴体志带着一班人先敌上到走贼岭顶，吴体志个子高大，目标明显，被敌人一轮枪打下来，中弹牺牲了。文化教员带领这一班人继续战斗，打退了敌人的冲锋。狡猾的敌人正面受挫后，改向走贼岭阵地右侧迂回包抄，被我据守墩仔岭尾的第二小队发现。麦指导员一声令下，同志们便以密集枪弹，射向敌人，前面几个马上被我们打倒了，后面的敌人退了回去。

敌人迂回进攻未能得逞，又再从正面猛扑。在猛烈火力掩护下，吹响冲锋号，向我走贼岭阵地发起冲锋，子弹像倾盆大雨一样，把许多大树的树枝树尾都打断，我一班的战士依托一小片松林奋力抗击，钱金同志中弹牺牲了，战斗越来越激烈。指挥作战的文化教员见情况十分危急，立即派人向麦指导员报告战况。麦指导员立即派第二小队的文化教员钟宁同志上去，接着又一位战士欧来同志负伤了，战斗越加激烈。麦指导员略一沉思，命令我："谢平同志！你上去，阵地一定要守住，没有命令不能撤退！"

我上到走贼岭后看到：这里是我军据守各山头中地势最高的阵地，又是敌人进攻我军最近捷的路线，事关大局，如被敌人占据，将对我军十分不利。此时敌人机枪步枪集中射击松林，非常危险，我们立即转移到另一个有利地形，敌人没有发现我们的移动，射击目标还是固定在那片松林。

一会儿，坳头岭上敌人指挥阵地的冲锋号又响起来了，二三十个敌人向我阵地冲来，当敌人冲到约30米时，我一声命令，打！一轮排头枪打去，打得敌人死的死，伤的伤，其余弃甲丢盔，狼狈逃窜。敌人反复组织力量向我冲锋，人数一次比一次多，火力一次比一次猛烈，三次洪水般的冲锋都被我们打退，直到掩护我军全部安全转移了，我们才撤离阵地。

这次战斗，共毙伤敌二三十人，我部队伤亡5人。但敌人为了邀功请赏，欺骗群众，竟把他们自己遗弃在战场上的死尸，割了四个头颅挑回阳山西江，却被一些群众认出是敌军自己的士兵。敌人弄巧成拙，成为笑柄。

（摘录于广州地区老游击队战士联谊会、粤桂湘边纵队分会编：《粤桂湘边风云录》，花城出版社2003年版。有删改。）

四、血战寺前坪

黄 雄

1949年3月30日（农历三月初二），我奉命率连县东陂人民抗征大队雄鹰中队，从湖南临武西山赶到连县星子区清江乡姜田村与成崇正大队长、曾牛副大队长率领的星子人民抗征大队会合。老战友战地重逢，格外高兴。是夜，我们分析敌情，决定翌日转移。

次日拂晓，我们把驻地民房打扫得干干净净，替老百姓挑水，灌满水缸，辞别当地群众，在朝阳霞光映照下，整队出发了。时近晌午，到达寺前坪村，布好岗哨，部队暂且休息。战士们有的掏出"针线包"缝缝补补，有的抹拭枪弹，有的攀谈……村前村后的苍松翠柏迎风挺立，杜鹃花把山岗点染得特别好看，当地农民们纷纷挑着牛粪、扛着犁耙，走向田野耕作……一片春意盎然、和平宁静的景象。

忽然间，"砰！砰砰！"枪声划破天空，旋即又传来"哒哒！哒哒哒"的机枪声！我队岗哨班长文古记同志急急跑来报讯："同志们！'牛骨头'（指敌人）来了"，一看，原来敌人偷偷从村东、南、西三面山头压下来，情况危急。首先，我们冒着敌人的枪弹向外猛冲，班长吴记富不幸牺牲。成大队长指挥部队撤至村旁的"后龙山"，掩蔽于密林中。我与副大队长曾牛同志一起走出山林往外观察时，发现有一小股敌兵已先占领了前方狮子磊岗顶制高点，堵住我前方去路，而且在我南、西、北面都有敌群蠕动并向我包围而来，情况对我们很不利。我们当即决定，由成崇正、曾牛指挥大队主力集中机枪、步枪火力掩护我率领的突击队，冲破敌围，夺取前方狮子磊制高点。

激烈的血战开始了。我们突击队刚冲出树林，就暴露在一片开阔地中，遭到敌人猛烈射击。霎时，弹雨如注，硝烟弥漫，我们冒着弹雨，拼命冲上前面山腰。敌人投来手榴弹，并以机枪猛扫。我们分成3个战斗小组，像3把利剑直插敌阵。只用了30分钟就把敌人赶下阵去，我们胜利地夺取了狮子磊制高点，毙敌累累。

狮子磊制高点被我们占领了，可是，前园树坪、细冲坳的山头有大批敌人堵住我们的去路，他们自恃山高人众，在密集炮火掩护下，像疯狗一般频频向我扑来。狮子磊是一座只有野草和岩石的光头山岗，地形地物十分不利于我们，前方左右山头又高于我阵地，中间相距一片开阔地。我们清楚地看见一群群敌军组成梯队向我阵地进攻。我们沉着应战，待其进入我有效射程内，才对其猛烈射击，前头敌人纷纷应声倒毙，后面之敌夹着尾巴往后退。

此时，曾牛同志率领机枪班冲上来增援，他刚蹲在我身旁计议如何进一步杀敌，忽然，敌人一发枪榴弹在我阵地炸响，曾牛不幸胸腹部负伤，鲜血直流，但战士们并不因此而影响斗志，继续沉着击退冲来的敌人。在战斗间隙，我一面令通讯员黄其田同志越过敌人火网，到大队指挥部向成崇正大队长汇报战况，要求增援兵力和派卫生员前来救护伤员；一面将随身备带的两包“磺胺”替曾牛同志包扎伤口，并背他安放在一个隐蔽的岩洞中。他伤势严重，喃喃地说：“黄雄老战友！你别管我了，快去指挥队伍吧！……”话音刚落，就献出了宝贵的生命。曾牛同志是番禺县籍的老战士，抗日战争时10多岁就参加了珠江纵队，对党忠诚，英勇善战，曾任粤桂湘边纵队连江支队手枪队长，屡立战功。我们多次并肩作战结下亲密的战斗情谊，我眼看着曾牛牺牲，化悲痛为力量，指挥队伍，奋勇杀敌，继续战斗。

战斗越来越激烈，大队部派成崇实武工组增援我阵地。瞬间，敌人的炮火在我阵地响成一片，密集的子弹打得飞沙走石，硝烟弥漫。排长黄远得、班长黄得新相继报告，子弹不多了，有的枪管打得发热粘弹壳拉不开枪栓了。机枪班正、副班长苟奕、黄发同志又先后壮烈牺牲。正当我拿起机关枪排除故障之时，敌人乘隙蜂拥冲来，子弹在我身边嗖嗖飞过，又有同志受伤了，我的左足也被弹片划破两处，战斗进入白热化。敌人越逼越近，在敌众我寡、援兵难至的情况下，我断然决定向敌人薄弱防线水浸溷山坳方向突围，我提着机枪射了两梭子弹反击追来之敌。然后，我一手肩托机枪，手扶着负伤的李洪同志，组织队伍前冲后护，撤离狮子磊，突破敌人包围圈。在突围中，星子人民抗征大队武工组长成崇实同志不幸光荣牺牲。当我们越出了包围，占领了水浸溷山坳制高点时，罗克坚连长带星子人民抗征大队的部分兵力前来同我们会合了，我们与敌隔山相对。时日已西沉，敌军士气消沉，更怕夜战，只好草草收兵。是战共毙伤敌60余人，我方副大队长曾牛，武工组长成崇实，正、副班长苟奕、黄发，吴记富5人牺牲。事后查明，敌人这次大规模动兵奔袭，是由当地反动地主恶霸黄联轩及其狗腿黄增右通敌报信所致，不久他们即被我军捕获处决，大快人心。敌人妄图消灭我军的阴谋不但不能得逞，我军经过激烈的战斗锻炼，反而更加强大了。

（摘录于广州地区老游击队战士联谊会、粤桂湘边纵队分会编：《粤桂湘边风云录》，花城出版2003年版。有删改。）

附录六 革命烈士名单

连州市革命烈士共329名，其中大革命时期1名，抗日战争时期4名，解放战争时期214名，社会主义革命和社会主义建设时期牺牲的烈士110名。

一、大革命时期

姓名	籍　贯	出生年月	牺牲前单位职务	牺牲时间	牺牲地点
詹宝华	连州镇	1901年12月	顺德县农军干部学校校长	1927年3月	顺德县新滘

二、抗日战争时期

姓名	籍贯	出生年月	牺牲前单位职务	牺牲时间	牺牲地点
冯达飞	东陂镇	1901年春	新四军教导总队副总队长	1942年6月	江西省上饶集中营
邓国英	西岸龙凤迳	1917年	八路军总部政治部组织干事	1942年6月	山西辽县（左权县）
邓如淼	连州镇	1912年9月	中共清远县委书记	1942年6月	清远县城西飞水口

（续表）

姓名	籍贯	出生年月	牺牲前单位职务	牺牲时间	牺牲地点
陈　锋	保安	1922 年	八路军西北支队群虎大队战士	1945 年 8 月	佛冈岭禾洞坑

三、解放战争时期

1．东陂、星子、阳山下坪武装起义及其后的游击战争牺牲的烈士名录。

姓名	籍　贯	出生年份	牺牲前单位职务	牺牲时间	牺牲地点
邓炎汉	西岸镇龙凤迳	1908 年	中共连阳中心县委地下党员	1948 年 6 月	在韶关国民党监狱牺牲
吴文华	丰阳上陂水	1911 年	连支第七团中队长	1948 年 11 月	石马岩仔口战斗牺牲
吴体志	丰阳镇丰阳村	1917 年	连支第七团小队长	1948 年 8 月	西江大岭战斗牺牲
萧聪容	丰阳湖江头	—	连支第七团政工员	1948 年 2 月	在湖江头沙坑坪牺牲
吴记富	丰阳镇丰阳村	1904 年	连支第七团班长	1949 年 2 月	清江寺前坪战斗牺牲
黄　辉	丰阳镇夏湟村	1913 年	连支第七团班长	1949 年 8 月	在保安北岭白仔口牺牲
吴运汉	丰阳镇丰阳村	—	连支第七团	1949 年 9 月	（资料缺）
成隆兴	东陂城村	1899 年	连支第七团战士	1948 年 1 月	丰阳茶亭被捕牺牲

（续表）

姓名	籍　贯	出生年份	牺牲前单位职务	牺牲时间	牺牲地点
黎细寿	东陂新陂塝	—	连支第七团战士	1948 年 1 月	在东陂被捕牺牲
黄亚辉	丰阳夏湟村	1915 年	连支第七团战士	1948 年 1 月	丰阳老屋洞战斗牺牲
黄传榜	丰阳老屋洞	1918 年	连支第七团战士	1948 年 1 月	丰阳老屋洞战斗牺牲
萧佑贤	丰阳湖江头	1922 年	连支第七团战士	1948 年 8 月	在乳源县牺牲
吴祥元	丰阳茶亭	1916 年	连支第七团战士	1948 年 12 月	在东陂被捕牺牲
李济元	瑶安	—	连支第七团战士	1948 年 1 月	（资料缺）
吴循儒	丰阳水尾塘	1915 年	连支第七团情报员	1949 年 1 月	在朱岗龙庙牺牲
吴扬俊	丰阳大富头	1928 年	连支第七团情报员	1949 年 8 月	在丰阳寨仔村牺牲
吴寅癸	丰阳大富头	1925 年	连支第七团情报员	1949 年 8 月	在丰阳村牺牲
吴玉元	丰阳大富头	1907 年	连支第七团情报员	1949 年 8 月	在丰阳寨仔村牺牲
吴荣发	丰阳寨仔村	1918 年	连支第七团情报员	1949 年 8 月	在丰阳村牺牲
黄俊松	星子马水村	1898 年	连支第八团战士	1948 年 11 月	在星子车田牺牲

（续表）

姓名	籍 贯	出生年份	牺牲前单位职务	牺牲时间	牺牲地点
何芳招	山洲带头村	1915 年	连支第八团战士	1949 年 1 月	在星子周家岱战斗牺牲
何细毛	星子鱼本村	1922 年	连支第八团战士	1949 年 10 月	在朝天上带被捕牺牲
辛光如	大路边辛家	1928 年	连支第八团战士	1949 年 11 月	解放星子战斗牺牲
黄挺高	清江盘海	1929 年	连支第八团战士	1949 年 11 月	在蓝山甘兰山战斗牺牲
温炳汗	星子黄家寮	1911 年	连支第八团交通员	1948 年 8 月	在星子被捕牺牲
成遂满	大路边镇大路边村	1915 年	连支第十团小队长	1948 年 8 月	在笠头洞大板冲被害
成崇实	大路边镇大路边村	1925 年	连支第十团武工队队长	1949 年 4 月	在星子寺前坪战斗牺牲
何梨香	星子鱼本村	1930 年	连支第十团排长	1949 年 9 月	在麻步战斗牺牲
欧寿易	大路边东村岗	—	连支第十团战士	1948 年 1 月	在丰阳被捕牺牲
黄宗昭	星子盘海村	1906 年	连支第十团战士	1948 年 1 月	在盘海村被捕牺牲
张乡对	大路边小里水村	1918 年	连支第十团战士	1948 年 3 月	在山塘石佳头被捕牺牲
邓火生	星子沈家	1926 年	连支第十团战士	1948 年 6 月	在朝天五村洞被捕牺牲

（续表）

姓名	籍　贯	出生年份	牺牲前单位职务	牺牲时间	牺牲地点
邓天然	星子沈家	1927 年	连支第十团战士	1948 年 6 月	在朝天五村洞被捕牺牲
邓益香	麻步黄泥汉	1923 年	连支第十团战士	1948 年 6 月	在朝天五村洞被捕牺牲
成明德	大路边村	1924 年	连支第十团战士	1948 年 6 月	在星子遇害
成印香	大路边村	1908 年	连支第十团战士	1948 年 6 月	在东村岗十字铺牺牲
黄陈生	大路边马坳村	1930 年	连支第十团战士	1948 年 6 月	在星子遇害
成麻子	大路边村	1927 年	连支第十团战士	1948 年 6 月	在铁炉战斗被捕牺牲
成明带	大路边村	1928 年	连支第十团战士	1948 年 6 月	在星子遇害
黄　龙	大路边马坳村	—	连支第十团战士	1948 年 6 月	在朝天五村洞被捕牺牲
成火生	大路边村	1918 年	连支第十团战士	1948 年 6 月	在大路边被捕牺牲
欧阳亚合	大路边童子岭	1911 年	连支第十团战士	1948 年 12 月	在童子岭被捕牺牲
唐贱成	山塘磊角岭	1933 年	连支第十团战士	1949 年 2 月	在塘仔冲战斗牺牲
唐杰金	清江姜田老村	1928 年	连支第十团战士	1949 年 9 月	在麻步战斗牺牲

（续表）

姓名	籍　贯	出生年份	牺牲前单位职务	牺牲时间	牺牲地点
黄信德	清江寺前坪	1930 年	连支第十团战士	1949 年 9 月	在星子战斗牺牲
邓万轮	瑶安盘东村	1914 年	连支第十团战士	1949 年 10 月	在七里磅战斗牺牲
唐洋角	清江姜田新村	1928 年	连支第十团战士	1949 年 11 月	在大路边战斗牺牲
何怀生	星子井头村	1927 年	连支第十团战士	1949 年 11 月	在大路边战斗牺牲
成进脑	大路边黄太	1901 年	连支第十团战士	1949 年 11 月	在大路边战斗牺牲
黄友勇	大路边油田	—	连支第十团情报员	1948 年 6 月	在太和圩被捕牺牲
欧阳围采	大路边童子岭	1908 年	连支第十团情报员	1948 年 12 月	在大路边桃仔山牺牲
何芳宽	山塘山洲村	1906 年	连支第十团情报员	1949 年 7 月	在山塘山区牺牲
欧阳陈东	大路边童子岭	1895 年	连支第十团情报员	1949 年 9 月	在星子被捕牺牲
陈继贵	西江镇西江村	1926 年	连支第五团小队长	1949 年 7 月	在黄岔江咀战斗牺牲
冯　胜	西江龙塘村	1931 年	连支第五团战士	1948 年 8 月	在阳山河坪战斗牺牲
谭　土	朝天湖塘村	1917 年	连支第五团战士	1949 年 5 月	在西江被捕牺牲

（续表）

姓名	籍　贯	出生年份	牺牲前单位职务	牺牲时间	牺牲地点
李家坤	西江下柳塘	1907 年	连支第五团民兵	1949 年 3 月	在下柳塘被捕牺牲
文焕彬	西江龙塘村	1917 年	连支第五团民兵	1949 年 7 月	在西江决洞战斗牺牲
骆福苟	西江镇西江村	1917 年	连支第五团民兵	1949 年 7 月	在西江战斗牺牲
陈福林	朝天水路田	1917 年	连支第五团民兵	1949 年 7 月	在麻步被捕牺牲
陈亚荣	朝天水路田	1904 年	连支第五团民兵	1949 年 7 月	在麻步被捕牺牲
张富吴	西江外塘	1926 年	连支第五团民兵	1949 年 7 月	在外塘战斗牺牲
谭忠福	西江肖家水	1919 年	连支第五团民兵	1949 年 7 月	在外塘战斗牺牲
梁灶生	西江镇西江村	1928 年	连支第五团民兵	1949 年 7 月	在大岭战斗牺牲
罗亚开	西江谷车村	1921 年	连支第五团民兵	1949 年 7 月	在外塘被捕牺牲
罗亚深	西江谷车村	1923 年	连支第五团民兵	1949 年 7 月	在外塘被捕牺牲
张荣古	西江外塘	1905 年	连支第五团民兵	1949 年 7 月	在外塘被捕牺牲
张土和	西江	—	连支第五团民兵	1949 年 10 月	在外塘被捕牺牲

（续表）

姓名	籍 贯	出生年份	牺牲前单位职务	牺牲时间	牺牲地点
黄亚骥	西江	—	连支第五团民兵	1949 年 10 月	在外塘被捕牺牲
伍乐谋	西江	—	连支第五团民兵	1949 年 10 月	在外塘被捕牺牲
朱荣清	西江	—	连支第五团民兵	1949 年 8 月	在外塘被捕牺牲
张亚池	西江	—	连支第五团民兵	1949 年 7 月	在外塘被捕牺牲
张华洲	西江	—	连支第五团民兵	1949 年 7 月	在外塘被捕牺牲
谭　先	西江	—	连支第五团民兵	1949 年 7 月	在外塘被捕牺牲
邱章文	西江	—	连支第五团民兵	1949 年 7 月	在外塘被捕牺牲
张日文	西江外塘	1908 年	连支第五团民兵	1949 年 8 月	在外塘战斗牺牲
邓木盛	西江冲头村	1921 年	连支第五团民兵	1949 年 8 月	在茶田突围战斗牺牲
张木星	朝天神岗村	1917 年	连支第五团民兵	1949 年 8 月	在神岗战斗牺牲
张佛扬	朝天神岗村	1894 年	连支第五团民兵	1949 年 8 月	在神岗战斗牺牲
邱虑清	朝天石桥	—	连支第五团民兵	1949 年 8 月	在朝天战斗牺牲

（续表）

姓名	籍　贯	出生年份	牺牲前单位职务	牺牲时间	牺牲地点
陈亚灶	朝天石桥下村	1918 年	连支第五团民兵	1949 年 8 月	在朝天战斗牺牲
张德隆	朝天神岗村	1921 年	连支第五团民兵	1949 年 8 月	在神岗战斗牺牲
张炳炜	朝天神岗村	1917 年	连支第五团民兵	1949 年 8 月	在神岗战斗牺牲
张德兴	朝天神岗村	1911 年	连支第五团民兵	1949 年 8 月	在神岗战斗牺牲
郭明照	西江马头岗	1922 年	连支第五团民兵	1949 年 8 月	在神岗战斗牺牲
杨　登	九陂桑塘	1899 年	连支第五团民兵	1949 年 6 月	在桑塘宝塔脚被害
方　富	龙坪野猪窝	1923 年	连支第五团民兵	1949 年 10 月	在龙塘战斗牺牲
谭亚土	西江耙田头	1917 年	连支第五团民兵	1949 年 10 月	在耙田头战斗牺牲
邱记南	龙坪	1911 年	连支第五团交通员	1949 年 5 月	在西江执行任务被捕牺牲
陈亚单	朝天石桥上村	1893 年	连支第五团交通员	1949 年 8 月	在朝天执行任务被捕牺牲
伍荀娣	西江	—	连支第七团班长	1949 年 10 月	在蓝山浆洞战斗牺牲

（续表）

姓名	籍　贯	出生年份	牺牲前单位职务	牺牲时间	牺牲地点
莫　文	怀集乡田村	—	连支第七团班长	1949 年冬	在丰阳陂岭战斗牺牲
邝汉生	湖南临武	—	连支第七团班长	1949 年 3 月	在丰阳战斗牺牲
陈子超	湖南临武县天树脚	—	连支第七团战士	1949 年 3 月	在南风坳战斗牺牲
谢显扬	朱岗	—	连支第七团情报员	1948 年 12 月	在朱岗圩被杀害
余世善	朱岗	—	连支第七团情报员	1948 年 12 月	在朱岗圩被杀害
吴裕明	朱岗	—	连支第七团情报员	1948 年 12 月	在朱岗圩被杀害
黄亚醮	三水	—	连支第七团情报员	1949 年秋	在丰阳圩被杀害
萧福龙	湖南蓝山县良村洞	—	连支第七团情报员	1949 年 6 月	在蓝山所城被捕牺牲
盘亚书	湖南蓝山县大坪头	—	连支第七团情报员	1949 年 6 月	在蓝山所城被捕牺牲
白树仔	湖南蓝山县岩口洞	—	连支第七团情报员	1949 年 6 月	在蓝山所城被捕牺牲
黄冬芝（女）	湖南蓝山县大麻	—	连支第七团情报员	1949 年秋	在蓝山所城被捕牺牲
曾　牛	中山县	—	连支第八团副大队长	1949 年 4 月	在寺前坪战斗牺牲

（续表）

姓名	籍　贯	出生年份	牺牲前单位职务	牺牲时间	牺牲地点
苟　奕	番禺县	—	连支第八团战士	1949 年 4 月	在寺前坪战斗牺牲
邓苟屎	大路边坳下村	—	连支第八团战士	1949 年春	在潭岭老凉亭牺牲
黄高磊	清江盘海	—	连支第八团战士	1949 年 8 月	在观恒山战斗牺牲
邱红闸	朝天坳下村	—	连支第八团战士	1949 年 10 月	在朝天上带被捕牺牲
黄亚佐	星子马水村	—	连支第八团战士	1949 年 11 月	在星子车田被捕牺牲
黄木旺	星子镇	—	连支第八团战士	1949 年 11 月	在星子战斗牺牲
易土寿	星子岭水坑	—	连支第八团交通员	1949 年冬	在星子马水车田被害
黄三怀	星子百公塘	—	连支第八团交通员	1949 年 11 月	在星子五里冲被害
黄长发	星子苋菜冲	—	连支第八团交通员	1949 年 1 月	在星子五里冲被害
张乡身	星子上田村	—	连支第八团交通员	1949 年 1 月	在星子五里冲被害
黄国湖	星子百公塘	—	连支第八团交通员	1949 年 1 月	在星子五里冲被害
李记妹（女）	清江山水村	—	连支第八团交通员	1949 年 7 月	在洛阳圩被捕牺牲

（续表）

姓名	籍　贯	出生年份	牺牲前单位职务	牺牲时间	牺牲地点
何　应	星子鱼本村	—	连支第十团小队长	1949年9月	在麻步战斗牺牲
何修业	大路边三洲村	—	连支第十团小班长	1948年3月	在山洲被捕牺牲
欧阳相	大路边东村岗	—	连支第十团战士	1948年1月	在大黄油病故
欧阳秋镜	山塘童子岭	—	连支第十团战士	1948年3月	在星子被捕牺牲
成崇信	大路边镇大路边村	—	连支第十团战士	1948年6月	在寒水战斗伤重牺牲
蓝亚义	大路边小水村	—	连支第十团战士	1948年6月	在潭岭潘家洞牺牲
蓝黑妹	大路边小水村	—	连支第十团情报员	1948年6月	在童子岭被捕牺牲
黄孟房	清江盘海村	—	连支第十团情报员	1948年7月	在盘海村被捕牺牲
黄孟镇	清江盘海村	—	连支第十团情报员	1949年11月	在盘海村被捕牺牲
菩萨（绰号）	大路边半冲	—	连支第十团情报员	1948年8月	在大路边地区被捕牺牲
邓友良	湖南省临武县土桥	—	连支第十团情报员	1949年8月	在临武被捕牺牲
邝加头	湖南省临武县土桥	—	连支第十团情报员	1949年8月	在临武被捕牺牲

（续表）

姓名	籍　贯	出生年份	牺牲前单位职务	牺牲时间	牺牲地点
方盐胜	龙坪水迳	—	连支第五团情报员	1949 年 10 月	在黎埠被捕牺牲

注：部分烈士出生年份不详。

2. 在外地参加解放战争牺牲的烈士名录。

姓名	籍　贯	出生年份	牺牲前单位职务	牺牲时间	牺牲地点
邵　君	连县	—	怀集县阻击战士	1948 年	在怀集作战牺牲
罗北寰	连州镇	1923 年	粤赣湘边纵（始兴）战士	1947 年	在始兴作战牺牲
吴志忠	丰阳大富头	1927 年	解放军第三一七团二团六连战士	1948 年 12 月	在北京大刘庄战斗牺牲
程大法	西岸	1913 年	解放军六纵第十六旅四十六团战士	1948 年	在南阳辽河战斗牺牲
叶志光	附城北湖洞	1928 年	解放军晋察冀三纵第二十四团战士	1949 年 6 月	在河北静海陈家屯战斗牺牲
吴田夫	连州镇	—	解放军翁源大队教导员	1949 年 3 月	在翁源作战牺牲
莫耀辉	连县	—	解放军第四十七军四一五团副班长	1949 年 7 月	（资料缺）
刘志标	连州鹅公潭	—	西北野战军第四军十一师三十三团战士	1949 年 9 月	解放兰州战斗牺牲

（续表）

姓名	籍　贯	出生年份	牺牲前单位职务	牺牲时间	牺牲地点
廖春源	梅县	1919 年	北江支队钢铁大队教导员	1949 年 10 月	在翁源战斗牺牲

注：部分烈士出生年份不详。

3．解放连县时在大路边战斗、梁家水战斗牺牲的野战军烈士名录。

姓名	籍贯	牺牲前部队番号	牺牲时间	牺牲地点
武尚权	山东省	解放军第四兵团第十三军三十七师一〇八团	1949 年 11 月 5 日	大路边战斗牺牲
苗进山	山西长治县	解放军第四兵团第十三军三十七师一〇八团	1949 年 11 月 5 日	大路边战斗牺牲
任正东	湖北枣阳县	解放军第四兵团第十三军三十七师一〇八团	1949 年 11 月 5 日	大路边战斗牺牲
杜贤清	河北志庆县	解放军第四兵团第十三军三十七师一〇八团	1949 年 11 月 5 日	大路边战斗牺牲
王子王	山东王新县	解放军第四兵团第十三军三十七师一〇八团	1949 年 11 月 5 日	大路边战斗牺牲
丁长英	山西曲沃县	解放军第四兵团第十三军三十七师一〇八团	1949 年 11 月 5 日	大路边战斗牺牲
廖明武	江西彭泽县	解放军第四兵团第十三军三十七师一〇八团	1949 年 11 月 5 日	大路边战斗牺牲
王金义	河南开封市	解放军第四兵团第十三军三十七师一〇八团	1949 年 11 月 5 日	大路边战斗牺牲
刘少清	河南省	解放军第四兵团第十三军三十七师一〇八团	1949 年 11 月 5 日	大路边战斗牺牲

（续表）

姓名	籍贯	牺牲前部队番号	牺牲时间	牺牲地点
李家时	云南江川县	解放军第四兵团第十三军三十七师一〇八团	1949 年 11 月 5 日	大路边战斗牺牲
张德法	四川大竹县	解放军第四兵团第十三军三十七师一〇八团	1949 年 11 月 5 日	大路边战斗牺牲
陈　庄	广东省	解放军第四兵团第十三军三十七师一〇八团	1949 年 11 月 5 日	大路边战斗牺牲
彭字德	山西高平县	解放军第四兵团第十三军三十七师一〇八团	1949 年 11 月 5 日	大路边战斗牺牲
杜树明	山东王新村	解放军第四兵团第十三军三十七师一〇八团	1949 年 11 月 5 日	大路边战斗牺牲
贺庆州	河南鄢陵县	解放军第四兵团第十三军三十七师一〇八团	1949 年 11 月 5 日	大路边战斗牺牲
郭三海	河南开封市	解放军第四兵团第十三军三十七师一〇八团	1949 年 11 月 5 日	大路边战斗牺牲
胡　明	广东乐昌坪石	解放军第四兵团第十三军三十七师一〇八团	1949 年 11 月 5 日	大路边战斗牺牲
张石云	山西阳城县	解放军第四兵团第十三军三十七师一〇八团	1949 年 11 月 5 日	大路边战斗牺牲
郭凤志	山西高平县	解放军第四兵团第十三军三十七师一〇八团	1949 年 11 月 5 日	大路边战斗牺牲
陈火元	—	解放军第四兵团第十三军三十七师一〇八团	1949 年 11 月 5 日	大路边战斗牺牲
吴登长	—	解放军第四兵团第十三军三十七师一〇八团	1949 年 11 月 5 日	大路边战斗牺牲

（续表）

姓名	籍贯	牺牲前部队番号	牺牲时间	牺牲地点
邓镇龙	—	解放军第四兵团第十三军三十七师一〇八团	1949 年 11 月 5 日	大路边战斗牺牲
张宗河	—	解放军第四兵团第十三军三十七师一〇八团	1949 年 11 月 5 日	大路边战斗牺牲
骆美胜	—	解放军第四兵团第十三军三十七师一〇八团	1949 年 11 月 5 日	大路边战斗牺牲
黄若福	—	解放军第四兵团第十三军三十七师一〇八团	1949 年 11 月 5 日	大路边战斗牺牲
王美富	—	解放军第四兵团第十三军三十七师一〇八团	1949 年 11 月 5 日	大路边战斗牺牲
李春发	—	解放军第四兵团第十三军三十七师一〇八团	1949 年 11 月 5 日	大路边战斗牺牲
江子希	—	解放军第四兵团第十三军三十七师一〇八团	1949 年 11 月 5 日	大路边战斗牺牲
李田婆	—	解放军第四兵团第十三军三十七师一〇八团	1949 年 11 月 5 日	大路边战斗牺牲
明道德	—	解放军第四兵团第十三军三十七师一〇八团	1949 年 11 月 5 日	大路边战斗牺牲
贾奎生	—	解放军第四兵团第十三军三十七师一〇八团	1949 年 11 月 5 日	大路边战斗牺牲
陈德秀	—	解放军第四兵团第十三军三十七师一〇八团	1949 年 11 月 5 日	大路边战斗牺牲
洪祥配	—	解放军第四兵团第十三军三十七师一〇八团	1949 年 11 月 5 日	大路边战斗牺牲

（续表）

姓名	籍贯	牺牲前部队番号	牺牲时间	牺牲地点
周东元	—	解放军第四兵团第十三军三十七师一〇八团	1949 年 11 月 5 日	大路边战斗牺牲
杨联章	—	解放军第四兵团第十三军三十七师一〇八团	1949 年 11 月 5 日	大路边战斗牺牲
张万祥	—	解放军第四兵团第十三军三十七师一〇八团	1949 年 11 月 5 日	大路边战斗牺牲
周东山	—	解放军第四兵团第十三军三十七师一〇八团	1949 年 11 月 5 日	大路边战斗牺牲
马达平	—	解放军第四兵团第十三军三十七师一〇八团	1949 年 11 月 5 日	大路边战斗牺牲
龙海寿	—	解放军第四兵团第十三军三十七师一〇八团	1949 年 11 月 5 日	大路边战斗牺牲
王继海	—	解放军第四兵团第十三军三十七师一〇八团	1949 年 11 月 5 日	大路边战斗牺牲
刘福茂	—	解放军第四兵团第十三军三十七师一〇八团	1949 年 11 月 5 日	大路边战斗牺牲
赵廷贵	河北省昌平县	解放军第四十八军一四三师四二八团	1949 年 12 月 6 日	梁家水战斗牺牲
张　春	河北省芦龙县	解放军第四十八军一四三师四二八团	1949 年 12 月 6 日	梁家水战斗牺牲
王世哲	河北省怀柔县	解放军第四十八军一四三师四二八团	1949 年 12 月 6 日	梁家水战斗牺牲
杜永强	热河省北票县	解放军第四十八军一四三师四二八团	1949 年 12 月 6 日	梁家水战斗牺牲

（续表）

姓名	籍贯	牺牲前部队番号	牺牲时间	牺牲地点
张开有	云南省南县	解放军第四十八军一四三师四二八团	1949 年 12 月 6 日	梁家水战斗牺牲
李宗海	河北省乐亭县	解放军第四十八军一四三师四二八团	1949 年 12 月 6 日	梁家水战斗牺牲
刘显章	热河省围场县	解放军第四十八军一四三师四二八团	1949 年 12 月 6 日	梁家水战斗牺牲
赵　义	热河省新惠县	解放军第四十八军一四三师四二八团	1949 年 12 月 6 日	梁家水战斗牺牲
田文才	热河省新惠县	解放军第四十八军一四三师四二八团	1949 年 12 月 6 日	梁家水战斗牺牲
杨德才	辽宁省北阜义县	解放军第四十八军一四三师四二八团	1949 年 12 月 6 日	梁家水战斗牺牲
何富才	察哈尔省赤城县	解放军第四十八军一四三师四二八团	1949 年 12 月 6 日	梁家水战斗牺牲
李荣桂	河北省怀柔县	解放军第四十八军一四三师四二八团	1949 年 12 月 6 日	梁家水战斗牺牲
陈兴旺	察哈尔省赤城县	解放军第四十八军一四三师四二八团	1949 年 12 月 6 日	梁家水战斗牺牲
孙　善	热河省丰宁县	解放军第四十八军一四三师四二八团	1949 年 12 月 6 日	梁家水战斗牺牲
王友宾	察哈尔省阳源县	解放军第四十八军一四三师四二八团	1949 年 12 月 6 日	梁家水战斗牺牲
刘浩然	河北省龙县	解放军第四十八军一四三师四二八团	1949 年 12 月 6 日	梁家水战斗牺牲

（续表）

姓名	籍贯	牺牲前部队番号	牺牲时间	牺牲地点
刘富平	河北省	解放军第四十八军一四三师四二八团	1949 年 12 月 6 日	梁家水战斗牺牲
孙　成	察哈尔省	解放军第四十八军一四三师四二八团	1949 年 12 月 6 日	梁家水战斗牺牲
桑　起	热河省围场县	解放军第四十八军一四三师四二八团	1949 年 12 月 6 日	梁家水战斗牺牲
李茂贵	河北省	解放军第四十八军一四三师四二八团	1949 年 12 月 6 日	梁家水战斗牺牲
梁记周	贵州省金沙县	解放军第四十八军一四三师四二八团	1949 年 12 月 6 日	梁家水战斗牺牲
刘志学	河北省乐亭县	解放军第四十八军一四三师四二八团	1949 年 12 月 6 日	梁家水战斗牺牲

注：部分烈士籍贯不详。

四、社会主义革命和社会主义建设时期

1. 在连县及外地参加剿匪战斗牺牲的烈士名录。

姓名	籍　贯	出生年份	牺牲前单位职务	牺牲时间	牺牲地点
彭雄辉	附城大坪	1910 年	连县三江区上山乡公安员	1950 年 3 月	在石角岭剿匪牺牲
黄昌欢	保安卿罡	1913 年	解放军第六十二军五五八团战士	1951 年 9 月	在重庆剿匪牺牲
潘　琦	连州镇	1923 年	连县三江区上山乡乡长	1950 年 3 月	在石角岭剿匪牺牲

（续表）

姓名	籍　贯	出生年份	牺牲前单位职务	牺牲时间	牺牲地点
杨国新	九陂建民乡	—	九陂乡民兵	1950 年夏	在大雾山剿匪牺牲
陈　牛	龙潭上寨村	1926 年	连县三江区中队战士	1950 年 4 月	在三江区剿匪牺牲
邓奇峰	连州镇	1927 年	连县税务局干部	1950 年 2 月	在石角收税被匪杀害
刘亚钦	丰阳羊角坑	1927 年	解放军第一三五师四〇五团战士	1950 年 2 月	在龙潭界滩剿匪牺牲
杨金生	星子四甲	—	四川省军区战士	1950 年 4 月	在四川双流剿匪牺牲
杨太源	九陂杨屋	1928 年	广西省军区战士	1950 年	在广西剿匪牺牲
朱德东	丰阳正叉村	1912 年	江西省军区第十五团副班长	1951 年 6 月	在江西罗阳剿匪牺牲
何　辉	星子镇牛圩	1929 年	连县干部业余学校副主任	1958 年 8 月	在阳山高陂剿匪牺牲
曾木金	连州镇	1928 年	连州园林处职工	1958 年 8 月	在阳山高陂剿匪牺牲
杨振华	河南长葛县	1921 年	连县粮食局职工	1958 年 8 月	在阳山高陂剿匪牺牲
黄天义	东陂塘头坪	1936 年	东陂公社团委书记	1964 年 6 月	在东陂城村被害
杨水玲	西江圩	1925 年	连江支队第五团班长	1949 年 12 月	在英德和顺岩剿匪牺牲

（续表）

姓名	籍　贯	出生年份	牺牲前单位职务	牺牲时间	牺牲地点
成引和	大路边村	1919 年	北江军分区第十二团战士	1949 年 12 月	在英德上三山剿匪牺牲
成细毛	大路边村	1921 年	北江军分区第十二团战士	1951 年 4 月	在乳源蕉洞剿匪牺牲
唐成查	清江烟竹冲	1930 年	北江军分区第十二团战士	1950 年 3 月	在连县石角剿匪牺牲
梁石海	丰阳其美高村	1929 年	北江军分区第十二团战士	1950 年 3 月	在英德含洸剿匪牺牲
黄亚播	清江盘海	1931 年	北江军分区第十二团战士	1950 年 2 月	在英德黄马站剿匪牺牲
陈秀文	九陂塘尾村	1920 年	北江军分区第十二团战士	1950 年 2 月	在阳山大岔坳剿匪牺牲
谭为石	九陂新联王上	1919 年	北江军分区第十二团战士	1950 年 2 月	在阳山大岔坳剿匪牺牲
成叩美	大路边大梓塘	1918 年	北江军分区第十二团战士	1950 年 2 月	在英德黄花剿匪牺牲
易顺法	大路边易家	1930 年	北江军分区第十二团战士	1950 年 2 月	在英德黄花剿匪牺牲
成永和	大路边村	1917 年	北江军分区第十二团战士	1950 年 2 月	在英德黄花剿匪牺牲
成来胜	大路边村	1931 年	北江军分区第十二团战士	1950 年 2 月	在英德黄花剿匪牺牲
成坤一（女）	大路边村	1931 年	北江军分区第十二团战士	1950 年 2 月	在英德黄花剿匪牺牲

（续表）

姓名	籍 贯	出生年份	牺牲前单位职务	牺牲时间	牺牲地点
欧天就	朝天罗迳村	1925 年	北江军分区第十二团战士	1950 年 2 月	在英德黄花剿匪牺牲
梁诗云	西江企岗村	1924 年	北江军分区第十二团战士	1950 年 2 月	在英德黄花剿匪牺牲
张积昆	朝天神岗	1926 年	北江军分区第十二团战士	1950 年 2 月	在英德黄花剿匪牺牲
易世顶	清江盘海	1931 年	北江军分区第十二团战士	1950 年 2 月	在英德黄花剿匪牺牲
成明得	大路边村	1930 年	北江军分区第十二团战士	1950 年 2 月	在英德黄花剿匪牺牲
欧赖皮	大路边村	1925 年	北江军分区第十二团战士	1950 年 2 月	在英德黄花剿匪牺牲
成巧品	大路边大梓塘	1926 年	北江军分区第十二团战士	1950 年 2 月	在英德黄花剿匪牺牲
黄木荣	星子马水村	1931 年	北江军分区第十二团战士	1950 年 2 月	在英德黄花剿匪牺牲
邓连孝	星子洋洞坪	1927 年	北江军分区第十二团战士	1950 年 2 月	在英德黄花剿匪牺牲

注：部分烈士出生年份不详。

2. 参加抗美援朝、对越自卫还击战牺牲的烈士名录。

姓名	籍 贯	出生年份	牺牲前单位职务	牺牲时间	牺牲地点
陈崇喜	大路边村	—	志愿军第二十五军一七五团二营战士	1950 年 10 月	在朝鲜战场牺牲

（续表）

姓名	籍　贯	出生年份	牺牲前单位职务	牺牲时间	牺牲地点
梁　雄	西岸共和	1927 年	志愿军第二十六军二六二团战士	1950 年 12 月	在朝鲜战场牺牲
黄天才	西岸东江	—	志愿军第二十六军二三〇团战士	1950 年 12 月	在朝鲜战场牺牲
黄祝年	连州镇	1921 年	志愿军第五十军一四九师营战士	1951 年 3 月	在朝鲜中山谷战斗牺牲
黄官就	丰阳夏湟	1931 年	志愿军第二三五团战士	1951 年 5 月	在朝鲜第五次战役牺牲
欧阳谦	龙坪兰屋湾	1924 年	志愿军第三十七军八十四师二四〇团战士	1951 年 5 月	在朝鲜负伤牺牲
李德才	丰阳樟木洞	1928 年	志愿军第一一五军三四三团战士	1951 年 5 月	在朝鲜华川郡牛头山战斗牺牲
严土生	瑶安洛阳	—	志愿军第五三五团战士	1951 年 5 月	在朝鲜第五次战役牺牲
邓亚林	保安	1921 年	志愿军第四十四师一三一团战士	1951 年 5 月	在朝鲜中土洞战斗牺牲
文向前	连州镇	1919 年	志愿军第四二〇团副班长	1951 年 7 月	在朝鲜战场牺牲
杨木喜	麻步旱路头	1925 年	志愿军第四十五军一三四师四〇〇团战士	1951 年秋	在朝鲜战场失踪，被追认为烈士

（续表）

姓名	籍　贯	出生年份	牺牲前单位职务	牺牲时间	牺牲地点
杨　刚	大路边大梓塘	1910 年	志愿军第二十六军二三四团班长	1952 年 10 月	在朝鲜 391 高地战斗牺牲
黄仁甫	丰阳八工洞	1921 年	志愿军某部副连长	1952 年 2 月	在朝鲜战斗牺牲
黄传良	丰阳沙坪	1928 年	志愿军第三五一团战士	1952 年 9 月	在朝鲜美机空袭牺牲
陈　清	保安本公洞	1919 年	志愿军第十五军八十六团战士	1952 年 10 月	在朝鲜战场牺牲
萧日成	星子街洞婆圩	1931 年	志愿军第四十八军一四三师四六三团战士	1953 年 6 月	在朝鲜桂洞战场牺牲
陈思泉	西岸冲口	1935 年	志愿军第一三五军四〇五团战士	1953 年夏	在朝鲜战场牺牲
李池友	清水高坎冲	1928 年	志愿军第四十六军四〇九团战士	1953 年 7 月	在朝鲜战场牺牲
曾宪年	附城北湖洞	1927 年	志愿军第二十一师二〇七团战士	1953 年	在朝鲜战场牺牲
黄　就	九陂三益村	1933 年	志愿军第四〇四团战士	1953 年	在朝鲜战场牺牲
廖雪幼	潭岭	—	志愿军第二十七军三二四团战士	1953 年 4 月	在朝鲜战场牺牲
罗雨积	附城	—	志愿军第一军一团战士	1953 年 5 月	在朝鲜战场牺牲

（续表）

姓名	籍　贯	出生年份	牺牲前单位职务	牺牲时间	牺牲地点
邓序福	西岸龙凤迳	1933 年	志愿军第四十五军四〇四团战士	1953 年 7 月	在朝鲜金城川战斗牺牲
胡兴忠	保安	1927 年	志愿军第三十八军一一二师三三六团战士	1951 年夏	在朝鲜战场牺牲
吴福来	丰阳朱岗村	1927 年	志愿军第九团战士	1951 年春	在朝鲜战场失踪，被追认为烈士
张汉云	附城龙岩头	1917 年	志愿军战士	1951 年 5 月	在朝鲜战场牺牲
梁　标	丰阳沙坪村	1925 年	志愿军战士	1950 年夏	在朝鲜战场失踪，被追认为烈士
邓记生	龙坪新寨	1915 年	志愿军战士	1950 年 10 月	在朝鲜战场失踪，被追认为烈士
李明右	丰阳新立寨	1931 年	志愿军战士	1951 年 5 月	在朝鲜战场牺牲
黄秋贵	瑶安	1922 年	志愿军战士	1951 年 7 月	在朝鲜战场牺牲
易圣耕	大路边易家	1930 年	志愿军战士	1951 年 11 月	在朝鲜战场失踪，被追认为烈士
廖有为	连州上河村	1934 年	志愿军战士	1952 年 5 月	在朝鲜战场牺牲

（续表）

姓名	籍 贯	出生年份	牺牲前单位职务	牺牲时间	牺牲地点
陈水清	保安本公洞	1919 年	志愿军战士	1952 年 10 月	在朝鲜上甘岭战场牺牲
吴石徐	丰阳村	1932 年	志愿军战士	1952 年 10 月	在朝鲜月吉里战斗牺牲
唐金木	西岸马带村	1954 年	解放军五三二五四部队副指导员	1979 年 2 月	在越南战场牺牲
黄河清	丰阳半边山	1953 年	解放军五三二五四部队七十三分队排长	1979 年 2 月	在越南战场牺牲
成锦泉	西江大坪村	1956 年	广州军区坦克独立团炮长	1979 年 2 月	在越南战场牺牲
梁克宁	大路边浦东	1957 年	解放军五三二五四部队班长	1979 年 2 月	在越南战场牺牲

注：部分烈士出生年份不详。

3．在国防建设中牺牲的烈士名录。

姓名	籍 贯	出生年份	牺牲前单位职务	牺牲时间	牺牲地点
陈诚席	连县	1931 年	解放军第二十军五十九师一七五团班长	1951 年 1 月	在黑龙江泰来县牺牲
黄经德	丰阳石咀	1933 年	海南水警区一连战士	1951 年 1 月	在海南榆林机场牺牲
林国元	附城大坪村	1913 年	甘肃玉门矿警战士	1951 年 1 月	在甘肃玉门矿牺牲

（续表）

姓名	籍 贯	出生年份	牺牲前单位职务	牺牲时间	牺牲地点
李寿征	龙坪元璧	1935 年	解放军第一四〇师四二〇团战士	1955 年 8 月	在湖南郴县军训牺牲
成应强	丰阳泮水	1933 年	解放军三九八四部队三分队副班长	1959 年 5 月	在中山县国防施工牺牲
张忠顺	连州鹅公潭	1940 年	解放军第一四〇师四一八团战士	1959 年 7 月	在宝安县国防施工牺牲
俞亚门	朝天沙坪	1934 年	解放军第四军十三师战士	1961 年 6 月	在汕头市军训牺牲
何文权	清江上柏场	1937 年	解放军九二五五部队副班长	1962 年 11 月	在广州执勤牺牲
何志和	星子良塘	1942 年	宝安县民警队战士	1965 年 12 月	在宝安县执勤牺牲
黄茂雄	星子大园	1945 年	解放军六九四二部队战士	1965 年 2 月	在湖南衡阳国防施工牺牲
邓国政	星子东头	1946 年	解放军五八四六部队战士	1966 年 2 月	在陕西执勤牺牲
陈荣枢	麻步朗塘	1943 年	解放军某部副班长	1967 年 5 月	在顺德执勤牺牲
邓工柱	星子沈家	1946 年	解放军六九四二部队战士	1967 年 11 月	在湖南大庸县支左牺牲
周龙任	东陂塘坪	1950 年	钦州军分区北海水运队副班长	1970 年 11 月	在广西钦州执勤牺牲

（续表）

姓名	籍　贯	出生年份	牺牲前单位职务	牺牲时间	牺牲地点
唐长连	清江下村	1950 年	铁道兵第十一师战士	1971 年 9 月	在湖北郧县车祸牺牲
邓新民	清水启明	1951 年	解放军〇五九一部队战士	1971 年 9 月	在翁源县车祸牺牲
黄亚田	龙坪洗马池	1949 年	解放军五八四六部队战士	1971 年 1 月	在陕西旬阳县牺牲
曾记安	西岸共和	1950 年	广州军区五十七农药厂二连副连长	1972 年 9 月	在农药厂因公牺牲
邱亚忠	保安栋头	1951 年	解放军五八四六部队战士	1973 年 4 月	在陕西旬阳县牺牲
房乘荣	潭岭黄沙塘	1952 年	解放军五八三五部队战士	1974 年 6 月	在四川渠县流溪牺牲
成　辉	大路边村	1949 年	解放军五七四部队飞行员	1975 年 6 月	在山西永济县飞机失事牺牲
李节娣	清江内洞	—	解放军建字六二五团战士	1976 年 3 月	在从化县因公牺牲
黄志敏	连州镇	—	韶关武警支队战士	1988 年 10 月	（因公牺牲）
石海辉	连州镇	1971 年	广东省武警第四支队战士	1992 年 10 月	（因公牺牲）
蔡建全	连州镇	—	广东省武警第二支队战士	1988 年 1 月	（因公牺牲）

（续表）

姓名	籍　贯	出生年份	牺牲前单位职务	牺牲时间	牺牲地点
彭培林	星子	—	解放军五四四六五部队战士	1985年2月	（因公牺牲）
邓稳进	清江	—	中山县磨石门公安战士	1982年1月	（因公牺牲）
陈建社	连州镇	—	解放军〇〇〇七九部队战士	1982年1月	（因公牺牲）
陈立祥	附城大坪村	1944年	解放军八九三三四部队干事	1976年7月	在青海省病故，被追认为烈士
成洪洋	附城湟津坪	1951年	解放军八七二部队二中队战士	1977年6月	在湖北荆门县牺牲
程积政	西岸七村	1952年	解放军建字八七二部队四中队班长	1977年6月	在湖北国防施工牺牲
颜国林	附城船潭	1959年	解放军建字五六三部队战士	1978年6月	在新疆新源国防施工牺牲
罗　强	东陂前江铺	1957年	解放军〇〇一二三部队战士	1980年4月	在新疆新源国防施工牺牲
黄记治	保安	—	解放军战士	1951年1月	（因公牺牲）
刘良保	朝天黄芒刘屋	1979年5月	空军九五〇三七部队战士	2001年2月	执行公务牺牲

（续表）

姓名	籍　贯	出生年份	牺牲前单位职务	牺牲时间	牺牲地点
黄天宝	朝天凤凰村	1983 年 12 月	解放军七七二七八部队战士	2000 年 12 月	在昆明医院病故，被追认为烈士

注：部分烈士出生年份不详。

附录七 新民主主义革命时期连县党组织机构及领导人名录

土地革命战争时期

中共湘粤边工作委员会（中共宜临连中心县委，1929. 5—1934）

书　　记：尹子韶（1929. 5—1930. 8）

　　　　　欧阳健（1930. 9—1930. 12）

委　　员：彭良、黄平、谷子元、黄祯刚、李秀

中共湘粤边工委连州特别支部（1929. 6—1934）

书　　记：何汉

组织委员：徐行

宣传委员：李秀

委　　员：范卓、徐书玉等

下辖 9 个支部：

巾峰石灰窑党支部、盐码头党支部、万兴街党支部、城隍街党支部、楚清街党支部、西江圩党支部、朝天桥党支部、荒塘坪党支部、星子潭源锡矿党支部

抗日战争时期

中共连阳特别支部（1938. 10—1939. 9）

书　　记：王炎光（王荣耀、欧敏，1938. 10—1938. 12）

　　　　　黄儒汉（1939. 1—1939. 8）

组织委员：张尚琼（1938. 10—1938. 12）

杨克毅（1939.1—1939.6）

徐沂（徐毅平、陈国宝，1939.6—1939.8）

宣传委员：陈枫（陈哲平）

中共连连阳乳四属工作委员会（1939.9—1940.3）

书　　记：徐沂（1939.10—1939.12）

周锦照（1939.12—1940.3）

宣传委员：邓如淼

委　　员：钟达明（钟远扬、钟文巨）

中共连阳中心县委员会（1940.3—1941.2）

书　　记：张江明（张铭勋）

组织部部长：周锦照

宣传部部长：成崇正

县委委员：钟达明

中共连阳特派员（1941.3—1942.12）

特 派 员：成崇正（1941.3—1941.11）

钟达明（1942.3—1942.12）

副特派员：吴奇勋（1941.3—1942.9）

李信（李琳、李秉超，1942.3—1942.12）

中共连阳中心县委员会（1945.5—1945.7）

书　　记：李信

组织部部长：李信（兼）

青年部部长：唐北雁

抗日战争时期连县党组织机构

中共连阳特支（1938.10—1939.9）下辖：

1．连阳中心支部

连州中学党支部、大路边党支部、东陂党小组（党支部）、水口党小组（党支部）

2. 广东省学生军训总队党支部

第一区团党支部、第二区党支部、第三区团党支部、第四区团党支部

3. 广东省地干所党支部

中学男生党支部、大中学女生党支部、大学男生党支部

中共连阳中心县委（1940. 3—1941. 2）下辖：

1. 东陂区委

丰阳党小组、西溪中学党支部、建新乡党支部、朱合乡党支部、陂岭山区党支部、湖柯乡党支部

2. 星子区委

星子儿教院党小组、大路边党支部

3. 城关区委

中坳党小组、水口党支部

4. 其他党支部

钦州师范党支部、文理附中党支部、文理学院党支部、连州中学党支部、连县妇委会党支部

恢复组织活动后的中共连阳中心县委（1945. 5—1945. 7）下辖：

城关区临时党支部、大路边党支部、水口党支部、东陂区党小组、小水乡党小组、县妇委会党支部、粤秀中学党支部

解放战争时期

中共连阳中心县委员会（1945. 8—1949. 4）

书　　　记：李信（1945. 8—1946. 9）

魏南金（1946. 9—1946. 12）

张彬（1947. 1—1949. 3）

组织部部长：李信（兼，1945. 8—1946. 5）

冯华（冯文詠，1946. 6—1947. 12）

宣 传 部 部 长：杨重华（杨仕衡，1945. 8—1948. 2）

青 年 部 部 长：唐北雁（1945. 8—1946. 9）

妇 女 部 部 长：张慧明（女，1945. 11—1946. 12）

妇女部副部长：陈向明（女，1946. 1—1946. 7）

中共连县临时工作委员会（1949. 4—1949. 12）

书　　记：萧少麟（萧贻昌、萧伦）

成　　员：成崇正、黄孟沾（黄凡）

解放战争时期连县党组织机构

中共连阳中心县委（1945. 8—1947. 8）下辖：

1. 东陂区党组

朱合乡党支部、建新乡党支部

2. 星子中心党支部

大路边党支部

此外还有：水口党支部，水口中心小学党支部，小水乡党小组（党支部），连中高三、高二男生党支部，连中高一、初三男生党支部，连中女生党支部，县妇委会党支部

中共粤桂湘边区工委（原中共西江特委，1947. 8—1949. 12）下辖：

1. 中共连江地委

2. 中共连阳中心县委（1949. 4 止）

水口党支部、小水乡党小组、连县非武装地区党组

3. 中共连县武委会（1947. 8—1949. 4）

星子区武委会辖：星子区委——大路边党支部、星子人民抗征队党组

东陂区武委会辖：朱合乡党支部、建新乡党支部、东陂人民抗征队党组

4. 中共连县临时工委（1949. 4—1949. 12）

连蓝江边抗征队党组（连江支队第七团）、连宜临边抗征队党组（连江支队第八团）、连临蓝边抗征队党组（连江支队第十团）、连县非武装地区党组织

资料来源：中共韶关市委组织部、中共韶关市委党史研究室、韶关市档案局（馆）编：《中国共产党广东省韶关市（地区）组织史资料》，1996 年 3 月。《中国共产党广东省连县组织史资料》。

附录八 红色歌谣、歌曲、诗歌

一、连江支队队歌（飞雷大队之歌）

周明词，伍真曲。这首歌的歌词是司令员周明于 1947 年改组“飞雷大队”准备挺进时写的，后因多种原因未谱曲，现按周明指示配上谱，作为支队队歌。

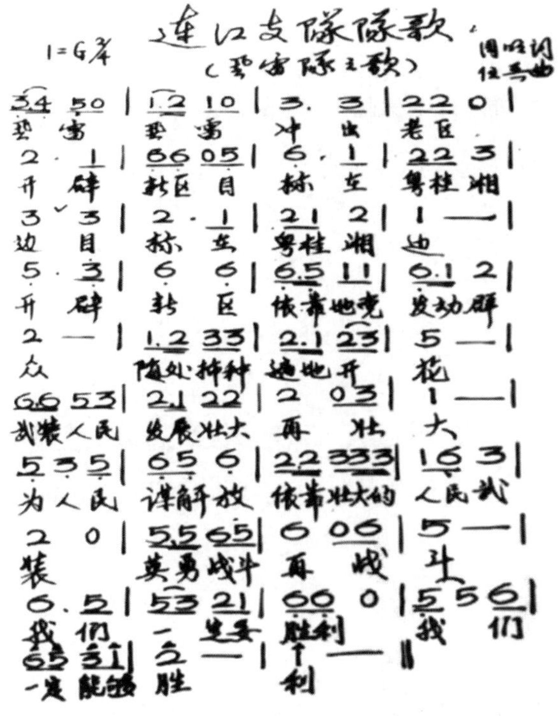

飞雷，飞雷，冲出老区，
开辟新区，目标在粤桂湘边，目标在粤桂湘边。
开辟新区，依靠地党发动群众，随处播种遍地开花。
武装人民发展壮大再壮大，为人民谋解放，
依靠壮大的人民武装，英勇战斗再战斗。
我们一定要胜利，我们一定能够胜利！①

二、战斗在大东山下（连江支队五团战歌）②

莫回头，你脚边的黑影，
请抬头，望你前面的朝霞。
谁爱呀自由，
谁就要付出血的代价！
茶花开满了山头，
红叶落遍了原野。
谁也不叹息道路的崎岖，
我们战斗在大东山下。

三、连江支队歌谣两首

（一）

吾好下边，几条大深坑，口盅煲饭真过瘾，树荫吹来风阵阵，
请抬头远望，几高啊大东山，我地系能征惯战“猛虎队”，

---

① 此歌为一位老游击队战士提供。

② 政委张彬把此歌定为连支五团战歌。此歌词为韶关市农业局张国钧（今龙坪镇朝天神岗村人）提供。

挺起胸膛，翻过一山又一山，几大不怕行军艰难。

（摘自《罗昆烈文集》第97页）

（二）

连阳红军勇又勇，背起背包打先锋，
背起背包打先锋，袭马水，打龙坪，
出湖南，打北岸，猪肉、鸡蛋慰英雄，
激战潭源洞，坐车剿匪真威风，
同志拍档真英勇，黄坤山个龟公，
大刘家机关枪，佢缩返入老洞。
乖乖送俾我用！嘹亮的歌声，
连阳红军红又红，响彻云霄。

（摘自《罗昆烈文集》第98—99页）

四、张彬诗一首

寄连江战友

割据当年粤桂湘，“工农门卫”动刀枪。
连江烽火南天起，五岭层峦摆战场。
昔日周旋深山壑，今朝建设在城乡。
豺狼斩尽神州靖，改革开放路方长。

五、杨青山诗两首

（一）

1949 年夏，送杨纯、黄安①上瑶山开展工作。

云锁大雾山，天开鹿鸣关。
万壑叮当响，林深夏日寒。
路随脚底出，风生剑影间。
三杯鸡血酒，瑶寨起狂澜。

（二）

1949 年夏初，武工队化整为零，派黄安入三江进行宣传、组织工作。

枪声连日没，战地麦羹香。
夜突封锁线，天明入三江。
僻巷贴布告，牛骨②住隔墙③。
嘻哈土八路，爱耍捉迷藏。

---

① 1949 年 7—8 月，杨青山派黄安武工组去连南金坑乡瓦角冲发动瑶胞参加武工斗争。当时已将十余名瑶胞组织起来，并按照瑶胞风俗，举行斩鸡头、饮血酒的盟誓仪式，随后这些瑶胞都参加了革命组织。

② 牛骨，游击队当时称国民党军队为牛骨。

③ 当时武工队队员萧请、徐保、黄安等人和国民党军队共住一屋，只有一墙一门之隔，敌人竟没发现。

附录九 连州市老促会工作

一、连县老促会成立

1990年，经连县委、县政府研究，由连县编制委员会连发连编字〔1990〕030号文件，成立了连县老区建设研究促进会，由谭力衡任理事长，张有健、何统成任副理事长。同时制定了《连县老区建设研究促进会章程》，该章程分《总则》《任务》《组织》《经费》四章。

二、历届老促会班子成员名单

<table>
<tr><th>届别</th><th>理事长
（会长）</th><th colspan="5">副理事长（副会长）</th><th>秘书长</th><th colspan="2">副秘书长</th></tr>
<tr><td>第一届</td><td>谭力衡</td><td>潘启廷</td><td>张有健</td><td>何统成</td><td>吴青云</td><td>谢　平
张乡文</td><td>林　超
（兼）</td><td>黄兆星
李林峰</td><td>何祖松</td></tr>
<tr><td>第二届</td><td>潘启廷</td><td>黄志德</td><td>邓芝汉</td><td>钟柏松</td><td></td><td></td><td>邓身足
（兼）</td><td>黄明飘
谢建朝</td><td></td></tr>
<tr><td>第三届</td><td>欧阳
美勤</td><td>蔡玉屏</td><td>黄景仲</td><td>邓身足
伍文波</td><td>邓芝汉
黄汉星</td><td>钟柏松
徐贤圣</td><td>唐贻进</td><td>邓身足
（兼）</td><td>徐贤圣
（兼）</td></tr>
</table>

（续表）

届别	理事长（会长）	副理事长（副会长）					秘书长	副秘书长	
第四届	潘振超（2010年起）	邓身足（2015年止）	成培堪（2017年起）				陈广年（2010年至2015年3月成培堪）（2015年4月起）	欧阳在文（2017年起）	

三、老促会工作

配合协助评划革命老区镇（乡）、老区村庄工作。1990年至1993年，评划革命老区镇（乡）及村庄。1990年4月29日，清府函〔1990〕6号文《关于补划老区村庄的批复》，连县19个村庄被评定为第二次国内革命战争时期红色根据地村庄；1993年4月29日，清府函〔1993〕31号文《关于评划确认解放战争游击根据地的批复》，连县590个自然村被评为解放战争时期游击根据地村庄。

协助做好解决老区“五难”问题工作。解决“饮水难”问题。2000年至2018年，连州市老促会通过各种途径，努力争取到政府和各部门支持资金74万元，支持大路边镇东坪、东客塘、童子岭村，西江镇的豆地村、蔗塘村，龙坪镇太坪村，九陂镇中心村，东陂镇大富头村进行饮水工程建设，让老区人民万人用上卫生、安全的自来水。协助解决“行路难”问题。连州市老促会2000年至2018年，协助交通部门，积极推进老区村庄公路硬底化建设，争取各级资金共486万元，支持75个老区村建成硬底化公路，受益15600人。协助解决老区人民“看病难”问题。2000年，市老促会协助市卫生局，落实“一无三配套建设”工作。2007年，广东省老促会和清远市老促会发出通知，要求各县（市）老促会与当地卫生部门共同做好老区医院的建设工作。连州市老促会积极出谋献策，经过市政府和卫生部门的努力，至2018年，建成有老区的行政村卫生站104间，培养医疗人员105人，有效地解决了老区群众看病难问题；协助学校进行危房改造，解决老区群众子女“读书难”问题。2002年至2004年，市老促会协助教育部门进行学校危房改造，努力争取民间资金的支持，筹建希望小学，三年共投入资金2347万元（政府投入为主），改造或新建学校60所，课室520间，建筑面积29000平方米；基本解决老区群众子女“读书难”问题；协助解决“用电难”问题。1990年开始，市老促会协助供电局深入老区调查了解群众用电情况，为无电村村民积极呼吁，促使有关部门加快了农网改造进程，现在，市内所有村庄都用上了电网的电。

积极做好革命烈士后裔读书助学金发放工作。1995年至2018年，市老促会积极争取上级资金及社会爱心人士的善款为生活困难的革命烈士后裔发放助学金。通过努力，共争取各项资金100多万元，帮助革命烈士后裔学生367人次。另外，“冯达飞将军奖学金筹募会”资助学生47万元460人次，解决烈士后裔和老区贫困学生读书难问题。

协助支持市、镇（乡）各级政府对革命遗址的维修、保护利用工作。连州市现有革命遗址38处（包括纪念碑、场馆、陵园、战斗遗址），市老促会十分关心和支持革命遗址的维修和保护工作。近年来，市委、市政府非常重视这项工作，投入大量资金对多处革命遗址进行修复、保护工作，截至2018年，共投入300多万元，对冯达飞将军纪念馆及其故居、惠爱医院、大路边革命烈士纪念碑、梁家水革命烈士纪念碑、寺前坪革命烈士纪念碑、瑶安乡田心村红军墓等革命遗址进行维修，并利用这些革命遗址作为红色教育基地，使红色基因代代承传下去。

后记

《连州市革命老区发展史》的编纂工作按照中国老区建设促进会《关于编纂全国1599个革命老区县发展史的安排意见》（中老促字〔2017〕15号）和广东省老区建设促进会、广东省老区建设办公室《关于印发编纂〈革命老区县发展史〉丛书有关文件的通知》（粤老促字〔2018〕5号）以及中共清远市委办公室的部署，于2018年4月开始，至2020年7月完成全书的编写工作。

《连州市革命老区发展史》编纂工作分四个阶段：

一、筹备阶段。2018年3月，收到广东省老促会粤老促会〔2018〕5号文和清委办〔2018〕10号文后，连州市老促会于4月初与市委办、市志办、党史办、扶贫办和民政局等单位联系，并请示市分管领导，市委办于4月19日印发了《中共连州市委办公室关于成立连州市〈连州市革命老区发展史〉编纂委员会及指导小组的通知》（连委办〔2018〕14号文）。于5月8日市委办和市老促会组织召开相关部门和人员座谈会，研究部署开展编纂《连州市革命老区发展史》的各项工作。会议决定由市老促会主要负责编纂任务的各项工作，其他相关部门配合协助做好有关工作。由市老促会人员和聘请编写人员何志昌（连州中学退休教师）负责编写工作，写好《连州市革命老区发展史》的编目大纲，全书包括前言、正文、附录和后记四部分，其中正文按革命老区史料分为5章共24节。

二、组稿撰稿阶段。2018 年 5 月至 2019 年 2 月。召开有关人员学习关于编纂《连州市革命老区发展史》的相关文件资料，明确编写的目的和要求。收集相关资料，为编写提供充分的素材，同时指导和配合编写人员解决在编写过程中遇到的问题，使工作顺利开展，按时完成编写任务。

三、审稿、总纂阶段。2018 年底，基本编写完第一稿的全部内容，初稿完成后，进行了多次审稿修改补充等工作，于 2019 年 4 月召开《连州市革命老区发展史》编委会和相关单位成员的座谈会，把修改后的文稿交相关部门审核，并提出修改、补充意见，再由连州市老促会进行审稿，送审稿完成后，送清远市老促会及清远市志办审核修改，根据反馈意见及省老促会编纂指导小组意见，认真修改后，呈送《连州市革命老区发展史》编委会和连州市委定稿。

连州市老促会按时按质完成中国老促会和广东省老促会、清远市老促会下达的《连州市革命老区发展史》一书的编纂任务。在此，谨向参加编纂工作的何志昌老师和协作工作的市委党史办原主任黄兆星、市老促会原副会长邓身足等老同志，以及所有关心和支持本书编纂出版工作的单位和社会各界人士致以衷心的感谢！

由于编写时间仓促，水平有限，难免有错漏之处，敬请读者批评指正。

《连州市革命老区发展史》编委会

2020 年 7 月